项目来源：2024年广西高校大学生思想政治教育理论与实践研究课题"习近平文化思想视域下广西农村优秀传统文化发展理路研究"（2024LSZ006）

·马克思主义研究文库·

农村生态文化产业发展策略研究

以马克思主义自然观为视野

林超琴 ┃ 著

光明日报出版社

图书在版编目（CIP）数据

农村生态文化产业发展策略研究：以马克思主义自
然观为视野 / 林超琴著. -- 北京：光明日报出版社，
2025.1. -- ISBN 978 - 7 - 5194 - 8411 - 8

Ⅰ.G124

中国国家版本馆 CIP 数据核字第 2025BV9972 号

农村生态文化产业发展策略研究：以马克思主义自然观为视野
NONGCUN SHENGTAI WENHUA CHANYE FAZHAN CELÜE YANJIU：
YI MAKESI ZHUYI ZIRANGUAN WEI SHIYE

著　　者：林超琴

责任编辑：杨　娜　　　　　　　　责任校对：杨　茹　李海慧
封面设计：中联华文　　　　　　　责任印制：曹　净

出版发行：光明日报出版社
地　　址：北京市西城区永安路 106 号，100050
电　　话：010-63169890（咨询），010-63131930（邮购）
传　　真：010-63131930
网　　址：http://book.gmw.cn
E - mail：gmrbcbs@ gmw.cn
法律顾问：北京市兰台律师事务所龚柳方律师

印　　刷：三河市华东印刷有限公司
装　　订：三河市华东印刷有限公司
本书如有破损、缺页、装订错误，请与本社联系调换，电话：010-63131930

开　　本：170mm×240mm
字　　数：222 千字　　　　　　　　印　　张：16
版　　次：2025 年 1 月第 1 版　　　 印　　次：2025 年 1 月第 1 次印刷
书　　号：ISBN 978 - 7 - 5194 - 8411 - 8
定　　价：95.00 元

序

新时代美丽中国建设迈出重大步伐，推动形成人与自然和谐发展的现代化建设新格局。中国农村地区依托生态良好、资源富集、生态文化丰厚等资源禀赋，拓展竹文化、茶文化、花文化、生态旅游、休闲养生等生态文化产业外延，呈现出"各美其美"的多姿形态，为乡村振兴不断注入"源头活水"，已成为农村经济可持续发展的重要引擎。发展农村生态文化产业的目标是要实现从"人统治自然"转向"人与自然和谐共生"，从"求生存"转向"求生态"，解决好农村经济发展与环境保护统筹兼顾的现实问题。近年来，农村生态文化产业在农村经济发展中的地位逐渐上升，已然成为当地农民增收致富的特色优势产业。发展农村生态文化产业，既是全面推进乡村振兴的产业根基，也是中国特色生态文明建设的应有之义。

新发展格局下以生态文明建设为契机，中国农村生态文化产业正处于蓬勃发展期，既为乡村振兴筑牢了"产业基石"，又为美丽中国增添了"生态底色"。在全面推进乡村振兴进程中，不同农村地区生态文化产业及发展空间差异越来越凸显，存在产业聚集度低、产品或服务同质化、行业效率不高等诸多隐患，尤其是东西部地区农村产业发展水平参差不齐。鉴于此，本书按照"一条主线—一个基本点—三项研究主题"的逻辑理路，遵循"问题提出、理论基础、现实依据、个案探讨、对策建议"的研究路径，聚焦马克思主义自然观视域下人与自然、人与人、人与环境之间的密切关系，由表及里，层层递进，对马克思主义自然观视域下农村生态文化产业发展这一主题展开研究。

马克思主义自然观视域下农村生态文化产业发展研究以人类与自然之间的关系为切入点，审视如何解决生态与经济、保护与发展、环境与民生之间的对立矛盾。以马克思主义自然观为基本立足点，可以把握和探寻农村生态文化产业的演化逻辑和发展规律。马克思主义自然观是以人与自然关系的整体性为视角，立足主客体相统一的原则，对人与自然生命共同体的科学阐释。从马克思主义自然观的视域探寻农村生态文化产业及其发展规律，既是促进农村经济增长、提升中国生态文化"软实力"的客观要求，也是发挥农村生态文化优势以带动农村产业结构调整、实现生态富民的现实需要。

中国农村生态文化产业及其发展态势和宏观政策总体上呈现向好趋势。当前农村生态文化产业发展存在的问题主要体现在认知、制度、技术等层面，剖析其原因，主要受观念障碍、技术障碍、制度缺陷等综合因素的影响，具体为：开发与保护之间的矛盾；局部与整体之间的失衡；短期与长期之间的冲突。探析当前农村生态文化产业发展现状、突出问题及成因，能够为马克思主义自然观视域下制定农村生态文化产业发展策略提供新思路。

对马克思主义自然观视域下农村生态文化产业发展策略的思考，是为了解决产业发展中生态与经济之间的内在矛盾，是转向高质量发展的必由之路。运用 PEST、波特五力竞争模型及 SWOT 等综合分析法，从宏观、微观层面能够全面把握农村生态文化产业的发展环境及竞争态势。在此基础之上，选取农村区域生态文化产业及其发展具有一定典型性和代表性的村庄，并对产业发展基础与优势、发展模式、发展业态等方面进行了对比分析，总结出宝贵的经验启示。本书从个别上升到一般，探寻农村生态文化产业赋能乡村振兴、推动农村生态文化建设的现实路径与发展成效，提出了马克思主义自然观视域下农村生态文化产业发展的基本原则、主要目标及政策建议。

就马克思主义自然观视域下农村生态文化产业发展研究的主要结论来看，具体有：第一，马克思主义自然观视域下农村生态文化产业发展受到宏观与微观因素共同作用的影响。通过政策支持、技术转化、经济保障等国家宏观层面，结合突破观念障碍、技术障碍、制度缺陷以及文化赋能等经营主体微观层面，能够推动农村生态文化产业高质量发展。

第二，与一般农村产业相比较，农村生态文化产业有显著的产业竞争力。通过对农村生态文化产业的宏观环境分析发现，政治环境、经济环境、文化环境、技术环境等方面发生了重要变化，为产业发展提供了良好机遇。运用波特五力竞争模型进一步分析农村生态文化产业的竞争态势，在不断地对抗各种竞争力量中，农村生态文化产业彰显出了显著的产业发展优势。从内部和外部因素综合探讨农村生态文化产业发展环境，有利于把握住农村生态文化产业及其发展的内在规律。

第三，东西部地区农村生态文化产业在发展基础与优势、发展模式及发展业态等方面存在显著的发展走势分化特征，主要表现为：一是发展基础与优势方面。东部地区农村生态文化产业发展具有显著的经济、环境优势，西部地区在政策优势和资源优势方面较有优势。二是发展模式方面。东部地区农村生态文化产业发展模式较为成熟，主要以市场为导向；西部地区形成了坚持政府引导与开发民族特色资源相结合的发展模式。三是发展业态方面。东部地区农村生态文化产业主要以打造高端、精品、科创产品与服务为主，西部地区农村生态文化产业集中在民族演艺、原生态文旅、特色小镇等新业态。

第四，农村生态文化产业是联动性极高的综合性产业，对农村经济产业链的形成和延伸有辐射带动作用。一方面，在生态资源富集和文化资源丰厚的农村地区，农村生态文化产业不仅为农村经济带来了生态红利，而且较好地促进了农村其他产业跨界融合，显现了辐射带动效应。另一方面，中国农村的区域差异性较显著，在探讨农村生态文化产业及其发展过程中要因时、因地、因事制宜，优化产业布局，延伸产业链，提高价值链，完善创新链。

就马克思主义自然观视域下农村生态文化产业发展研究的贡献来看，主要有：第一，从马克思主义自然观的视域考察了中国农村生态文化产业的健康发展问题。从马克思主义自然观的视角深入分析了农村生态文化产业发展现状及存在的问题，立足人与自然、人与环境之间的相互关系，聚焦"农村生态文化产业及其发展"，进而提出农村生态文化产业发展的总体目标、发展原则与对策建议。第二，以问卷调查和对比分析相结合的方法丰富了现有研究。通过深入不同农村区域开展田野调查，对产业发展基础与优势、发展模式、发展业态等方面进行比较，得出重要经验与启示。第三，对农村生态文化产业发展相关问题进行了系统而全面的研究，厘清了马克思主义自然观与农村生态文化产业之间的逻辑关联。立足于现实，分析了农村生态文化产业发展的现状及主要问题、发展环境及竞争态势等内容，从思想、内容、技术、创意以及市场等层面提出了农村生态文化产业发展的具体策略。

当前中国正处于加快推进生态文明建设的攻坚期，转变人们的生产方式、生活方式和价值观念显得尤为重要。因此，优化农村生态文化产业发展、推动农村生态文化建设、提升中国生态文化"软实力"等重大任务迫在眉睫。随着乡村振兴发展的不断深入，从马克思主义自然观的视角进一步深化和跟进农村经济高质量发展与实现农业农村现代化建设相关方面的研究，将是未来进一步探讨的重要任务。

总之，本书从马克思主义自然观的视域考察中国农村生态文化产业的健康发展问题，是一项交叉学科的研究课题，具有较强的理论性和实践性。笔者囿于经济学基础理论知识存在一定的局限性，本书尚存在不尽完善之处：一是由于目前各界对生态文化产业、农村生态文化产业还没有统一的定义和概念，直接论述的文献较少，这为本书的研究增加了一定难度。书中对农村生态文化产业及其发展概述略显粗浅，笔者尝试性进行架构分析，仍存在需改进之处。二是本书在田野调查和深度访谈中，由于阶段性、地域差异性等问题，收集资料和数据中存在一定的困难，本书只能借助相关年鉴中的数据与资料。三是本书以马克思主义自然观视域下农村生态文化产业发展策略研究为题，从整体上看，这属于一个宏大的课题，需要深入系统探究。研究的主要对象农村生态文化产业是一个动态的、不断变化的综合系统，马克思主义自然观视域下农村生态文化产业发展的影响因素、内在结构也是不断变化的，还需要下更大功夫、较长时间去跟踪调研和探讨，本书还有待进一步完善和拓展的空间。

林超琴

2023 年 7 月 20 日

目　录
CONTENTS

导　论

　　随着生态文明建设深入推进，农村生态文化产业在乡村振兴、文化强国中扮演着重要的角色，其发展与创新对推进现代化文化经济体系有着不可或缺的引领作用。当前，中国农村依托得天独厚的资源禀赋与区域功能，抓住数字经济发展机遇，拓展竹文化、茶文化、花文化、生态旅游、休闲养生等生态文化产业外延，为消费者提供了绿色化、多元化及现代化的优质生态文化服务和生态文化产品，提升了广大人民群众的生态幸福感。新发展格局下农村生态文化产业作为有奔头和最具发展潜力的农村特色优势产业，已逐渐成为当前政治界和学术界共同研究的热点，越来越多的学者开始关注中国农村生态文化产业及其发展问题。探讨农村生态文化产业的崛起、形成及发展问题是一项极其庞大的系统工程，与应对全球生态危机、人们消费文化的演变、文化产业发展的综合效能等多方面有着密切的逻辑关联。

一、研究缘起及研究意义

（一）研究缘起

　　中国农村拥有悠久的生态文化、独特的地域风俗以及优美的自然生态环境等显著优势，应积极把其转化为产业优势、经济优势、发展优势。发展农村生态文化产业，关键要把生态文化资源向资本和财富转换，提供优质多元的生态文化产品和生态文化服务，以丰富人民群众高层次的消费需求。因此，发展农村生态文化产业是消除生态危机、实现人与自然和谐共生的必由之路，在推进中国特色生态文明建设和乡村振兴战略中扮演着重要的角色。我们必须坚持新发展理念，坚持生态惠民、生态利民、生态为民，统筹推动经济发展与生态环境保护协同共进；同时，以数字经济为契机，以绿色生态为底色，引领农村传统产业转型升级，全面开启美丽经济，实现生态美、产业兴、百姓富。

1. 农村生态文化产业的崛起

纵观当今世界的经济发展趋势，越来越多的国家先后步入文化经济时代，文化产业已成为社会经济高速发展的重要引擎。英国、德国、荷兰等主要发达国家文化产业已取得长足发展，并成为支柱性产业，对增强国家文化"软实力"发挥着不可或缺的重要作用。同时，诸多发达国家把战略目光瞄准了生态文化产业和生态创意产业，以高新技术为依托，以创意为核心，融合了旅游、互联网、影视传媒、演艺娱乐、体育、出版、会展服务等产业，带来了巨大的经济效益。近些年来，中国文化产业在国民经济中所占比重和战略地位逐渐攀升，平均增幅高达18.9%，远高于GDP增长速度，2018年实现增加值38737亿元，占GDP比重为4.30%①，预计到2022年达到5%，已经成为中国调整优化产业结构、推动新旧动能转换的重要力量。约瑟夫·耐（Joseph S. Nye）认为，文化是一种有着巨大的影响力和渗透力的"软实力"。可见，文化产业对一个国家和民族的经济、社会和文化等方面有着极其重要的积极影响。与发达国家相比，中国生态文化产业的发展特别是农村生态文化产业的发展还有很大差距。生态文化产业是建立在人们生态环境认识水平不断提高、生态环境保护建设事业不断发展基础之上的新兴文化产业。《中国生态文化发展纲要（2016—2020年）》提出"推动与休闲游憩、健康养生、科研教育、品德养成、地域历史、民族民俗等生态文化相融合的生态文化产业开发"②，《乡村振兴战略

---

① 国家统计局. 文化事业繁荣兴盛文化产业快速发展：新中国成立70周年经济社会发展成就系列报告之八［EB/OL］. 国家统计局，2019-07-25.

② 国家林业局. 中国生态文化发展纲要（2016—2020年）［EB/OL］. 国家林业和草原政府网，2016-04-07.

规划（2018—2022 年）》提出"发展乡村特色文化产业"①，为农村生态文化产业迎来发展新契机，在学界掀起一股研究中国农村生态文化产业及其开发的热潮。农村是中华传统文化生长的家园，农村生态文化孕育和守护着中华优秀传统文化的根底和精髓，为农村生态文化产业的发展创新提供了肥沃的土壤。凭借悠久的历史文化、独特的民族风俗、优美的自然地理环境等资源优势，不同农村地区通过开发农村生态文化产业逐步打造出具有影响力的标志性特色品牌和地理标志，成为农村地区特色产业"名片"。因此，发展农村生态文化产业已成为当前中国乡村振兴和农村生态文明建设的重要抓手。

2. 农村生态文化产业发展面临的挑战

随着人类迈入 21 世纪，全球生态危机日益严峻。历史学家艾瑞克·霍布斯鲍姆（Eric Hobsbawm）认为，21 世纪最重要的任务是人类在进行生产过程中，克服对周围环境和生态的重大影响所造成的后果。② 人类对自然生态环境的破坏已成为当今世界的全球性问题，鲜活的生态灾难时刻提醒着、威胁着自然万物，并教育了人类。③ 各个国家和民族都在为缓解人类与自然的矛盾关系殚精竭虑、寻找良策。只有当某些害处已经被察觉的时候，才开始控制，以此为基础的任何控制系统很可能在问题改善以前，会变得更糟。④ 实施乡村振兴战略，是党的十九大做出的重大决策部署，农村生态文化产业伴随着乡村振兴战略进程的不断实践、探索和创新，肩负着促进农村经济高质量发展和农村生态文明建设的主要任务。

目前农村地区生态文化产业取得了较大的进展，彰显出了产业的社会

---

① 中共中央国务院印发《乡村振兴战略规划（2018—2022 年）》［N］. 人民日报，
  2018-09-27（1）.
② 李兴耕 . "马克思至今仍然是具有重大现实意义的人物"：霍布斯鲍姆访谈录［J］.
  当代世界社会主义问题，2005（1）：23-32.
③ 刘思华 . 绿色经济论：经济发展理论变革与中国经济再造［M］. 北京：中国财政经
  济出版社，2001：10.
④ 丹尼斯·米都斯 . 增长的极限：罗马俱乐部关于人类困境的报告［M］. 李宝恒，
  译 . 长春：吉林人民出版社，1997：53.

效益和经济效益、生态效益和文化效益，为满足人民日益增长的生态文化需求提供了优质的产品和服务，为保护优美的生态环境出了一份力。农村生态文化产业的开发充分弘扬了生态文化价值的重大任务和时代使命。马克思认为，消费直接也是生产①，文化消费行为对生产者、消费者的文化素质和需求起着极大促进作用。因此，优质的生态文化产品和生态文化服务对一个国家和人民来说，是极其关键的。新时代迫切需要高质量、有内涵的文化产品和服务来满足人民日益增长的文化需求。农村生态文化产业以森林文化为内容载体，向公众传播生态、绿色、健康以及低碳消费理念，是一种追求社会效益最大化的绿色产业，对农村生态文化建设具有积极的影响。然而，近年来，从中国农村生态文化产业的发展实践进程来看，各地区农村生态文化产业立足当地特色，发挥生态资源禀赋，因地制宜，取得了可观的经济效益，但同时也暴露出了发展过程中较为明显的不可持续性、利润最大化、唯 GDP 等负面影响，忽视了生态文化产业本身特有的文化功能、生态功能和社会功能，造成自然生态环境破坏、生态文化损毁等不良后果，导致"资源诅咒""公共地悲剧""反公共地悲剧"时有发生。这种"文化生产的资本主义化"的实践路径盲目地追求经济利润最大化，而农村生态文化产业开发以解决人与环境矛盾、实现人与自然和谐共生、追求生态文化的真与美为目标，两者的旨趣背道而驰，从而造成农村生态文化产业在发展过程中出现价值错位与断裂的消极后果。这样长期发展下去，将会导致诸多消极隐患，出现农村生态文化资源流失与消逝、农村文化生态被破坏、自然生态环境恶化、文化市场混乱等恶性问题，影响各地区农村生态文化产业的健康持续发展，这对生态文明建设中如何实现生态资源经济价值与生态价值之间的协调发展、如何发挥农村生态文化产业的功能与价值、农村生态文化产业发展的影响因素有哪些、究竟选择什么样的生态文化资源开发模式等一系列问题提出了迫切的现实要求。可见，农村生态文化产业及其发展是一个复杂的动态系统，涉及自身

---

① 中共中央马克思恩格斯列宁斯大林著作编译局. 马克思恩格斯文集：第 8 卷 [M].
北京：人民出版社，2012：14.

内部系统组织结构的多元化、外部宏观环境关系的复杂化，与农村经济、农村社会效益、生态文化保护等多方面有着错综复杂的紧密关联，受到制度、社群、政策、人地及城乡等诸多因素的制约，使得农村生态文化产业发展面临着前所未有的重大挑战和实践难题。

3. 马克思主义自然观视域下的农村生态文化产业

生态文化是关于人与自然共生的绿色文化。坚持人与自然的辩证统一、坚持自然进化规律与社会发展规律的辩证统一，是马克思主义自然观的基本观点。① 这些重要论述为马克思主义自然观视域下农村生态文化产业发展提供了理论遵循。马克思主义自然观视域下农村生态文化产业这一课题应当从生态与经济的关系出发，坚持绿色发展理念，从财富创造的生态维度，促进人与自然和谐共生，满足新时代人民对优美生态环境的需要，其产业发展创新是一种高质量的发展模式。当前，开发农村生态文化产业是中国生态文明建设中促进乡村产业振兴的有益探索，积蓄着农村社会发展的巨大动能，正当其时，恰逢其势。"尊重自然、顺应自然、保护自然，是全面建设社会主义现代化国家的内在要求。"② 从本质上来说，农村生态文化产业是在生态文明社会进程中、站在人与自然和谐共生的高度上谋划不可或缺的农村重要产业，将创造出更多生态文化产品和生态文化服务，对提升我国生态文化影响力有着积极的作用。可见，农村生态文化产业作为乡村振兴进程中最有潜力的新兴产业，其发展创新有力地回应了新时代对绿色文化、生态环境的迫切需要。马克思主义自然观视域下，大力发展农村生态文化产业既有历史的必然性，也有现实的急迫性。

生态文明不仅包含科学知识和技术要素，而且包括社会制度、生产方式、价值立场等意识形态要素。③ 中国特色生态文明建设正处于压力叠加

---

① 郗戈，荣鑫．马克思主义自然观与习近平关于"生命共同体"的重要论述 [J]．马克思主义理论学科研究，2020，6（1）：88-97.

② 习近平．高举中国特色社会主义伟大旗帜为全面建设社会主义现代化国家而团结奋斗——2022 年 10 月 16 日在中国共产党第二十次全国代表大会上的报告 [EB/OL].中国政府网，2022-10-25.

③ 王雨辰．论生态文明的本质与价值归宿 [J]．东岳论丛，2020，41（8）：26-33.

的关键期。党的十八大以来，我国生态文明建设取得了较好的成绩，随着乡村振兴、文化强国等的实施，使农村经济、文化建设和生态环境等方面的发展和保护迎来了重大的机遇和挑战。农村生态文化产业的兴起及发展正是应对当前全球日益严重的生态危机、响应党和国家推动生态文明社会的时代呼吁，以生产出高层次、多样化的优质生态文化产品和生态文化服务来满足广大消费者的精神需求、物质需求和生态需求。因而，农村生态文化产业及其发展正是当前探索生态与经济协调发展之路所面临的重要课题。

基于以上认识，本书拟解决的主要问题是：为什么要提出从马克思主义自然观视角研究农村生态文化产业及其发展？当前马克思主义自然观视域下农村生态文化产业发展现状如何？马克思主义自然观视域下农村生态文化产业该如何发展？本书将从上述问题展开研究，遵循"提出问题—理论基础—现实依据—理论探讨—个案研究—对策建议"的逻辑方法，以农村生态文化产业的内涵、马克思主义自然观与农村生态文化产业的关系为立足点，对中国农村生态义化产业现状及问题进行深入探讨，利用 PEST 分析法、波特五力竞争模型、SWOT 等分析工具，从宏观、中观和微观层面对产业发展环境综合剖析，并结合东西部地区具有代表性和典型性的个案，从思想层面、内容层面、技术层面、创意层面以及市场层面提出马克思主义自然观视域下农村生态文化产业发展对策与建议，希冀为乡村振兴战略下促进中国农村经济发展和建设美丽中国提供理论参考和政策依据。

（二）研究意义

实践表明，发展农村经济能够使广大人民群众切身感受到与以往无法比拟的现代化成果。然而，一些地方因经济发展而忽视不可再生的生态自然资源，出现严重的资源破坏。转变产业发展方式，提倡绿色发展的理念，以生态文化资源为载体，以保护生态为基础，使生态文化产业化，推动农村生态文化产业，其发展创新理应是生态文明建设的题中之义和主要任务。

农村依托蓝天白云、青山绿水等宝贵的生态资源和重要财富，为广大人民群众提供切身感受到的现代化成果。这些成果建立在人们对自然的尊重、保护和敬畏基础之上，同时这些优秀成果正是衡量农村经济发展水平的重要因素，不可忽视。可见，农村生态文化产业既要考虑绿色、循环、低碳发展，又要依靠科技创新，降低能源消耗，实现社会效益优先的目标。农村生态文化产业发展创新实现了把社会效益放在首位的发展理念。本书从现实角度出发，以绿色生态为导向，以农村生态文化产业发展为主要研究对象，对东西部典型地区的农村生态文化产业个案深入探讨和比较分析，具有重要的理论价值和现实意义。

1. 理论意义

第一，深化了农村生态文化产业理论基础的相关研究。已有研究多数从基础理论或哲学视角研究马克思主义自然观，抑或从经济学的角度探讨农村生态文化产业发展的绩效、机制及其综合评价水平等，而从马克思主义自然观的视角探讨农村生态文化产业发展，尚不多见。本书尝试从马克思主义自然观的视角，探讨当前农村生态文化产业发展的相关理论逻辑；同时，以人与自然的关系为切入点，对农村生态文化产业发展策略深入研究，在理论上突出了交叉学科的特色，一定程度上实现了文化经济学与马克思主义理论等学科的借鉴与融合。

第二，厘清了马克思主义自然观与农村生态文化产业的关系。伟大实践孕育伟大理论，对马克思主义自然观视域下农村生态文化产业发展的深入探寻，既把握住了马克思主义自然观与农村生态文化产业之间的关系，又推动了中国农村经济的高质量发展。人与自然共生共荣是对马克思主义自然观的继承和发展，发展农村生态文化产业的目标旨在处理好生态与经济的关系，实现人与自然和谐共生。农村生态文化产业的发展离不开马克思主义理论，特别是马克思主义自然观的科学指导。本书以人与自然关系为根本立脚点，分析农村生态文化产业的突出问题及成因，探讨马克思主义自然观视域下农村生态文化产业发展的基本原则、主要目标及策略建议。

2. 现实意义

农村生态文化产业是随着现代文明生态转向而发展的新兴产业，为应对日益严重的生态危机，农村生态文化产业应运而生。依托农村特有优势，农村生态文化产业已成为乡村振兴的重要抓手。本书的研究对象是马克思主义自然观视域下农村生态文化产业，为促进经济增长、产业结构升级及生态环境保护起着重要的积极作用。本书以农村生态文化产业发展的现状、存在的问题为出发点，以问题意识为导向，通过深入分析制约农村生态文化产业发展的因素，并结合案例进行实践探索，提出了具有可参考性的农村生态文化产业发展策略与建议，有益于今后我国农村产业进程中把生态文化的内涵融入生产和日常生活，传播产品和服务的生态附加值。

一是为促进农村生态产品价值转化和实现农村生态文化产业高质量发展提供可行方案。中国农村地区蕴含着宝贵的文化资源和自然资源，但农村生态文化产业的实践过程中出现了民族生态文化被破坏、生态文化蜕化、生态文化的拥有者与所有权相背离等恶劣现象，对农村生态文化和生态资源进行肆意开发，盲目地追求 GDP，没有建立人与生态文化共生。本书希冀通过文化创意、生态技术创新、资源传播等多种形式，把对自然的敬畏、生态禁忌习俗等转化为生态文化旅游、文化产品的价值规范，融入生产和日常生活中，提高产品和服务的生态附加值。一方面，对优秀传统生态文化合理开发和利用，着重保护好濒危的传统生态文化资源。可通过挖掘和开发不同农村地区的生态文化资源、自然资源以及生态资源的优势，探寻农村生态文化产业高质量发展模式。另一方面，因地制宜，将农村独特的生态资源优势、浓厚的历史文化资源优势转化为产业资本和产业优势，促进农村生态产品价值转化。与此同时，对农村生态文化的传承与保护也起到了积极的促进作用。

二是为推进乡村全面振兴和实现美丽中国建设提供不竭动力。一方面，农村生态文化产业对农村生态文化的传承与保护起到了促进作用；另一方面，当前数字经济时代为农村产业发展插上了"数字翅膀"，农村生态文化产业打破了技术壁垒，不断衍生农村生态文化产业新业态，推动农村经济发展。农村生态文化产业以提供优质生态文化产品和文化服务为生产导向，通过激发农民的积极性、创造性和参与性，在很大程度上促推农民脱贫致富。围绕乡村特色的生态文化资源和自然生态资源，开发生态文化产品，特别是要把生态文化内涵和生态自然资源转化并嵌入农村生态文化产业的产业链和价值链，逐步提升农村地区"生态宜居、产业兴旺"的高质量发展。

建设生态文明，关系人民福祉，关乎民族未来。① 农村生态文化产业以绿色为底色，旨在解决生态与经济、保护与开发的矛盾等一系列问题。习近平总书记强调： "绿色生态是江西最大财富、最大优势、最大品牌。"② 农村生态文化产业发挥独特的功能作用，扮演着一个重要的角色，实质上是要实现农村经济增长符合人类社会的可持续发展。本书主要从交叉学科研究的多维视角，结合多学科的相关基础理论，以马克思主义自然观为视角，以农村生态文化产业及其发展为研究对象，通过个案对比和综合环境分析，探索农村生态文化产业发展策略建议，实现农村生态文化产业的可持续发展，缓解生态与经济、人类与自然之间的关系，进而使之发展既能实现社会经济增长，又能推动生态文明建设。基于上述选题目的，马克思主义自然观视域下农村生态文化产业发展研究这一课题具有重要的理论与现实意义。

二、文献综述

习近平总书记指出："中华民族向来尊重自然、热爱自然，绵延5000多年的中华文明孕育着丰富的生态文化。"③ 中国农村地区蕴含着丰富的生态文化资源，积蓄着人类与自然共生的宝贵财富。深入农村保护和开发生态文化资源，引领和加快推动农村产业发展步伐，两者有着密不可分的内

---

① 中共中央文献研究室. 十八大以来重要文献选编：上［M］. 北京：中央文献出版社，2014：30-31.

② 中共中央文献研究室. 习近平关于社会主义生态文明建设论述摘编［M］. 北京：中央文献出版社，2017：33.

③ 习近平. 推动中国生态文明建设迈上新台阶［J］. 求是，2019（3）：4-19.

在联系。农村生态文化产业作为一种特殊的文化产业形态，是在推动生态文明建设中不断涌现的绿色产业。农村生态文化产业及其发展应当以生态文化理念为引领，立足各地农村资源禀赋和区域功能，因地制宜，积极推动乡村经济高质量发展，实现农业农村现代化。

本书旨在对"马克思主义自然观视域下农村生态文化产业发展研究"进行深入探讨，尽管目前国内外学界对"生态文化产业"尚无明确界定，但诸多相关的见解在国内外文献中并不罕见，通过梳理此类文献发现，涉及生态文化产业或农村生态文化产业的相关研究成果颇为丰富。书中主要围绕"马克思主义自然观视域下农村生态文化产业发展"几个紧密相关的问题，对现有文献进行计量和知识图谱分析，并进一步系统梳理和述评。

（一）文献计量与知识图谱分析

本书立足发展动态的热点趋势视角，对"马克思主义自然观视域下农村生态文化产业研究"热点及文献进行可视化分析，从时空维度上对本书的相关研究动态进行客观而精准把握。通过梳理国内外学者在不同时期关于"马克思主义自然观视域下农村生态文化产业发展"的研究主题、热点、重点、焦点问题的演变及其总体脉络，能够进一步把握相关学术理论，开辟出新的研究空间。

1. 研究方法

本书主要选取了 CiteSpace 文献计量工具，对国内外与"农村生态文化产业"相关文献进行综合分析。运用 CiteSpace 可视化软件，能够绘制出与"农村生态文化产业"相关主题的发展过程、研究热点及前沿趋势，更有利于把握和洞察相关主题的发展脉络和前沿方向。

2. 国内马克思主义自然观视域下农村生态文化产业发展策略研究的知识图谱可视化

在中国知网（CNKI）数据库中，由于目前针对"马克思主义自然观视域下农村生态文化产业发展"的相关研究较为前沿，为扩大搜索范围，以关键词"文化产业"并且关键词"生态文化"、关键词"文化产业"并且关键词"生态文明"、关键词"生态文化产业"并且关键词"农村"
("乡村")、关键词"农村文化产业"("乡村文化产业")并且关键词
"生态经济""生态化"为检索条件,检索时间设定为"2000—2021",于
2021 年 11 月 25 日进行检索,共有 538 篇文献,经筛选后 521 篇为有效文
献,利用 CiteSpace 计量工具对其进行可视化处理。现归纳如下。

第一,发文量变化趋势分析。

从国内研究来看,2001—2006 年已经有一些文献对生态文化产业进行
探索,但并不太多,而在 2007—2013 年之间文献数量逐步增长起来,随后
从 2014 年至 2021 年大体上呈上下波动状态(如图 0-1 所示),表明了国
内农村生态文化产业的相关研究是逐步受到学术界关注和重视的,在党的
十八大召开以后,达到了巅峰时期,这与生态文明建设、乡村振兴、文化
强国建设等国家重大战略实施进展紧密相关。

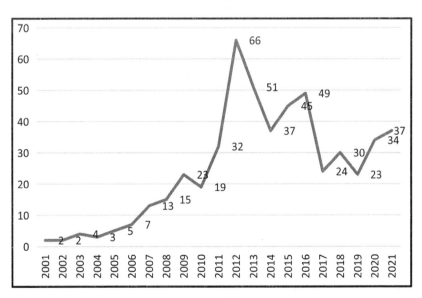

图 0-1 2001—2021 年国内农村生态文化产业相关研究发文数量时间分布图

第二,作者和研究机构共现特征。

利用 CiteSpace 文献计量软件对国内农村生态文化产业相关文献进行作
者共现、研究机构共现分析后,从当前中国知网得到的数据与作者合作、

机构合作情况（如图 0-2、图 0-3 所示）可知，中国在该领域研究的学者基本上处于独立研究状态，仅有王国兴、何国长、刘转玲之间，赵鸣、张锐戟之间，李益长、伊漪等学者之间存在合作研究。

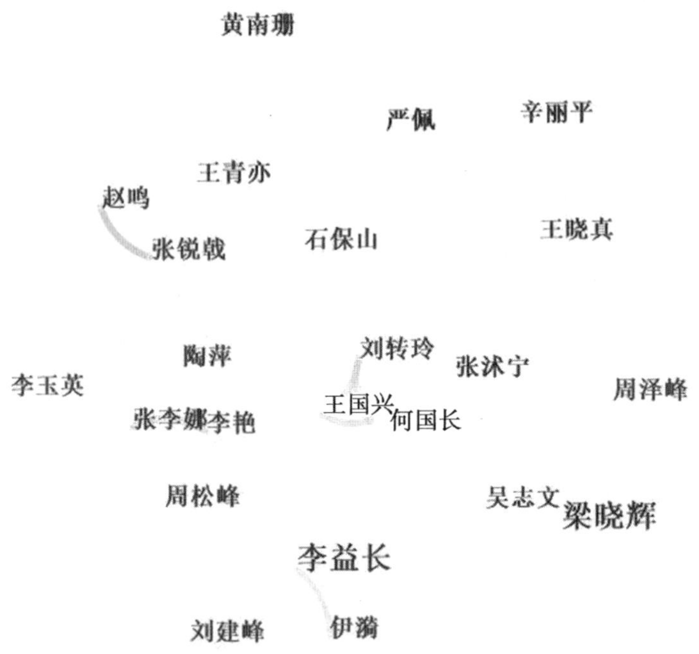

黄南珊

严佩　　辛丽平

王青亦

赵鸣

张锐戟　　石保山　　　　王晓真

陶萍　　刘转玲　张沭宁

李玉英　　　　　　　王国兴　　　　周泽峰

张李娜李艳　　何国长

周松峰　　　　　　吴志文 梁晓辉

李益长

刘建峰　　伊漪

图 0-2　国内农村生态文化产业相关研究作者共现分析图

第三，生态文化产业热点主题与前沿研究。

本书以文献关键词为依据对本主题进行综合分析，对 CiteSpace 软件中的相关参数进行设置，具体操作如下：Time Slicing 设为 2001—2021 年，Slice Length 设为 1；Term Source 设为 Title、Abstract、Author Key words，并选择 Key words Plus 选项；Node Types 选择 Key word 选项。同时将 Top N 设置为 50，阈值参数设置为（2，3，15）（3，3，20）和（4，3，20），并选择 Pathfinder，其他参数系统默认。通过运行 CiteSpace 软件得到该相关主题的高频关键词共现网络图谱，其中节点 N = 81，连线 E = 111，密度 0.0343。由普莱斯定律 $M = 0.749\sqrt{N_{max}}$ 的平方根（普莱斯公式），可知阈值=6，再次进行相关参数设置，可知 2001—2021 年国内与"马克思主义

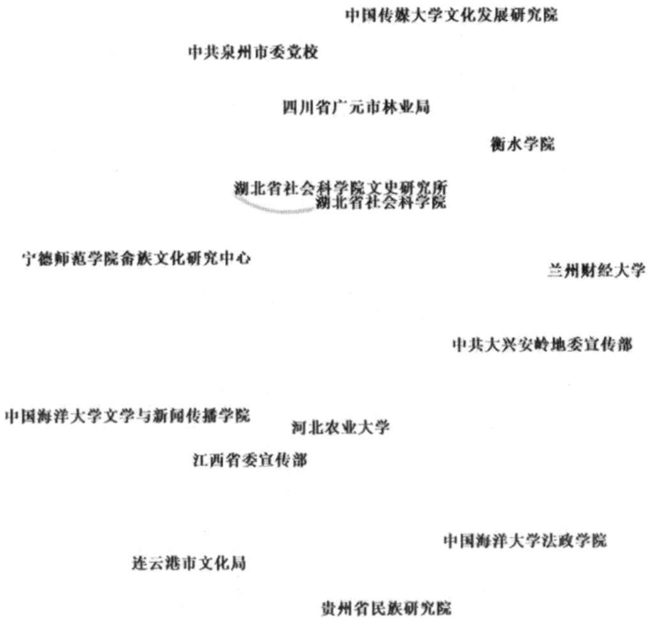

中国传媒大学文化发展研究院

中共泉州市委党校

四川省广元市林业局

衡水学院

湖北省社会科学院文史研究所
湖北省社会科学院

宁德师范学院畲族文化研究中心

兰州财经大学

中共大兴安岭地委宣传部

中国海洋大学文学与新闻传播学院　　河北农业大学

江西省委宣传部

中国海洋大学法政学院

连云港市文化局

贵州省民族研究院

图 0-3　国内农村生态文化产业相关研究机构共现分析图

自然观视域下农村生态文化产业发展策略"主题相关的高频关键词共现网络图谱（见图 0-4）。

从关键词共现图谱可知，关键词词频主要集中在生态文化、文化产业、生态文化建设、文化品牌、绿色发展等方面。这表明农村有效发展是多因素影响的结果。同时与生态文化相关的关键词位于网络的末端，进一步阐明了该主题将成为未来研究的方向和重点领域。

从中心性来看（表 0-1 所示），一般中心性大于 0.01 的关键词代表着该领域的热点研究主题，主要有生态文化、文化产业、生态文明、生态文化产业、文化资源；从关键词的突显性来看（图 0-5 所示），排名前四的主要是生态文化产业、文化产业、生态文明、绿色发展，表明了该研究领域的前沿，受到学界不同程度的关注和重视。

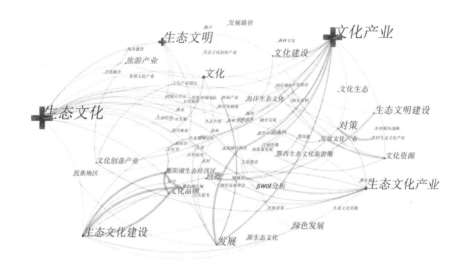

图 0-4　国内农村生态文化产业相关研究关键词共现分析图

表 0-1　国内农村生态文化产业相关研究高频关键词频次与中心性

编号	关键词	词频	中心性	最早年份
1	生态文化	69	0.54	2009
2	文化产业	59	0.66	2009
3	生态文明	29	0.11	2009
4	生态文化产业	24	0.16	2009
5	生态文化建设	18	0.01	2008
6	文化	14	0.01	2008
7	发展	12	0.09	2006
8	对策	12	0.08	2011
9	生态文明建设	10	0.02	2013
10	文化建设	9	0.03	2009
11	绿色发展	7	0.08	2017
12	旅游产业	7	0.00	2013
13	文化品牌	6	0.00	2008

编号	关键词	词频	中心性	最早年份
14	文化资源	6	0.15	2012
15	文化生态	6	0.00	2011
16	问题	6	0.00	2013

资料来源：根据 CiteSpace 软件可视化分析中的相关数据整理所得。

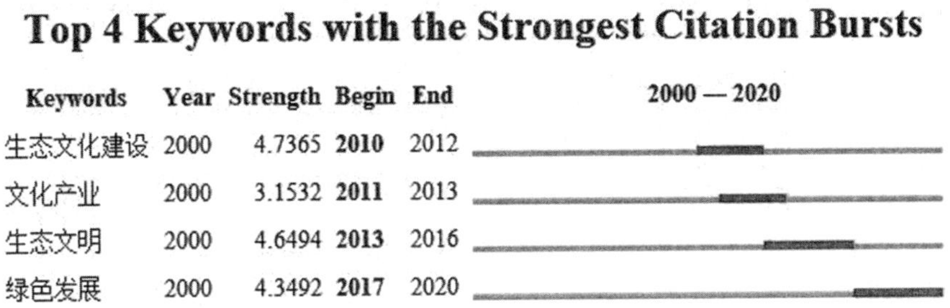

Top 4 Keywords with the Strongest Citation Bursts

Keywords	Year	Strength	Begin	End	2000 — 2020
生态文化建设	2000	4.7365	**2010**	2012	
文化产业	2000	3.1532	**2011**	2013	
生态文明	2000	4.6494	**2013**	2016	
绿色发展	2000	4.3492	**2017**	2020	

图 0-5　农村生态文化产业相关研究关键词突显图

3. 国外马克思主义自然观视域下农村生态文化产业发展策略研究的知识图谱可视化

主要以 Web of Science、Science Direct 数据库为主，设定检索条件为：关键词"Ecological culture" AND "industrialization"、关键词"Ecological and cultural industries"、关键词"Cultural industries" AND "Ecological development"、关键词"Ecological culture" AND "Rural"（Rural areas），为保证数据的全面性，进一步交替组合搜索，检索时间设定为 2001—2021，于 2021 年 11 月 25 日进行检索，通过筛选得到 334 篇文献，利用 CiteSpace 计量工具对其进行可视化处理。总体情况如下。

第一，发文量变化趋势分析。

从国外相关文献来看（图 0-6 所示），2003—2010 年已经有一些关于农村生态文化产业研究方面的学术成果，而在 2010 年以后相关文献数量急剧增长，大体上呈上升趋势，这充分表明国外对农村生态文化产业研究的关注度极高，这与全球不断涌现的生态环境问题是休戚相关的。

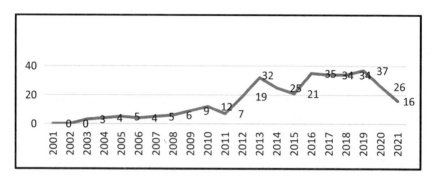

图 0-6 2001—2021 年国外农村生态文化产业相关研究发文数量时间分布图

第二，作者和研究机构共现特征。

通过 CiteSpace 文献计量软件分析（图 0-7 所示），仅有 Adalberto Mantovani Martiniano de Azevedo、Nadine Marshall、Jasenka Kranjcevic、Jutta Gutberlet、Jaanhenrik Kain、Sebastian Carenzo 等少数学者合作。合作的研究机构有 Vniv Victoria、Univ Nacl Quilmes、Ministarstvo Zastite Okolisa Prostornog Uredenja、Univ Fed ABC UFABC 之间，CSIRO Land & Water、James Cook Univ、CSIRO Oceans & Atmosphere 之间，其他机构以独立开展为主（图 0-8 所示）。

ADALBERTO MANTOVANI MARTINIANO DE AZEVEDO

JUTTA GUTBERLET JASENKA KRANJCEVIC

JAANHENRIK KAIN

SEBASTIAN CARENZO

NADINE MARSHALL

图 0-7 国外农村生态文化产业相关研究作者共现分析图

第三，农村生态文化产业热点研究与前沿主题。

采用 CiteSpace 软件对 334 篇文献进行关键词共现分析，其结果主要集中在 cultural industry、management、impact、ecology、sustainability、biodiversity、policy 等方面。中心性大于 0.01 的关键词有 creative industry、sustainable development、impact、climate change 等，其相关研究将成为该领域的主要前沿和发展方向（图 0-9 所示）。

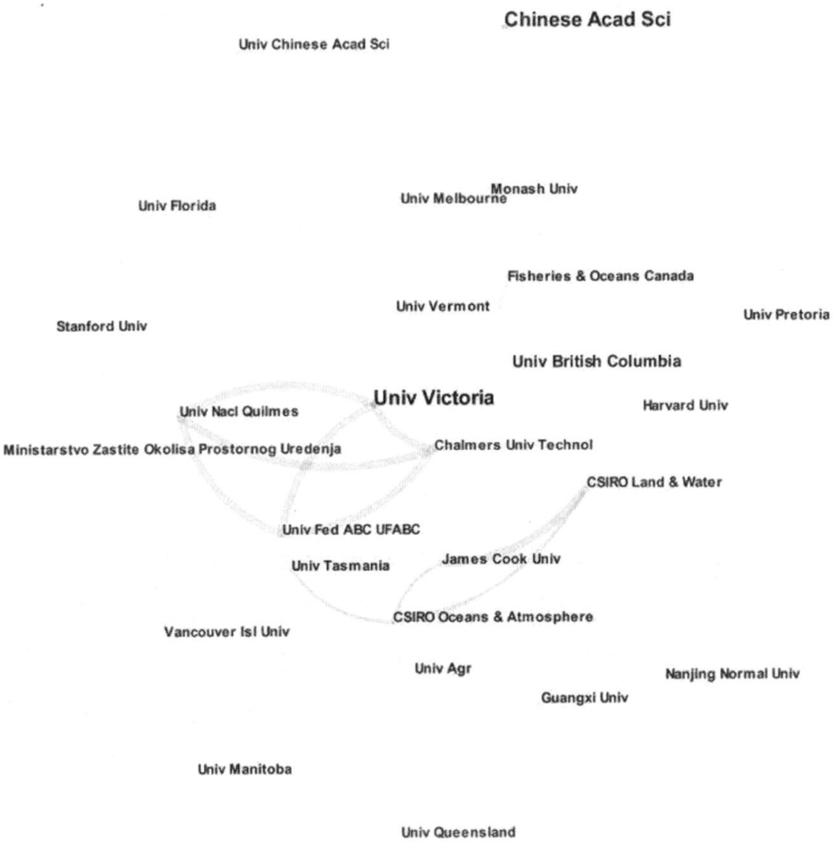

Chinese Acad Sci

Univ Chinese Acad Sci

Monash Univ
Univ Florida   Univ Melbourne

Fisheries & Oceans Canada

Stanford Univ   Univ Vermont   Univ Pretoria

Univ British Columbia

Univ Victoria   Harvard Univ

Univ Nacl Quilmes

Ministarstvo Zastite Okolisa Prostornog Uredenja   Chalmers Univ Technol

CSIRO Land & Water

Univ Fed ABC UFABC

Univ Tasmania   James Cook Univ

Vancouver Isl Univ

CSIRO Oceans & Atmosphere

Univ Agr   Nanjing Normal Univ

Guangxi Univ

Univ Manitoba

Univ Queensland

图 0-8　国外农村生态文化产业相关研究机构共现分析图

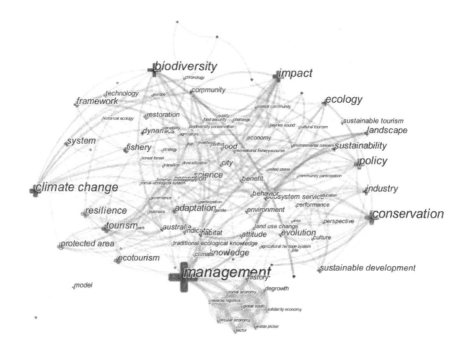

图 0-9　国外农村生态文化产业相关研究关键词共现分析图

综上，从动态的视角和维度有利于把握本书相关研究的发展脉络，通过详细梳理，比较直观地展示了农村生态文化产业发展的研究热点、焦点与前沿主题。为此，关于"马克思主义自然观视域下农村生态文化产业发展策略研究"的论题，通过文献计量与知识图谱可视化综合分析，主要集中在以下三方面：一是关于文化产业理论的演进及其发展脉络研究的相关文献梳理；二是关于生态文化产业发展基础性研究的相关文献梳理；三是关于农村生态文化产业发展理论研究的相关文献梳理。接下来将从相关代表性学术成果进行深入而全面的梳理与探讨。

（二）关于文化产业理论的演进及其发展脉络研究

1. 西方文化产业理论的演进

大多数学者认为，西方文化产业的基础理论集中体现在以（德）瓦尔特·本雅明、（德）麦克斯·霍克海默、（德）泰奥多·阿多诺、（英）雷蒙德·威廉斯、（美）费雷德里克·詹姆逊等学者为代表的巨大贡献中。依据文化产业理论的演进，可划分为法兰克福学派、伯明翰学派、西方文化产业应用理论①，主要流派发展及观点内容如表0-2所示。

表0-2 国外文化产业主要流派及其观点

时间	流派	代表人物	代表著作	理论	观点
20世纪30—70年代	法兰克福学派	霍克海默、阿多诺、本雅明、马尔库塞、哈贝马斯、施密特、内格特等	《文化工业再思考》《启蒙的辩证法》和《机械复制时代的艺术作品》等	"文化工业"批判理论	技术的程序化导致人的异化；文化工业的商品化生产丧失传统艺术的韵味；消费者的独立判断能力日渐丧失；丧失了艺术的超越性精神，立足于世俗社会
20世纪60—70年代	伯明翰学派	威廉斯、霍尔、费斯克、伊格尔	《文化与社会》《电视话语的编码与解码》《理解大众文化》《审美意识形态》等	"大众文化"研究—基础理论方向	从制度话语和权利等政治方面来考察生产和消费作用；用辩证的态度来看待高雅文化和通俗文化，批量复制经历了"编码/解码"的双向环节；重新理解大众和文化

---

① 欧阳友权. 文化产业通论［M］. 长沙：湖南人民出版社，2006：9-11.

时间	流派	代表人物	代表著作	理论	观点
20世纪80年代起	西方文化产业应用理论	麦耶斯考夫、伽纳姆、兰蒂、麦克卢汉等	《英国艺术的重要性》《理解媒介》《价值生产链分析法》	经验性操作理论应用理论方向	"大众文化"或"流行文化"；大众传播媒介；遵循经济规律的支配和文化艺术的规律；按照资本运行逻辑，追求利润最大化；带来了当今世界的文化存在形态、结构和格局的重大变化

资料来源：根据相关书籍及资料整理所得。

　　一是关于"文化工业"批判理论。霍克海默作为法兰克福学派的创始人，推动了法兰克福学派"批判理论"的形成，而阿多诺就是这个著名批判理论的主要代表之一。该学派用批判的眼光全面否定了文化工业，推动了"文化工业"向"大众文化"的转变。其中霍克海默和阿多诺合著的《启蒙的辩证法》（1940）最为典型，阐述了他们对文化工业的主要思想和观点。作者在这本书中，第一次提出了"文化工业"的具体内涵，详细而全面地否定了文化工业的作用，并发现了在资本主义社会中文化产业所带来的重要影响。在他们看来，"文化工业"并不是真正意义上的文化，而是一种"大众文化"，文化丧失了它原有的韵味，是启蒙的结果所致。这种大规模的复制文化产品，是资本主义社会从文化上的一种垄断形式，掩盖了生产和消费的单一性，这种工业所带来的代价是巨大的，因此，他们对复制化"文化工业"持坚决否定的态度。"文化工业"其本质上是当代西方社会中控制和操纵自然和社会的"内在自然"领域的统治，寻求政治变化的新动力和新模式。由此，霍克海默和阿多诺构建了与文化工业对立的"真正艺术"模式，但因置身于历史哲学的框架中，批判具有一定的抽象性。同一时期的瓦尔塔·本雅明是法兰克福学派的外围成员之一，他的思想受马克思主义与犹太教神秘主义的影响较大，他在代表著作《机械复制时代的艺术作品》（1936）和其他书中都明确地表明了其思想，他认为作品价值应由膜拜向展示，由有韵味向机械复制转变，因而肯定了技术对文化的促进作用。他主张复制技术使得文化从少数垄断者中解放出来，让大多数人能够享有艺术品，实现艺术民主化、大众化。但他对复制艺术的态度又是矛盾的。复制艺术把艺术从特定的时空和传统中抽离了出来，丧失了艺术本身的韵味。复制艺术服务于进步政治，作为一种政治实践，有可能丧失艺术的原真性，使之商品化、肤浅化。直到 20 世纪 80 年代初，他的思想得到了进一步的发展，也推动了文化产业由批判到矛盾再到宽容的转变，其标志为英国伯明翰学派的形成。法兰克福学派聚集了学者们批判而独特的反思和敏锐而犀利的观点，采用了交叉学科的研究方法，积极推动了该领域与其他方面的有效结合。如传统艺术的韵味如何保存、大数据时代下民族文化传统如何传承和保护、民族濒危语言如何保存和延续等。

二是关于英国文化学派的"大众文化"研究。英国文化学派的理论是在批判的基础上推进的，同时也有一些巨大的突破和影响，具有特色和创新性。20 世纪 60 年代初，伯明翰学派继法兰克福学派后沿着基础理论方向演进，站在"文化研究"的视角研究文化产业的生产和消费、大众文化的创新，这一时期出现了以威廉斯为代表的众多人物。在威廉斯看来，文化具有丰富的内涵，不仅是指伟大传统中的最优秀的思想，还应该包括其他形式，如制度、风俗、习惯等。他在《漫长的革命》（1979）一书中给文化下的定义为：一是人类自我完善的一种状态或过程；二是智力和想象作品之和；三是一种特定条件下的生活方式。他主张文化唯物主义，突破了精英文化与大众文化之间的融合，把文化深入生活中，贯穿了所有的社会实践，也打破了通俗文化就是典型的思想。约翰·费斯克认为文化、生活、文化产品三者之间是密切相连的，文化应当被称之为日常的生活，文化产品是人们在生活过程中自发的选择和决定，为满足文化需求而进行生产的。尤其是在《电视文化》（1986）一书中他更加透彻地说明了文化、电视和大众的概念及其关系，并进一步对电视文化的生产、消费、价值的实现等过程做了研究，认为观众不仅是消费者，也是生产者。随着他的两种经济理论的提出，文化研究逐步迈向文化和产业化两种特征的步伐，约翰·费斯克的贡献是巨大的。

三是关于西方文化产业应用理论。应用理论主要是源于 20 世纪 80 年代后欧洲广泛使用的"文化产业"，推进了对其的进一步深化研究。它是由"文化产业"的实践过程中完善的、具有可实施性的基础理论，涉及多个与文化相关的领域，如文化企业中产品的研发、生产和销售，企业内部的管理和运作。因此，"文化产业"涉及面较广，内容十分丰富多彩，对它的研究需融入多种学科，如社会学、文化学、经济学和管理学等。其成果体现在：英国学者麦耶斯考夫研究了艺术学科与"文化产业"之间的关系，他的基本观点是从艺术的角度来定义的，他认为其是在艺术中的与之相关的产业。还有其他学者把其与创意特征相关联，对相关文化活动进行研究和探讨。伽纳姆主张的观点是"文化产业"与其他产业不同之处在于其使用符号对文化进行传播，生产的产品是文化的商品。兰蒂通过在实践的研究中结合经济中生产的要素，构造了"文化产业"生产的相关环节，与其他学者不同之处在于其引入"价值链分析法"，他的研究进一步推动了西方学者对"文化产业"从理论到实践的研究。经过"文化产业"实践的积累和发展，文化产业应用理论研究逐步走向完善。

2. 国内文化产业理论的演进及基础理论研究

从中国文化产业理论的演进来看，中国文化产业经历了一个由自发向自觉、市场发育向体制跟进、国家战略导向高质量发展的长期过程。自 20 世纪 80 年代，市场体制的转型促使中国文化逐步迈向了产业化的道路，学界也开始探讨如何推动文化产业发展、如何发挥和激活文化的作用、如何提高文化软实力等相关问题。总的来说，中国文化产业的发展大致经历了五个阶段（表 0-3 所示）。对于国内文化产业兴起的研究，有学者归纳为四个因素："消费社会"雏形的凸显、"大众传播时代"的形成、闲暇时间的需求、市场经济的发展。

表 0-3　中国文化产业发展的五个阶段

阶段	时间	发展进程	主要内容
第一阶段	1985 年以前	萌芽期	文化流通领域的发展；娱乐业从无到有
第二阶段	1985—1992 年	成长期	文化出现产业化趋势，产生了文化制造业和文化服务业，以广告和演艺公司为标志
第三阶段	1993—2000 年	发展期	以影视制作公司、文化企业集团为代表
第四阶段	2001—2012 年	蓬勃期	完善文化产业政策
第五阶段	2013 年至今	稳定期	文化产业成为支柱性产业

资料来源：根据相关书籍和资料整理所得。

学界对文化产业的基础理论研究经历了由否定向肯定的转变，源于对"大众文化"的论争，具体概况见表 0-4。对大众文化的论争主要发端于 20 世纪末期，国务院在有关文化报告中提出了"文化经济"的概念，这一文件引发了学者们纷纷从经济学的角度对"大众文化"深入探讨，其中《读者》（1997）发表的诸多有关"大众文化"的文章掀起了"文化热"大潮。

表 0-4　学界对"大众文化"的论争及其主要观点

时间	代表人物或作品	主要观点
1930 年以来	《大众哲学》《大众音乐》《大众电影》	"大众文化"与"精英文化"的论争
20 世纪 90 年代末期	《上海文艺》《大众文化的时代与想象力的衰落》等	一是关于文化机制、生产、流通和消费等问题的学术文章；二是从"文化产业"的角度进行探讨，察觉了中国文化格局的产生和带来的冲击；三是进入"大众文化"争论的高潮
21 世纪初	李向民《精神经济》	把精神概念带入经济学，提出"精神生产"是第一次产业

资料来源：根据相关书籍及资料整理所得。

伴随我国政府与企业之间的活跃互动和联动共促，关于中国文化产业的政策和文件在不断探索中逐步发展起来。21世纪初期以来，开始涌现了一批规模较大的文化产业集团。通过梳理相关文献可知，中国文化产业的基础性理论及相关研究不断丰富和完善起来，主要从微观层面、中观层面、宏观层面进行总结。

一是"文化产业"的基本概念与功能特征的辨析。较早从文艺学研究涉足文化产业的有李向民、金元浦、胡惠林、欧阳友权等学者。学者们基于对"文化产业"的概念与功能特征的辨析分别做了较详细的研究。孙是炎、沙潮等对文化与文化产业、文化产业与文化事业等概念进行了对比研究。万里对西方"大众文化"的概念进行了探讨，提出关于"文化产业"定义的一些思考。林淞认为"文化产业"功能主要是认知与文化层面，不同于产业的一般功能。

二是数字经济与"文化产业"发展。胡惠林、李康化等研究了文化经济运动的基本规律，探析了文化和经济的理论联系。范周、陈少峰、范玉刚等学者探讨了数字经济变革中"文化产业"的创新与发展。魏鹏举探讨了数字经济下中国文化产业高质量发展路径。

三是"文化产业"的发展现状和趋势。柯可主编的《文化产业论》关注了世界特别是中国文化产业的突出问题和精神文明建设所面临的新问题，探析了"文化产业"的性质、规律及其价值等方面，并提出了具体解决路径。谢名家等结合当前中国文化产业的现状提出了相关措施。花建从全球化的视角探析了"文化产业"的产业结构、资源配置、竞争策略以及政府调控等方面。柏定国、吴建军、孟灿等根据区域化差异，从"文化产业"发展模式的视角，剖析了省域、县域文化产业发展面临的关键问题并提出相关对策。总的来说，对中国文化产业发展现状的实践探索，为"文化产业"理论基础提供了强有力的思想来源。

四是"文化产业"融合发展。顾江、吴建军等探析了"文化产业"融合发展、区域研究以及新业态等方面。解学芳、臧志彭等探讨了文化遗产与旅游产业融合的落地问题。韩若冰提出了"文化产业"业态融合发展的可行路径。李翔、宗祖盼等对乡村振兴战略背景下文化与旅游的深度融合等方面进行了深入探讨。

五是国家文化安全与"文化产业"发展。胡惠林、何宇等分析了中国加入世界贸易组织后我国文化产业与国家文化安全的相互影响。张志刚、李国刚等认为可利用文化资源优势发展文化产品，并进行文化体制改革，推动文化企业发展创新。

六是"文化产业"规划和政策。《中共中央关于制定国民经济和社会发展第十四个五年规划和二〇三五年远景目标的建议》明确提出，进一步完善文化产业规划和政策。黄韬慧、贺达提出"十四五"时期中国文化产业政策优化应区域协同推进，实现"文化产业"高质量发展。张胜冰、宋文婷认为"文化产业"发展中要明确和厘清"有为政府"和"有效市场"的协同关系与作用。尽管中国文化产业取得了较好的成绩，但在核心竞争力、科技创新能力、产业链竞争力等方面，与发达国家相比还有较大的差距，中国文化产业领域还有待进一步深入探讨。

（三）关于生态文化产业发展的基础理论研究

关于生态文化产业如何发展的相关论题，是近年来学界一直关注的焦点问题之一。特别是从党的十八大以来，以习近平同志为核心的党中央提出加快推进生态文明建设、加快建设美丽中国及全面推进乡村振兴。这些重大战略任务为生态文化产业研究提供了发展契机和引擎。系统梳理相关文献，可知相关研究成果所聚焦的内容集中在以下五个方面：

1. 生态文化的概念认知

关于生态文化产业的研究，离不开对生态文化基本概念的界定。"生态文化"这一概念，直到 20 世纪 90 年代才出现在国内相关文献中。这一概念在学界出现较晚，郭家骥认为其理论源自生态人类学，"生态文化"是人认识自然过程中而创造的文化。余谋昌认为"生态文化"是人与自然关系渐变中所形成的新的价值取向，也是人类选择的一种新的生存方式。随着人们对人与自然关系的深入认识，余谋昌对"生态文化"概念及内涵进行了丰富，他提出，狭义上的"生态文化"是从人统治自然的文化，逐渐进入以生态价值观为发展理念的人与自然和谐的文化；广义上指人与自然和谐发展的生产方式以及一种新的生存方式。王如松提出"生态文化"涵盖了有关天人关系的体制文化、认知文化、物态文化、心态文化。高建明认为"生态文化"是人类在认识生态、适应生态、建设生态过程中所形成的一种绿色文化。韦仁忠提出"生态文化"既是一种生态文明观，又是一种以生态价值观为指导的文化现象，包括人类与自然相互作用形成的观点、技术、社会实践，涉及自然科学、环境科学、人与环境的关系三个方面。刘亚萍等提出"生态文化"是新时代关于生态价值观的外在的新文化。郭云甫认为"生态文化"是关乎人与自然界相互作用关系的文化。程丕金认为"生态文化"是以遵循生态系统平衡、尊重生态规律为原则的关于人与自然和谐发展的先进性文化，主张以实现自然生态系统的功能价值来满足人类的多元化需求，是一种创新性文化。杜月娥认为生态文化是以社会主义核心价值观为指导所形成的人与自然环境和谐相处的先进文化。

国外学者对生态文化相关领域的研究已趋于成熟。Peccei 作为最早提出"生态文化"概念、定义及其内涵的学者之一，他在《21 世纪的全球性课题和人类的选择》中对人与自然的关系进行了较全面的论述。过去人类反自然、主宰自然，严重破坏了原有生态的平衡状态，只有从思想和行动上改变人与自然对立的关系，重塑一种新的友好关系，自然界和人类自身才能永续发展。Jovan Ristic 从人类学与社会学相结合的视角探讨了"生态文化"的构成要素、文化模式及评价指标，重在强调人与自然的互动关系对其产生的影响。Vitor R. Savage 对东南亚地区的自然环境、生态文化形成及其生态环境退化之间的关联进行了分析，并提出了改变消费方式、生活方式和价值体系的解决方案。约翰内斯堡举办可持续发展首脑会议，主旨在于通过技术创新对数据可视化，以期精准找到解决问题的有效路径，缓解人类面临的生态环境危机，实现人与自然和谐共存，与"生态文化"的内涵和特征高度一致，为"生态文化"的发展指明了方向。Stetsyu 认为"生态文化"与教育之间关联紧密，两者互促互进。由于国内外文化研究视角和方法存在不同之处，国外对"生态文化"相关领域的研究，大部分聚焦于生态美学、森林生态文化、审美生态学等。

对"生态文化"基本概念的认知，学界从多视角、多层面、多领域进行了不同的表述，无论是广义还是狭义的界定，学界对生态文化的界定都立足于人与自然的相互关系，在处理人与自然关系时在方法方式、价值取向、理念认同等方面都具有共同点，与生态、文化、生活、制度等有着紧密的联系。从"生态文化"的演化来看，它有其内在的结构和组成要素，既是一种价值观，也是一种生态文明观，是围绕人与自然之间复杂关系的一种文化，而在一定意义上可认为是一种生产方式和生存方式。

2. "生态文化"与生态文化建设、生态文明之间的关系

一是建设有中国特色的现代生态文化。曾繁仁认为《周易》提及众多极有价值的生态智慧内涵，譬如太极化生、生生为易、厚德载物等，这些思想应成为当代社会生态文化建设的重要资源。刘建荣认为"天人合一"思想对建构新时代乡村生态文化具有重要价值。杨立新认为通过构建生态文化建设体系，对促进生态文化建设有着重要的现实意义。二是"生态文化"与生态文化建设、生态文明之间的内在关联。Elena 认为生态教育能够促进生态文化建设。陈菜棉认为在建设生态文明进程中，生态文化发挥着极其重要的促进作用，不仅如此，生态文化对人的行为规范也有着积极影响。王越芬等认为生态文化自觉是人们在生态文明建设中所形成的一种内在自发的、自觉的、主动的理性认识，是应对生态危机的一种积极行为。陈红兵认为生态文明建设就是要全员、全程、全方位提倡生态文化、生态道德的理念和价值。郭少棠等认为生态文化建设是西部大开发走可持续发展之路的必然选择。姜德琪提出应从人的全面发展出发，发挥人的能动性、主体性，探索社区生态文化建设的路径。除此之外，徐萱春提出树立生态文化建设是全员、全社会共同参与的重要任务。

3. 生态文化产业的概念内涵、类型及其价值

主要涵盖生态文化产业的内涵与特征、价值功能、基本类型等。一是关于生态文化产业的基本内涵及特征。苏祖荣认为生态文化产业主要以生

态环保为主旨，是为满足人们对美好生活的向往所提供的优质生态文化产品和生态文化服务，是近年来文化产业领域兴起的一种新业态。邓显超等提出生态文化产业是以自然生态为基础，追求人与自然和谐共生的绿色产业。二是关于生态文化产业的价值及功能。应小敏认为生态文化产业的发展重在强调尊重自然环境，形成人与自然和谐的"生态价值"，转变人主宰自然、征服自然的对立关系，使人与自然成为一个密不可分的利益共同体。罗成雁提出生态文化产业的发展旨在实现人与自然的解放，使得人与自然成为共在共生的命运共同体。还有一些国外学者对此方面进行了研究，并取得了较好的成果。他们提出生态文化产业是最环保的绿色产业，如美国学者丹尼斯·米都斯、乔根·兰德斯等著《增长的极限：罗马俱乐部关于人类困境的报告》对其有很详细的阐述。三是基本类型及相关行业。韦仁忠认为生态文化产业主要以森林文化为载体，向消费者广泛传播生态健康、环保科技、可持续性的绿色发展意识，从而取得经济效益，由于它的特殊性，包括涉及生态文化产品生产的众多行业和业态。还有学者提出生态文化产业是一种生态产业、绿色产业和朝阳产业。

4. 生态文化产业与生态产业

生态文化产业的发展缘起于解决生态失衡带来的严重后果。国外很早之前就认识到工业社会给人与自然的平衡带来了破坏。美国作家蕾切尔·卡森在《寂静的春天》指出："人类快速改变自然界，而生活于自然界中的生物却来不及与快速改变的自然平衡。"① 人类开始审视人与自然的共处方式，寻找新的出路解决生态问题。一是关于生态产业理论方面。生态学家 Brown 认为生态产业是生物圈的一个亚系统。日本产业生态工作小组提出了把实现经济发展的传统产业与自然紧密相连，模拟自然生态思想，使产业发展从传统模式向生态化模式转化。美国科学家 Frosch 提出了"生态产业系统"的概念，并提出传统的工业活动应当考虑能量、物质、废弃物等方面的最优化问题，向生态产业系统转化，来提升资源的可持续性。

---

① 卡森. 寂静的春天［M］. 张白桦，译. 北京：北京大学出版社，2015：5.

Kumar 提出了应建立企业、自然之间相关联的"人工生态系统"。Graedle 从企业中各个组织之间的运作、功能、影响来分析各个组织的联系，基于自然生态系统理论，探讨企业从生产到产出与环境之间的协调作用。Allenby 等依据产业生态系统中不同要素的相关度将系统进行了分级，从而提出三级进化理论，一级为线性模型，二级为不完全循环模型，三级为闭路循环模型。二是关于生态产业应用方面。早在 20 世纪 80 年代，Frosch 等就提出了"产业代谢"原理，以达到技术、生产、消耗和谐统一。在应用过程中生态产业提出"产业代谢"原理，形成能量与物质消耗最优、工业废物最少的发展模式，大力缩减了生产原料，减少了对自然资源的索取和环境的污染。Schalarb 认为生态产业经营主体企业间必须以物资循环、能量交换形成系统循环，才能做到可持续发展。Willian E. Rees 提出了"生态足迹"这一方法并运用到产业活动中。生态足迹法是测量和判断环境生态承受能力的一种方法。Cabezash 通过大量模拟自然生态、技术、环境等相关实验，提出工业、农业与自然生物之间有着千丝万缕的关联，进一步把产业与环境的逻辑关系上升到实践层面。Weizsacker 进一步提出了"生态包袱计算方法"，即一件产品的生态包袱取决于投入与产品之间的差值，计算后可得出参考值，从而对该产品进行资源浪费分析。20 世纪 90 年代末，学界逐渐开始展开对生态产业的实践和方法研究，涉及生态产业途径选择、产业生态化的指标建构以及公共政策分析等方面。随着关于生态产业相关研究成果的逐渐丰富，学界又开始转向微观层面的研究，如生态产业园的建设和开发、物质与资源循环、模型构建、经营和设计、生态政策与案例等方面，为生态文化产业的理论研究和应用研究都提供了重要的参考价值。纵观学界现有的相关研究文献可以看出，国内外相关研究成果较为丰富，但对生态文化的内涵、结构及功能的辨析，交锋激烈，争议颇多，至今尚未对生态文化、生态文化产业形成统一的既定内涵，相关理论基础还较为薄弱，研究的深度和广度都待进一步推进和拓展。

5. 生态文化产业与生态文明建设

文化产业在我国的兴起和发展，受到了学界的高度关注。胡惠林提出树立生态文明观推动产业绿色发展，实现人与自然、经济与生态的可持续性发展。王克修认为依托地方丰富的自然和文化资源，发展生态文化旅游产业资源禀赋，对促进经济发展有着积极的作用和意义。刘庆贵提出发展生态文化产业重在发挥资源优势，推动生态文明社会实现绿色崛起。余谋昌提出提供优质多元、高端创意的生态文化产品和服务的生态文化产业，是建设生态文明的重要产业，要快速促进该产业的发展和繁荣。陈苏广认为生态文化产业主要以生态建设为载体，应在全社会进行生态文明宣传教育。沙占华等提出通过优质的生态文化产品和生态文化服务消费，在全社会形成生态消费观念和绿色发展理念，有效提高了人们的生态意识、环境保护意识以及低碳消费意识，激发了全民共同参与建设生态文明社会的活力，进而推动了中国特色生态文明建设。

（四）关于农村生态文化产业发展理论相关研究

1. 农村生态文化的内涵及其特征

李恩认为可从多视角、多维度对农村生态文化的基本涵义进行剖析：一是一种按照生态规律运行的生存方式；二是在农村社会发展进程中赋予自然与人类和谐共处的价值取向；三是遵照人与自然和谐共生的农村发展方向；四是一种全新的制度安排；五是人们在发展生态农业过程中为实现可持续发展而形成的一种新的发展方式。戴圣鹏、刘艳娥、李世书等学者认为农村生态文化主要是人们在农村生产生活中长期形成的"善"文化、乡贤文化、集体主义文化等文化体系，涉及物质、精神、制度等层面。樊晓敏认为农村生态文化是农村本土特有的文化形态。王军棉认为农村生态文化是长期生活在农村的人们不断地进行生产实践，并对人与自然相互联系、相互影响的思考逐渐发展所形成的一种生态文化系统。综上所述，从多视角、多维度对农村生态文化的概念及涵义进行剖析十分重要，因而，本书对农村生态文化的基本内涵的探析离不开对文化、生态文化本质内涵的深入分析。

2. 农村生态文化产业的现实困境

国内外关于直接阐述农村生态文化产业发展现实困境的研究并不多，而针对马克思主义自然观视域下农村生态文化产业发展的现实困境的研究更是非常罕见。现有研究主要集中在：一是微观视角下农村生态文化产业发展中存在的问题与困境，李艳等认为河北省发展农村生态文化产业所面临的问题主要在于思想的保守、观念的滞后、体制的束缚等方面；二是政策视角下农村生态文化产业发展中面临的困境，学者们认为可通过制订优惠政策、创新发展产业形态、提供科技支撑、多渠道融资、创建山区生命馆或山区星球馆、强化保护生态意识等政策建议来破解困境；三是技术视角下农村生态文化产业发展面临的瓶颈，赵泽认为利用技术手段跨界注入创意并创新发展模式，建立超越传统产业的一般运营模式，导入数字化产业模式，能够开创生态文化产业的"蓝海"。

3. 农村生态文化产业发展的效能研究

主要体现在促进生态文明建设、经济增长、推动美丽中国建设等方面。学界从不同的形态如农村文化创意产业、乡村生态旅游业等进行了探索。张中波等认为农村文化创意产业转变了商业模式，运用数字化手段激发创意，不断走向高质量发展。许黎等从具体的产业业态，即乡村生态文旅业，对生态文明建设的作用进行了探讨。蔡永海等认为农村生态文化产业与生态文明建设有着内在的耦合互动关系，互促互进、互惠共生，应融合发展。也有学者认为发展内蕴现代生态文明理念的乡村生态旅游，对第三产业的内涵式增长起着重要的促进作用，并有助于推动美丽中国建设。

4. 农村生态文化产业发展路径研究

其一，我国民族地区农村生态文化产业及其发展策略研究。傅于川等探讨了黔东南苗族侗族自治州发展生态文化产业的现状及存在的问题，提出发展民族生态文化产业必须以抢救保护与科学开发相结合，实施差异化发展战略，处理好生态文化公益性事业和生态文化经营性产业两者的内在关联，采取多元化投入机制扶持非公有制民族生态文化企业，打造出具有少数民族地域特色的农村生态文化产业。王永富针对当前广西生态文化产业发展现状提出对生态文化产业进行有效规划和合理布局，发展森林旅游、休闲康养、生态观光度假等多样化生态文化产业新业态，培育并构建具有少数民族特色的农村生态文化产业集群，积极延伸生态文化产业链并提升生态文化价值链，推动产业转型升级，从而使之成为农村经济发展新的增长点。秦红增等以乡村生态旅游文化产业为例进行了研究，提升广西乡村生态旅游文化产业，就要进一步增强农民的文化自觉，不断推进其文化创意的科学实践，形成以"文化农民"为核心的乡村文化自觉与文化创意网络体系。徐黎丽认为保水、保人、保文化三位一体的生态文化产业是甘肃文化产业的必经之路，通过以保护水资源为基础、保护各族人民可持续生存与发展为核心、保护多样性文化为桥梁等路径，促进生态文化产业健康有序发展。王伯承等分析了民族地区生态文化产业发展中面临的逻辑悖论，并基于风险社会理论的视角探讨了民族地区生态文化产业发展对策。韦仁忠认为可通过激活生态文化，作为生态立省战略的主要手段。郭云甫提出立足于青海深厚、独特的文化资源，做大做强物质生态文化产业形态、精神生态文化产业及创意生态文化产业，通过政策引进和资金扶持帮助各大型企业发展生态文化产业，提升生态文化产品和生态文化服务供给的规模化、专业化和市场化水平，打出具有较大影响力的青海生态文化品牌。任建佳等认为当地的生态文化资源优势，就是产业的发展优势。罗成雁认为激活云南生态资源为云南生态文明建设提供了载体。陈赵阳等认为云贵川少数民族文化资源丰富的地区，由于自然环境优质、生态资源丰富，少数民族文化的独特性、原生性与多样性保存较为完整，彰显了显著的绿色生态竞争优势，为民族生态文化产业提供了重要的指引和方向。政府通过完善法制法规等制度保障体系，借助税收体系、投资投向、产业结构等市场管理手段，营造良好的宣传教育、网络媒体等舆论环境，构建多层次保障的复合型机制，可优化民族生态文化产业的发展方向。

其二，有关其他地区农村生态文化产业发展的路径研究。江泽慧提出农村生态文化产业方兴未艾，在产业发展模式上要注重以普惠性为主，以定向性为辅，在产品方面要以文化创意产品与服务为主。可通过完善和延伸生态文化产业链，提升生态文化竞争力，培育公众的生活绿色消费理念，推动农村区域经济绿色发展。张素薇、王莹莹、张艳青、吴佩育等学者选择了河北省内经济发展落后但生态资源相对丰富的二线城市进行研究并提出了针对性建议。马嘉从昆明现代林业生态文化体系构建的现状进行了分析，并提出了发展本区域生态文化产业的实践路径。肖君从福建森林生态文化体系建设的现状出发，提出了相对应的解决方案。薛丽娥等认为可通过有效解决资源利用不合理和转化问题，推动产业有序发展。王伯承等认为农村生态文化产业是主要以生态文化为内容的综合性产业，具有较强的融合性，与其他产业互相渗透和融合，逐渐形成庞大的产业集群。农村生态文化产业涉及的生态自然资源、生态旅游资源与生态人居环境等生产要素与相关性产业融合突显了独特的参与性和体验性，个体化消费、绿色消费必将为本地区生态文化产业的长期发展注入新的动力、活力。邓显超等针对江西生态文化产业的发展进行了剖析，提出了深刻的见解。经宽蓉对句容市生态文化创意产业的发展现状进行了探讨并提出了对策。徐文玉等以海洋文化为例，认为发展海洋生态文化产业是践行生态文化理念下传统产业转型的可行路径。刘宁认为可通过发展林业生态文化产业和不断开发林业生态文化产品来推动林业生态文化品牌建设，满足社会多元化需求。王丽莎探讨了县域生态文化产业发展的背景、机遇挑战及实施路径。陈登源提出福州市生态文化资源极其丰富，发展生态文化产业具有不可比拟的区域优势。陈苏广认为发展农村生态文化产业应当因地制宜，必须充分考虑各地区经济、科技、教育等方面的发展程度，东中部地区具有较好的发展条件和消费市场，有利于推动农村生态文化产业发展，而有的地区存在着挑战和风险，并以宿迁市生态文化产业发展为例提出了相应的优化策略。王海慈认为发展农村生态文化产业园有着现实意义，关键在于园区的科学选择、合理设计、精准筛选和转型，因地制宜植入景观，促进乡村经济可持续发展。史小建等基于生态文化的视角，提出农村文化产业要注重人的发展、自然的保护、社会的和谐。

由于国情、人口、社会经济发展等因素的差异化特征，带动了乡村经济的发展，特别是在一些发达国家，一些学者对农村生态文化休闲业、农村生态文旅业等相关产业进行了探索。关于农村生态文化休闲业方面，起初在意大利、奥地利等地兴起，随后迅速在欧美其他国家发展起来。关于农村生态文旅业方面，Jadvyga Ramanauskienë 指出乡村文化旅游对维护社会稳定和改善社会经济条件意义重大。Mueller Stephen 认为应充分利用农村生态休闲、文化旅游、文化遗产等宝贵资源获取文化经济收益，从而促进农村经济发展。Ann Markusen 对农村文化公共基础设施、文化项目及文化企业规模大小数量等方面与本地经济关联进行了探讨。花建对日本六本木中城进行了较全面的分析，并提出了相关政策建议。在国外农村文旅产业研究中，海若系统考查了日本"一村一品"的特色乡村文旅产业发展，他认为通过区域化布局、专业化生产、规模化经营等模式，有利于提升乡村文化价值。张军认为享有"欧洲花园"之称的瑞士，大力发展观光服务业，充分考虑如何与自然环境协调一致，对自然的尊重和爱护成为发达国家的典范。杨福泉提出应借鉴意大利乡村"生态博物馆"的成功实践，实现乡村的社会、生态、经济、文化功能。

当前，已有研究表明了与农村传统文化产业相比，农村生态文化产业发展具有可持续性，同时它所面临的问题与困难具有较高的挑战难度，很有必要对其提出对策建议以及可行路径。由于直接论述"农村或乡村生态文化产业发展"的相关文献较少，从微观的视角探寻得还不够深入，特别是产业化过程中经济与生态、保护与开发以及生态环境问题与生态文明建设之间的内在逻辑关系尚未深入探析，所以本书尝试立足马克思主义自然观的视域，对农村生态文化产业发展策略的理论支撑、发展现状、环境分析、个案研究及其策略建议等进行深入分析和研究，并期望能够提出相关建议有效服务于我国农村生态文化产业发展，以积极推动农村经济可持续发展。

（五）研究述评

1. 已有研究的主要成绩

通过对国内外研究现状的学术史梳理，可以看出学界对农村生态文化产业发展研究从不同视角、不同维度进行了研究，取得了诸多成果和重要成绩。

关于文化产业理论的演进及其发展脉络研究。整体上研究视野、涉及领域及其研究方法等方面从无到有、由浅入深、不断拓展，提出了一些能够借鉴的解决方案、参考建议以及政策选择。总之，已有研究夯实了基础领域的根基，拓展了应用领域研究的广度，把握了文化产业发展的着力点。

关于生态文化产业基本概念和理论体系的研究。对生态文化产业基础理论研究也在不断关注，并把生态文化与文化产业结合起来，取得了较好的进展，集中表现在生态文化产业的经营主体如企业、产业的空间形态如集群，以及与生态文明建设的内在机理等方面。不仅如此，已有的相关研究表明，生态文化产业的发展离不开国家政策及文件的密集出台，与国家政策发挥的效应是紧密联系的。

关于农村生态文化产业发展的相关研究。对农村生态文化产业的研究集中在农村文化资源的传承与保护、产业竞争力、产业政策、产业发展水平的综合评估等方面。以绿色发展为指导，立足当地农村文化资源、自然生态资源，以协调统一人与自然之间的矛盾关系为出发点，从而为发展农村生态文化产业寻找出路。近年来，学界对农村生态文化产业的研究明显引起了高度重视，以期为乡村产业振兴和生态文明建设出谋划策。

2. 已有研究的不足及局限

虽然农村生态文化产业发展策略研究已经取得了诸多成果，但仍有较大的拓展空间，存在一些亟待完善的薄弱方面，以下问题仍需深入探讨。

一是研究视角上，关于农村生态文化产业相关研究多数以定性分析为主，定量分析少。诸多文献更多关注到农村产业发展过程中文化失调、农村经济与生态环境矛盾等现象的表层根源，对背后的逻辑关系和更深层次的原因有待进一步探讨，相关文献研究有一定的局限性。如何促进马克思主义政治经济学、文化产业经济学、农业经济学等多门学科的交叉融合，使得研究更规范化、科学化，是进一步探讨我国农村生态产业发展中亟须重视的关键之处。

二是研究内容上，关于农村生态文化产业相关研究在内容上稍显单薄。相关基本概念的内涵、特征、类型，大多数是在文化产业内涵及类型的基础上稍作演化，缺乏进一步对其本质的挖掘，没有突显其内在独特性和创新性。有关农村生态文化产业发展的现实意义研究，大多数集中在宏观层面，少见微观个体研究，特别是产业发展与本地村民个人发展、经济收入、幸福指数等方面之间的内在逻辑关联少有探讨。关于探讨农村生态文化产业发展现状及其存在问题，集中在宏观层面，而一些较为成熟的典型个案发展态势尚未涉及。农村生态文化产业发展成因分析，集中在政策、人才、技术等层面，鲜有涉及对非正式制度层面的探讨。关于农村生态文化产业发展对策研究主要以宏观阐释为主，农村生态文化产业化过程中如何发挥政府职能，培育全民生态文明观念，加强人才组织，完善投资融资渠道等方面，在研究中显得有些单薄。

三是基础理论研究方面，从马克思主义自然观审视农村生态文化产业的研究尚未涉及，从马克思主义自然观与农村生态文化产业之间的内在逻辑关系的角度深入探究的相关研究尚未涉及，特别是从产业可持续发展的角度。有相关文献提出缓解人与自然的矛盾可仿照自然生态系统的方法，从而推动农村经济健康发展。也有其他文献只是用了"可持续发展"的提法，并未深入探讨如何实现农村生态文化产业发展的基本原则、主要目标及其策略建议。

四是相关政策方面，国家层面针对生态文化产业、农村生态文化产业的政策尚未明确地、有针对性地出台，仅有地方各市、各县域层面的相关文件和政策，或是针对特色文化产业、农村文化建设方面的相关政策。21世纪以来，特别是中国特色生态文明建设过程中对农村经济发展的研究，离不开国家各个层面政策的大力支持，我国农村生态文化产业的相关政策有待进一步精准、细化、完善和深入。

本书尝试在已有研究成果的基础上，按照"提出问题—分析问题—解决问题"的逻辑进路，遵循"一条主线——一个基本点—三项研究主题"的形式，对农村生态文化产业发展问题进行研究。其中，"一条主线"是农村生态文化产业如何发展，这是本书要重点解决的问题；"一个基本点"是从马克思主义自然观的基本视角；"三项研究主题"是提出中国农村生态文化产业发展问题、分析农村生态文化产业发展现状、探索农村生态文化产业发展策略。即，立足马克思主义自然观人与自然辩证关系的视角，研究农村生态文化产业发展创新策略，挖掘两者内在的逻辑关系，并通过对农村生态文化产业的现状、存在的问题及其成因进行深入探讨，运用PEST 分析模型、波特五力竞争模型以及 SWOT 等研究方法，从宏观、中观及微观三个方面试图探讨农村生态文化产业发展的综合环境，提出马克思主义自然观视域下农村生态文化产业发展的基本原则、主要目标、策略建议，希冀为农业农村现代化相关研究进行更进一步的拓展和延伸提出实用性建议。

三、研究思路、研究内容与研究方法

（一）研究思路

本书通过查阅大量文献，立足农村发展的现实问题，对农村生态文化产业发展现状、存在的问题及其成因进行了探讨，并结合农村典型个案进行对比分析，提出新时代格局下发展中国农村生态文化产业的基本原则、主要目标及策略建议，试图为农业农村现代化发展的相关研究提供参考建议。

本书的具体研究思路如 0-10 图所示：

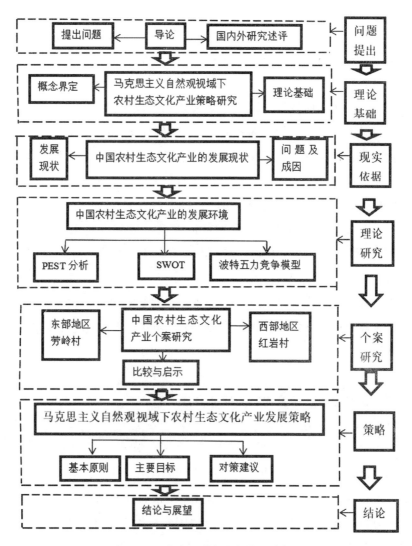

图 0-10　本书研究框架结构示意图

（二）研究内容

本书的研究内容主要分为以下六个部分：

第一部分是导论、第一章和第二章。导论部分主要是研究缘由及意义，在文献计量与知识图谱可视化以及国内外文献分析的基础上，框定研究思路、研究内容、研究方法，并阐述本书的创新可能与存在的不足。第一章相关概念界定及其内涵概述。本章主要包括：第一节相关概念界定，第二节阐述农村生态文化产业的主要类型、基本特征与功能属性，第三节剖析农村生态文化产业的生产要素与价值创造机理。第二章马克思主义自然观视域下农村生态文化产业发展的理论基础。本章主要包括：第一节马克思恩格斯关于人与自然辩证关系的自然观，以"逻辑起点—逻辑主线—核心要义—终极目标"逐层展开；第二节中国化马克思主义自然观，主要对萌芽、探索、发展、完善、成熟等不同时期中国化马克思主义自然观的发展进行了全面而深入的探讨；第三节马克思主义自然观与农村生态文化产业的内在关系。

第二部分是第三章和第四章。第三章马克思主义自然观视域下农村生态文化产业发展存在的现状分析。本章是本书的切入点、重点、难点，主要包括：第一节对其现状审视，从总体状况探析和相关政策梳理等方面进行把握；第二节农村生态文化产业发展存在的主要问题，分别从管理者层面、生产者层面、消费者层面、政策环境层面等进行阐述；第三节制约农村生态文化产业发展的因素，保护与开发之间的矛盾造成的观念障碍，局部与整体之间的失衡带来的技术障碍，短期与长期之间的冲突导致的制度障碍。第四章马克思主义自然观视域下农村生态文化产业的环境分析。主要包括：第一节基于 PEST 分析法的农村生态文化产业宏观环境分析，从政策环境、经济环境、社会环境以及技术环境对其进行宏观分析；第二节基于波特五力竞争模型对其相关方面进行了探讨和研究；第三节农村生态文化产业 SWOT 分析，主要从优势与劣势、机会与威胁四方面进行综合分析。

第三部分是第五章。第五章马克思主义自然观视域下农村生态文化产业发展的个案研究。本章主要有：第一节东部地区农村生态文化产业发展个案，以劳岭村为例；第二节西部地区农村生态文化产业发展个案，以红岩村为例；第三节个案比较与启示，分别通过对劳岭村、红岩村的基本概况、生态文化产业发展现状及其产业 SWOT 分析，进行东西部地区农村生态文化产业发展基础与优势、发展模式及其发展业态等方面的比较，得出破除思想藩篱、转变思想认识是农村生态文化产业得以创新发展的基本条件，科学合理并行之有效的跨界式融合是促进发展的有效方法，激活市场需求、摆脱路径依赖是解决产业发展瓶颈的关键等重要启示。

第四部分是第六章和结论与展望。第六章马克思主义自然观视域下农村生态文化产业发展策略。本章主要是在前面理论分析、工具分析和个案分析的基础上，提出马克思主义自然观视域下农村生态文化产业发展的基本原则、主要目标及其对策与建议。结论与展望部分主要是对本书进行总结与归纳，并指出未来有待进一步研究和探索的问题。

（三）研究方法

1. 史实分析与比较分析、理论分析与实践研究相结合

马克思主义自然观视域下农村生态文化产业发展策略研究属于一个交叉学科的研究课题，涉及历史、文化、经济、生态及社会等学科领域。除此之外，这一课题具有历史性、现实性、发展性和实践性。纵观悠久的中华农业文明，中国农村具有得天独厚的资源优势，应深入挖掘农村生态文化的发展逻辑与价值规律。因此，应坚持以史实为基础、以实践为切入点的基本原则，把多学科的基础理论知识运用到个案的实践探讨和比较研究中，从而提升本课题鲜活的理论价值和实践价值。

2. 文献研究和实证研究相结合的方法

一是全面搜集、整理和研读国内外与农村生态文化产业相关的文献和研究成果，特别是利用历史学、文献学、史料学的方法，将现有相关文献、资料、档案、记录等进行分类、整理、归档。二是将理论结合实践，通过深度调查、实地走访、专家访谈等多种方式开展多点式田野调查，获取原始资料和数据，深度调研一些与本书研究紧密相关的农村地区生态文化产业的基本情况和发展状况。

3. 定性研究与定量研究相结合

关于马克思主义自然观视域下农村生态文化产业发展策略研究，目前

中国学术界进行定性研究的比较多，大多数定性研究主要强调发展农村生态文化产业的规律、意义和价值。本书将对田野调查及访谈中的原始资料进行量化分析，而对涉及农村生态文化的精髓与现实价值、开发与保护等方面的问题，以及发展农村生态文化产业与生态文明建设、美丽中国建设等内在关联，仍然采取定性分析方法。在通过定性和定量研究相结合后，明确发展农村生态文化产业的基本原则和主要目标，进而提出农村生态文化产业发展的策略建议。

4. 田野调查法与访谈法相结合

本书以马克思主义理论为指导，从马克思主义自然观视野审视人类与自然的关系，探讨农村生态文化产业发展策略。在对东西部地区个案进行对比分析中，探索农村生态文化产业发展策略，通过田野调查的方式获取原始真实的数据，结合对政府、相关经营主体、领域专家以及村干部、当地村民进行深入交流与访谈，采取行之有效的方法深度调查，推进本书的个案分析。

5. 多学科相结合的方法

通过多维度的视野和多层次的思维对某一事物进行研究，有利于把握潜在的本质属性和价值功能，从而确保本书的完整性和全面性。本书秉持以理论为起点、以实践为任务，最后再上升到理论的创新。本书既要对现有农村生态文化产业发展的相关文献进行梳理与总结，又要对现实发展中马克思主义自然观视域下农村生态文化产业基本概况、存在的问题、成因等方面予以关照和回应。本书从多学科视角（哲学、历史学、社会学、经济学、文化学、政治学、管理学、生态学等角度）、交叉学科研究方法逐一展开系统的科学研究。

四、创新与不足

（一）创新之处

本书基于马克思主义自然观的视角，以中国农村生态文化产业发展现状、存在问题及其成因为切入点，深入而系统地分析了马克思主义自然观视域下农村生态文化产业发展的环境，对东西部地区具有典型性的农村生态文化产业的发展现状深入调查和分析，并对马克思主义自然观视域下农村生态文化产业发展的基本原则及其主要目标进行了详细阐释，从而提出了马克思主义自然观视域下农村生态文化产业发展的对策与建议。

第一，从马克思主义自然观的视域考察了中国农村生态文化产业的健康发展问题。近年来，学界从多维度、多学科角度对农村生态文化产业的发展实践问题展开了深入探讨，并取得了较大的进展，但基于马克思主义自然观的角度对农村生态文化产业的发展做深入研究的较少，以山水林田湖草沙等自然生态资源、生态产品衍生为生态文化产品或生态文化服务的研究更是不常见。本书基于马克思主义自然观的视角深入分析农村生态文化产业发展现状及存在问题，重点在于处理好人与自然之间的矛盾关系，提出相应对策建议，推动产业可持续发展。

第二，以问卷调查和案例比较的方法，对浙江省湖州市和广西桂林市部分村庄进行了实践调查。本书通过深入农村实践进行田野调查，以调查问卷和结构式访谈与镇（乡）政府、村、企业等相关主体进行了面对面交流，获取了重要的第一手资料。通过东西部地区农村典型个案的调查研究，对东西部农村生态文化产业发展基础与优势、发展模式、发展业态等进行了深入比较，得出了重要经验与启示。

第三，对农村生态文化产业发展相关问题进行了系统而深入的研究，包括农村生态文化产业的主要类型、基本特征、功能属性、发展要素等内容，并分析了其价值创造机理以及马克思主义自然观与我国农村生态文化产业健康发展问题之间的关联。本书以现实问题为切入点，分析了其现阶段的总体发展及面临的主要问题，对其发展环境、竞争态势等内容进行了系统的探讨，进而提出农村生态文化产业发展基于思想层面、内容层面、技术层面、创意层面以及市场层面的重要策略建议。

（二）不足之处

本书从马克思主义自然观的视域考察中国农村生态文化产业的健康发

展问题，是一项交叉学科的研究课题，具有较强的理论性和实践性。笔者囿于经济学基础理论知识存在一定的局限性，本书尚存在不尽完善之处：一是由于目前各界对生态文化产业、农村生态文化产业还没有统一的定义和概念，直接论述的文献较少，这为本书的研究增加了一定难度。书中对农村生态文化产业及其发展概述略显粗浅，笔者尝试性进行架构分析，仍存在需改进之处。二是本书在田野调查和深度访谈中，由于阶段性、地域差异性等问题，收集资料和数据存在一定的困难。本书只能借助相关年鉴中的数据与资料。三是本书以马克思主义自然观视域下农村生态文化产业发展策略研究为题，从整体上看，这属于一个宏大的课题，需要深入系统探究。研究的主要对象农村生态文化产业是一个动态的、不断变化的综合系统，马克思主义自然观视域下农村生态文化产业发展的影响因素、内在结构也是不断变化的，还需要下更大功夫、较长时间去跟踪调研和探讨，本书还存在进一步完善和拓展的空间。

总之，个人研究能力和科研能力有待提升，加上田野调查工作的烦琐和复杂，调查数据处理过程中也存在一定的难度，在个案研究方面有待进一步探讨，这些都是笔者未来需深耕和研究之处。

第一章

相关概念界定及其内涵概述

习近平总书记强调，让生态文化在全社会扎根①。新时代发展格局下，厘清生态文化、生态文化产业、农村生态文化产业等相关概念和经济范畴具有重要的意义，是推进农村生态文化产业发展及其研究的前提条件。

第一节　相关概念界定

随着生态文明建设、建设美丽中国、乡村振兴等重大战略的不断推进，生态文化、生态文化产业在农村地区不断发展与演进。本章节将对相关核心概念内涵及外延进行详细阐述。

一、生态文化

亚里士多德认为，定义是说明事物本质的短句。对马克思主义自然观视域下农村生态文化产业发展展开研究，首先必须对相关主题词、关键词的概念定义及其内涵做出清晰的认识。关于"生态文化"概念、定义，学界对其有比较详细的考察，诸多学者从词源、语境、结构、表征、功能等方面入手，最终给出相应的概念界定。基于本书研究需要，将在前人总结分析的基础上，从马克思主义自然观的视角，对"生态文化"进行较全面的考察，从而归纳"生态文化"的多维内涵及其本质属性。

---

① 习近平. 之江新语［M］. 杭州：浙江人民出版社，2007：48.

（一）"生态文化"概念的主要内涵

"生态文化"概念的主要内涵是马克思主义自然观视域下农村生态文化产业发展及其研究的"纲"，本书应从"生态文化"破题开篇。"生态文化"是由"生态"与"文化"组合的一个新词，可理解为生态的文化，如同"文化"一词，是见仁见智的词语。从 20 世纪 80 年代初开始，学界从不同的研究视角对"生态文化"下了诸多定义（见表 1-1 所示）。本书希冀突破这一分析框架，对生态文明社会所阐释的生态文化涵义、特征及其要素做出科学系统的界定。文中对生态文化的考察主要以"文化—生态文化—生态经济—生态社会"的逻辑主线来逐层展开。文化本是人类的生活方式。① 生态文化是指人类进入生态文明社会以来，中国共产党带领各族人民探讨人与自然关系而形成的物质、制度、观念（精神）文化的总和。主要涉及人类自身未来可持续发展的有关生态的文化，以及与生态文明建设和谐发展的物质文化、制度文化与精神文化的总和。生态文化融合了优秀传统文化、现代先进文化与时代精神，是人们在生产生活过程中不断地认识世界和改造世界的自我反思中形成的社会主义先进文化，可见，生态文化是在人类与自然辩证统一的基础上所形成的生活方式。书中为深入而全面地把握对生态文化的概念内涵的理解，有以下启示：一是在认知层面，生态文化是在更高层次上对人类本来在应然生活状态的理性回归，主要表现在它超越了其他人类社会时期所形成的主宰自然、违背自然生存方式，是一种和谐的先进文化；二是在制度层面，主要体现为站在人与自然公正、平等原则上，使人类的一切行为规范以敬畏自然、保护生态环境为出发点；三是在物质层面，主要表现在摒弃掠夺自然、无限制向自然索取的生产生活方式；四是精神层面上，它既能实现文化价值为社会提供足够的文化产品和服务，又能保护自然资源的生态价值，实现人类自身发展与保护自然界的"共赢"。为了全面而深入地把握其涵义，可从以下两方

---

① 费孝通. 文化与文化自觉［M］. 北京：群言出版社，2010：1.

面进行理解：广义上是人类进入生态文明社会所形成的物质层面、精神层面和制度（政治）层面、行为层面反映出来的生态价值观；狭义上是指人类生产过程中形成的具有世界性、民族性的先进文化。

表1-1 部分国内外学者对生态文化定义概况表

序号	相关概念界定	作者与年份
1	人类在抵抗一切破坏生活基础上形成的符合时代要求的新的文化①	佩切伊，1984
2	人类新的生存方式，它是人与自然关系之间形成的新的价值取向	余谋昌，1989
3	把现代文化视作生态文化	任永堂，1995
4	自然环境影响下的特色文化	白光润，2003
5	（1）有关生态的一种文化； （2）各民族为适应特定的生态环境而创造的生态智慧和生态知识	高建明，2005； 郭家骥，2005
6	（1）具有多重价值功能并与物质文化、制度文化、精神文化相互渗透的和谐文化； （2）广义上是指人类历史实践过程中一切财富的总和，狭义上是指人类生产过程中所形成的人与自然和谐共生的社会生态意识、生态文明教育、生态伦理等； （3）一种生态价值观； （4）涵盖了物质文明和精神文明的生态文化； （5）突破传统观念，转变人对自然压迫和统治的生产生活方式，建构区别于现代工业文明的新型文化； （6）以人与自然环境为一个生态系统，发挥人类主观能动性，探寻人类与自然界和谐发展的文化	严 耕，2007； 李智勇，2007； 蔡登谷，2007； 周 鸿，2007； 陈红兵，2007； 雷 毅，2007
7	以生态价值观为核心，涉及科学技术、行为规范、风俗礼仪和语言艺术等多个方面，是一种新的文化形式	卢 风，2008

---

① 佩切伊.21世纪的全球性课题和人类的选择［J］.世界动态学，1984（1）：99-107.

序号	相关概念界定	作者与年份
8	（1）人与自然和谐发展的创新性文化； （2）社会主义核心价值体系的时代内涵	程丕金，2010； 杜月娥，2010
9	探讨和解决人与自然之间复杂关系的文化	甘庆华， 陈刚俊，2012
10	人类研究生物与自然关系形成的观点、技术、社会实践的总和	江泽慧，2013
11	当代文化的外在主流表现	刘亚萍， 李银昌，2016
12	（1）一种尊重自然、顺应自然、敬畏自然的文化现象，以走向天人合一为崇高目标的社会意识形态； （2）人类在生产生活过程中积累起来关于人与自然关系的观念体系、思维方法	阮晓莺，2019； 刘建荣，2021

资料来源：根据相关文献及资料整理所得。

（二）"生态文化"的发展演变、构成要素及特征属性

"生态文化"不单是一种生态价值，亦兼有文化属性，必然包含生态和文化的显著特性。一般来说，使用"生态文化"这一概念时，可根据它的演化进程、构成要素、特征属性来逐一展开。

从"生态文化"的发展演变来看，它是时代的产物。人类文明时代不断演化，同时也带来了自然资源枯竭、环境条件日益恶化等一系列严重的自然危害。自20世纪80年代以来，人类在认识自然、改造自然中逐渐重视自身生存的生态自然环境，从而形成了一系列的环境观念、生态意识、生态消费等关于人与自然和谐关系的文化科学成果。随着生态文化发展的演变，生态文化的内涵和功能越来越丰富。

从"生态文化"的构成要素来看，相关要素构成不同的形态结构（表1-2所示）。各构成要素之间组成了一个合理的有机体系，互相依存、互

相促进。这些丰富的优秀文化成果凝聚了全社会以生态系统思维方式审视人与自然、人与环境、人与社会的关系，从而在全世界形成了一种先进的文化现象。20 世纪 90 年代以来，人类积极转变旧观念，对自然界心存敬畏、尊重与保护之心，进一步升华和扩大了生态文化体系。

表 1-2　生态文化相关要素概念

形态结构	定　　义
生态哲学文化	一种后现代世界观
生态教育文化	生态学理念贯彻到生态文明社会的全民教育过程
生态科技文化	满足人们需要的环保的、绿色的技术
生态伦理文化	与自然界相互作用过程中所形成的伦理关系
生态文学文化	关于人与生态的文学
生态艺术文化	以艺术学的视域探视人与生态关系问题
生态神学文化	关于人与自然的神学

资料来源：查阅相关资料后整理所得。

　　从"生态文化"的特征属性来看，我们应当以发展、动态的眼光来考察"生态文化"的特点和规律。其一，整体性。"生态文化"是一种以人与自然和谐为核心、取代人类征服自然、基于生态意识和生态思维为主体构成的文化体系，把人与自然生态环境作为相辅相成、共生共在、不可或缺的整体，两者缺一不可。其二，公平性。生态文化是一种把人与自然、生态环境看成相互依赖、地位等同的主客一体关系的和谐文化。其三，优先性。"生态文化"在人与自然之间应追求最大限度的协调，遵循自然生态的原则以求达成社会效益优先。其四，可持续性。"生态文化"要实现从"人统治自然"向"人与自然和谐共生"重大认知的转变，这一特性决定着人类的行为选择和制度规范，也决定着社会经济的发展模式和发展方向是具有可持续性的。其五，具有意识形态。"生态文化"是一种和谐、协调、可持续发展的先进文化，具有意识形态属性，"人类以文化的方式生存，所有先进文化都是生存于自然中的文化"①。"生态文化"的繁荣发展就是不断提高先进生产力，发展和培育"生态文化"是当今的一项重要任务。生态文化建设在农村产业转型发展、构建和谐文明社会、谋求人类福祉等方面具有巨大的推动作用。可见，弄清"生态文化"的特征属性和发展规律，运用科学合理的态度和行为方式去看待人与自然、社会经济与生态保护之间的关系，有利于丰富生态文化体系。

本书主要是从马克思主义自然观角度切入，系统探析农村生态文化产业发展策略，理应把握好生态文化及其产业化过程中的两方面。一是生态文化资源要向生态化转向。要把生态文化理念贯穿于产业发展过程中，既要融合先进的科学创新技术，又要从我国传统生态文化中汲取生态文化智慧，推动现代科技和产业的生态化转向。二是要加强生态文化产业发展的体系建设。生态文化发展是一个复杂的系统，包括产业经济活动的生态化、资源节约生产、产品节能环保、流通领域和环节的生态化、产业结构和自然结构相适应等各种要素。纵观人类社会的发展进程，如今生态文明社会已然与过往社会有着较大不同之处，经历了从人统治自然、人利用和改造自然到人与自然共存亡的文化形态，即"生态文化"。"生态文化"是民族凝聚力和创造力的重要源泉，已成为中华民族伟大复兴不可或缺的重要基础和强大驱动力。

综上，"生态文化"是从人统治自然的文化进入敬畏自然、重视生态、人与自然和谐共处的先进文化，有着深厚沉积的文化底蕴，也是人类在生产生活进程中所凝聚的宝贵财富。"生态文化"内涵丰富，博大精深，从整体上把握"生态文化"概念的科学内涵，对于科学理解马克思主义自然观视域下农村生态文化产业发展研究具有十分重要的意义。人们往往只从自身的需求和视角单向地分析"生态文化"的概念、内涵和特征，忽视了"生态文化"具有的发展性和动态性。实际上，"生态文化"的本质意蕴随着社会的发展而发展，不断呈现出多样性和丰富性，而人们的认识总是受

① 庄世坚.生态文明：迈向人与自然的和谐 [J].马克思主义与现实，2007（3）：99-105.

到特定历史条件下的制约和影响，只有在实践过程中不断地运用和深化认识，才能把握"生态文化"的丰富内涵。因此，我们只有坚持不懈地学习历史唯物主义和辩证唯物主义相统一的科学方法，才能在人类历史长河中准确而全面地把握"生态文化"的内在本质和特征属性，并结合中国特色社会主义具体实践，落实到生态文明建设的伟大进程中来。

二、生态文化产业

（一）生态文化产业概念及内涵

生态文化产业属于生态经济，主要是为促进经济可持续发展，使产业发展过程注重自然环境保护，以绿色发展为理念，在消费市场上进行交换或流通的生态文化产品或服务。生态经济又称绿色经济，联合国将此定义为：能够改善人类福利和社会公平，并能最大限度降低生态危害和生态稀缺的经济模式。英国经济学家皮尔斯认为，生态经济是一种以社会、环境、经济协调发展为前提，具有可承载力的经济发展模式。① 这种模式能够避免因盲目追求经济量快速增长而带来不可逆的经济危机，起到有效保护自然资源、促进经济持续发展的作用。生态经济是建立在保护生态环境之上进行的可持续发展②。

查阅相关文献发现，自 21 世纪初期以来，国内研究学者对生态文化产业的关注主要源于人类进入生态文明社会进程中对人类与自然关系的深刻反思。学者们从不同的角度给出了相应的定义，如以下多种界定（见表 1-3）。本书广义上是指以生态文化为理念的文化产业业态，包括两方面内容：一是在以生态资源和文化资源为载体所形成的新文化行业；二是产业化过程中不破坏自然可持续性、生态环保的相关文化经济活动，涉及的主要有生态文化旅游、智慧康养、休闲观光等相关产业形态。狭义上是指在人类进入生

---

① 中国科学院可持续发展战略研究组.2006 中国可持续发展战略报告：建设资源节约型和环境友好型社会［M］.北京：科学出版社，2006：24.

② 刘思华.绿色经济［M］.北京：中国财政经济出版社，2001：3.

态文明社会，在生态文明理念推动下出现的新兴生态文化行业。

表1-3 部分学者关于生态文化产业定义概况表

序号	作者	年份	相关定义
1	韦仁忠	2009	以生态文化为主的绿色产业
2	张红宇	2010	以精神文化产品为载体，向消费者或公众传播生态、环保、健康、文明信息的朝阳产业，前途光明、市场广阔，是一种无污染、低消耗、高效益的可持续发展产业
3	张文娜等	2011	以生态环保为发展理念，为经济社会发展注入生态文化力量的可持续发展的产业
4	邓显超等	2013	以森林（竹、花、茶等为载体）文化产业、生态旅游文化业、生态休闲旅游等为表现形式，提供优质的文化产品和服务的绿色产业
5	江泽慧	2013	与生态文化服务相关的经营性行业
6	梁敬升	2016	以生态服务为主，通过国家政策和市场需求进行产业化的活动
7	赵美玲 滕翠华	2017	从事生态文化产品生产和提供生态文化服务、消费的经营性行业
8	罗成雁	2020	依托生态资源、科技和文化创意，以生态价值为引领变革"人类中心"主义的文化产业生产和消费方式
9	李婉婷	2020	各地区依托不同的自然资源禀赋和产业发展规划，向消费者提供生态文化产品和服务的相关经营活动

资料来源：参阅相关文献整理所得。

（二）生态文化产业与文化产业、生态社会、生态经济

本书在学者们已有研究的基础上，认为生态文化产业与文化产业、生态社会、生态经济有着紧密的关联，依据文化产业的分类，生态文化产业的范围是以生态文化为核心内容从事的一切相关生产活动。在生态社会主

要涵盖可持续发展所倡导的循环、低碳、绿色、高效等方面。而生态文化产业兼属文化产业形态之一的生态经济，与传统产业相比，具有生态功能、经济功能和社会功能等多功能价值，适应文化产业战略性转变的要求。本书生态文化产业的内涵应该包括以下四点：其一，是在推动生态文明建设进程中，以生产和消费生态文化产品来获取经济效益的一种经济形式；其二，生态文化产业的经济活动是生态经济，是以保护生态环境为宗旨，实现人与自然和谐现代化为目标的一种经济活动；其三，属于一种经济形式活动，具有显著的经济特征，必须遵循市场规律和文化规律，是在文化市场引导下的一种生态经济；其四，生态文化产业是以社会效益优先，集经济效益和生态效益为一体的经济活动形式，有效促进社会经济可持续发展，极大彰显出产业的绿色、环保、循环、节约。

可见，生态文化产业并不是单一的生态产业或文化产业，三者之间既有共同点也有差异性，三者之间的关系如图1-1所示。依据本书研究需要，书中的生态文化产业是在人类社会逐渐步入生态文明社会进程中，主要以山水林田湖草沙等生态自然资源为基础，通过市场化创作、生产经营，把保护生态环境、人与自然和谐共生视为最高理念，以文化市场为导向、以生态文化产品为依托、以生态文化服务为内容，利用市场、技术、人才等主要手段，向全社会传递或传播生态、环保的理念和价值，也是一种文化经济活动。但由于生态文化产业是一个不断发展的概念，其内涵也随之不断完善和丰富。

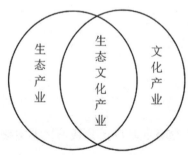

图1-1　生态文化产业与生态产业、文化产业之间的交集关系图

三、农村生态文化产业

（一）农村生态文化产业概念的主要内涵

当前，农村生态文化产业已成为农村经济增长的强大动力，那么，何以谓之农村生态文化产业呢？"农村生态文化产业"由"农村"与"生态文化产业"组合而成，对它们概念的不同理解，必定会对"农村生态文化产业"有不同的认识。"生态文化产业"上文已详细地进行了阐述，接下来主要对"农村"进行界定，来明晰农村生态文化产业的概念界定。

中国农村地域广，是农民群体生产、生活、生态"三生空间"的聚集地，也是以农耕文化为主的农村生态文化的窗口和平台。"农村"的定义是一个地域限定词，是较为单一的行政区域概念，但值得注意的是，"农村"与"乡村"概念界定有异同。为了本书的顺利开展和需要，本书中农村泛指乡镇和村等行政区域。结合上文对生态文化产业内涵的阐述，本书对农村生态文化产业定义如下：以生态文化为价值引领，以绿色发展理念为基本前提，以实现人与自然共生为根本目的，依托农村绿水青山、田园风光、乡土文化等生态文化资源，在农村发展起来并形成一定的可观规模，具有生态文化内涵，并通过开发和运用生态自然和先进文化资源，借助科技支撑和市场运作被产业化的综合性产业。具体的形态涉及农村休闲度假、农村森林生态体验、农村生态文旅、农村生态演艺、农村生态产业园运营等，这些新兴产业形态的衍生，在很大程度上能够满足广大人民群众高层次的精神需求，并带来社会效益、经济效益、生态效益等多重效益，繁荣农村的发展并壮大农村产业，实现生态富民、生态利民。

依托深厚的生态文化资源和自然生态资源，农村生态文化产业发展有着不竭的增长动力。具体而言，将农村得天独厚的生态自然，如山水林田湖草沙等生态环境资源，确权后作为特殊资本来运营和市场交易，与特色鲜明的生态文化资源相结合，转化为满足人们日益增长的物质文化需求的产品或服务，同时使资源消耗、能源消耗、环境污染等一系列生态行为可以进行指标量化，将生态要素由无偿享用的资源转变为根据人们的精神消费而需要支付购买的商品，实现生态要素和文化要素的市场化运营，使得生态保护、生态修复、环境污染治理、环境监督等生态行为良性发展，现实人与自然和谐的现代化目标。

（二）农村生态文化产业的外延

对内涵与外延的辨析是研究马克思主义自然观视域下农村生态文化产业发展策略的起点。前面界定和分析了农村生态文化产业的概念，可知，一种经济活动要成为农村生态文化产业需要具备以下条件。一是在农村发展起来。地域上必须是归属于农村区域，且在农村进行的。二是以生态文化为理念。一般农村传统文化产业主要以产业经济效益为导向，农村生态文化产业与之不同，在生态文化理念的引导下，站在人与自然辩证统一的理论视角探索农村经济与人、自然的可持续发展。三是生产要素必须可以有效进行产业化或者具有一定的产业化潜力，才能成为农村生态文化产业的内容。需要说明一点，目前国内外对农村生态文化产业概念的提法尚不统一，但其内涵和外延大致相同，其目标都在于缓解人与自然的矛盾关系。为避免绝对化和泛化，在本书中主要研究对象以"农村生态文化产业"的提法为主，其内涵狭义上指"在村庄中的生态文化产业"，广义上指除了城市空间、国家级景区和荒野地等特殊规定以外的"在农村环境中的生态文化产业"。

总的来说，本书的主要研究对象是马克思主义自然观视域下农村生态文化产业发展，对相关概念的科学界定是十分重要的，通过对其详细探析，才能把握丰富的内涵。当前农村生态文化产业作为乡村文化振兴和生态振兴的重要载体和路径，明确它的科学内涵对乡村振兴战略实施过程起到重要的指导意义。本书提出农村生态文化产业的概念与内涵，必须充分把握以下方面。第一，社会需求方面。发展农村生态文化产业以生态建设为重要宗旨，贯彻社会效益优先的原则，满足社会对文化产业的社会、文化、生态和谐统一的需求。第二，生态需求方面。经济社会发展对文化产业的需求转向人对自然界之间的情感交流，生态文化产业发展遵循与自然和谐相处的原则。第三，经济效益需求方面。农村与城市相对而言，经济还处于尚不发达阶段，通过产业化带动农村经济的发展，是推动农村经济高质量发展的新动能。第四，区域化差异方面。由于区域地理因素，产业发展要素也各不相同。农村生态文化产业依托区域资源优势，有其显著的文化、经济、生态等多重特征。产业化过程中必须结合地域特征，开发和利用生态优势，发挥区域特性，把生态价值转化为经济优势和财富。

　　总之，农村生态文化产业发展是与农村特色鲜明的生态文化资源相结合，转化为满足人们日益提高的生态文化需求的产品或服务的经济活动。以人与自然关系出发，从马克思主义自然观的视域，对农村生态文化产业发展深入探索，应当重视两者之间存在的互动机理，建立"生态文明—生态文化—生态保护"正反导向的"三元协同体"，促进农村生态文化产业快速健康发展，实现生态向好、产业富民。

第二节　农村生态文化产业的主要类型、基本特征及功能属性

　　当前，生态文化产业正在全球范围内蓬勃发展，发达国家借助先发优势占据了显著的优势地位。在中国，生态文化产业作为新兴的、绿色的、可持续的核心产业形态，仍处于成长发展期，是"十四五"时期乃至更长时期经济发展的主导产业，在当前产业结构调整中扮演着重要的角色。作为一种新业态，中国农村已形成了种类众多、类型多样、形态各异的生态文化产业形态。因此，把握好农村生态文化产业的主要类型、基本特征及其功能属性，是开展马克思主义自然观视域下农村生态文化产业相关问题研究的起点。

一、农村生态文化产业的主要类型

对马克思主义自然观视域下农村生态文化产业发展策略研究这一主题的综合考察，必须要把握其对象的主要类型、基本形态以及发展规律。农村生态文化产业作为一种新兴业态，有着多样的产业形态。政府和学者们根据不同的标准对农村生态文化产业发展进行不同的分类。本书根据上一节对农村生态文化产业相关概念的界定与阐述，参考《文化及相关产业分类（2018 年）》相关指标和标准，结合生态文化在各地区农村生产活动的特点，兼顾文旅主管部门统一管理、共同指导的需求，以及现行统计制度和方法的可操作性等方面，对农村生态文化产业主要类型进行了较为详细的分类，希冀为今后的研究和进展打下坚实的基础。可以说，农村生态文化产业涉及的范围非常广泛，根据相关行业标准，以及本书的实际需求，具体表现为以下六种产业类型。

（一）农村生态文化工艺品制作业

农村生态文化工艺品制作业主要以农村生态工艺雕刻、民间工艺制作为主，以森林文化为载体，传播生态文明价值观念、体现生态文化精神、反映民族审美追求，创意与思想、艺术、观赏相结合，衍生出众多技艺精湛、品质精良、风格独特的生态文化创意产品与服务，具有宝贵的艺术审美价值、社会价值和经济价值。在很大程度上，农村生态文化工艺品制作业是在传统民间艺术与特色生态文化产业相结合的基础上发展起来的，如根雕+工艺业、茶文化+产业、竹文化+产业、花文化+产业等。

（二）农村生态文化旅游业

在生态文化价值引领下，作为农村经济、乡村旅游高度融合的新兴产业形态，农村生态文化旅游正成为农村乡村振兴进程中的一股新生力量，不断呈现出朝气蓬勃的发展态势。旅游是生态文化资源的重要传播载体，是生态文化场景化、活态化、生动化的传承途径。① 依据旅游产业的相关理论，本书将农村生态文化旅游业定义为：为了满足人们对精神消费的需要，通过对农村生态自然资源和生态文化资源进行重点保护、合理开发以及高效运营，为消费者提供体验式生态文化产品与服务，是文化旅游产业与生态产业跨界融合、交叉发展的产业形态。具体而言，农村生态文化旅游是集中在农村区域，通过发挥地方资源禀赋和生态文化特色优势，使生态旅游和文化旅游相融合的一种综合旅游方式。通过整合生态资源和历史文化资源，把社会效益摆在首位，促进经济绿色发展，以保护环境为首要任务，提高生态生产力的水平，实现生态产品价值转化。农村生态文化旅游是消费者对目的地文化的一种阶段性感知和体验过程，也是人们对审美情趣和民族生态文化情感的一种诉求与表达。譬如，图腾、壁画等宗教活动，古建筑、历史纪念地标等历史遗址及其历史文物典籍展示，生态文化馆、民族生态文化博物馆等经济文化场所，乡土建筑、古村镇民族特色村寨、"森林人家""草原人家"等，都是农村生态文化旅游产业的重要载体。

（三）农村生态文化演艺业

农村生态文化演艺业主要突出"生态文化+艺术+表演"等民族特色，大多数是一种生态文化层面的精神产品，如歌舞技艺表演。该产业以创意创作、展演表达为核心功能，以艺术推广、品牌效应为衍生功能，包括生态文化艺术的传播功能，把民族生态文化、农村民俗文化等融入演艺业中，带动农村农民收入，促进农村经济增长。譬如，生态艺术旅游小镇、生态文明教育展示馆、民族博物馆、生态文化图书馆、生态文化科普长廊等。

（四）农村生态文化康养业

为迎合和满足不同消费者、旅游者的个性化精神需求，农村地区依托

---

① 范周. 文旅融合的理论与实践 [J]. 人民论坛·学术前沿，2019 (11)：43-49.

当地独有的自然资源和天然优势，建设一批森林养生、森林康养、森林生活、休闲体验、游乐养生、文化养生等康养旅游产品与服务，在此基础上发展农村生态康养业。农村生态康养业渗透着全方位的旅游服务，譬如有高端商务、会议论坛、户外健身运动等。通过体验式消费，广大消费者的多层次、高质量精神需求得以满足，同时给当地带来了可观的经济盈利。除此之外，农村生态康养业为带动生态农业的发展，以提高农产品附加值为目标，以农园观光、农园采摘为形式，打造出生态、休闲、养生等农村生态文化产业链，在一定程度上促进了乡村振兴。

（五）农村生态文化创意与设计

农村生态文化创意与设计主要是通过激活文化创意进行开发和生产的发展模式，运用数字技术赋予生态文化产品与服务，开发出高附加值的生态产品和文化服务。通过生态资源、人文景点、特色小镇等多元载体，农村生态文创产品能够有效促进人们形成积极、绿色、健康的消费理念。农村生态文化创意通过"创意理念—创意产品—创意服务"的转化，能够不断促进生态文化的有效传播。

（六）农村生态文化产业园

农村生态文化产业园是在农村区域通过发挥地方自然资源和生态文化的特色优势，使生态产业和文化产业融合开发的综合性产业园。农村生态文化产业园的运营、管理、规划和打造，以生态资源为载体，在开发产品服务与内容上既要以生态文化为指导，又要以实现人与自然和谐共生为价值目标，重点突出产业园的生态、文化功能，并使产业规模化、集聚化，形成综合开发的产业园。

综上所述，目前农村生态文化产业具有多样化的形态，已逐渐上升为在农村"生长"的特色产业，扩展了农村发展潜力和就业空间。总之，各具地方特色的农村生态文化旅游业、农村生态文化康养业、农村生态文化工艺品制作业、农村生态文化演艺业等朝阳产业正在蓬勃发展，在生态文明建设和乡村振兴进程中不断涌现新业态，并逐渐成为农村经济的增长极和重要动能。当然，农村生态文化产业作为文化新业态，涉及的其他经营产业多且复杂，结合《文化及相关产业分类（2018）》文件，有助于我们完善和补充农村生态文化产业分类，能够有效促进我们对马克思主义自然观视域下农村生态文化产业现状和策略的全面分析。

无论农村生态文化产业基本类型如何丰富和发展，都必须具备生态文化、产业化且属于农村的基本属性。换句话说，农村生态文化产业既要符合生态文化的内涵，在内容上既要反映人与自然的关系，又要突出产业的特征，能够进行规模化生产。在本书中，对农村生态文化产业的基本类型、具体内容进行了详细探讨（见表1-4）。一方面，是为了顺应社会发展和市场消费需求，以发挥农村生态文化产业带来的社会意义和市场价值；另一方面，由于农村生态文化产业的发展是一个不断变化的动态过程，会随着社会的发展和需求而不断调整表现形式，对该产业基本类型进行分类，可以为推进社会主义文化强国建设提供统计保障，为建立科学可行的统计制度提供服务。总而言之，农村生态文化产业分类为当前中国生态文化产业的发展、社会主义文化强国建设提供了有效的制度依据和精准的统计服务。

表1-4 农村生态文化产业的主要类型

主要类型	生态文化产品与生态文化服务
农村生态文化工艺品制作业	以农村生态工艺绘画雕刻为主，开发茶、花、木、竹等生态文化工艺品制作、根雕艺术产业，如根雕艺术品、竹藤工艺品、花卉业等丰富独特的农村生态文化产业
农村生态文化演艺业	以生态文化艺术与民俗表演、传媒、设计为主，如《印象刘三姐》《云南印象》《唱山歌》《千古情》等系列艺术展演
农村生态文化康养业	以健康养生、休闲娱乐、体育健身为主，打造森林养生、滨海休闲、山地疗养、温泉疗愈、康养小镇等农村生态文化康养业

主要类型	生态文化产品与生态文化服务
农村生态文化旅游业	以山水田园风光等生态旅游为主，开发生态文化旅游业、生态休闲旅游、乡村生态旅游等
农村生态文化 创意与设计	把生态文化创意通过数字技术赋予生态产品和文化服务
农村生态文化产业园	集开发、生产、服务为一体的规模化、集聚化的综合产业园

资料来源：根据本书研究需要参阅相关文献梳理所得。

二、农村生态文化产业的基本特征

新格局下，在生态文明建设和乡村振兴进程中，学术界逐一展开了对农村生态文化产业发展问题的系统探讨。农村生态文化产业与一般农村传统文化产业不同，是新时代生态文明建设中农村文化产业发展到一定阶段出现的具有资源潜力、市场驱动力、可持续发展活力的农村特色产业。农村生态文化产业既具有文化产业的一般特征，又具有独特的生态主导性、文化交融性、社会公益性以及民族地域性等特点。

（一）生态主导性

生态主导性主要体现在农村生态自然资源的稀缺性和独特性。生态资源是巨大的财富，是人们可切身感受到的自然宝藏。农村生态文化产业能够把生态资源转化为生态优势，是一种以实现生态产品价值转化的绿色产业。其实质是一种基于生态系统承载能力、以生态资源为载体、生命周期快且高的绿色的复合型产业，具有其独特性。稀缺性是农村生态文化产业基础资源要素的重要特征，体现在自然资源的低投入、高利用和无污染，从一定程度上消解了长期以来经济发展与生态环境之间的矛盾冲突。中国农村富含独特而丰富的原始自然生态，资源富集且开发程度低，为农村生态文化产业的发展提供了物质基础。人是自然界的有机体，自然界为人类提供了生存环境和宝贵的物质生产资料，所以要依托农村独特丰富的自然资源，开拓发展新模式、新业态、科技创意等，做大做强农村生态文化产业。近些年来，中国各地区农村通过立足本地域的自然资源状况，确立不同的发展规划，融入生态创意理念，衍生了各具特色、各有千秋的农村生态文化产业新业态。

独特而丰富的自然生态资源是农村生态文化产业的重要生产要素之一，也是农村实现生态优先发展的宝贵资源。总之，挖掘出农村生态文化产业的生态价值，提供多样态的生态产品，走出一条生态绿色的农村产业升级之路，对农村经济发展具有极其重要的积极影响。

（二）文化交融性

一方面，农村生态文化产业的鲜明特征主要体现在文化认知层面，具有文化交融性。农村生态文化产业的发展主要是以认识人与自然的关系、解决人与自然对立矛盾为宗旨，把社会效益放在首位，具有与第一、二、三产业共生、融合等内在属性，衍生出各具特色的产业形态。在乡村全面振兴进程中，农村生态文化产业发展创新有效推进了农村一、二、三产业跨界融合、交叉。另一方面，产业独特的文化交融性有利于促进产业发展。数字经济时代依托数字经济战略新机遇，发展农村生态文化产业，对自然资源、历史文化、人居生态环境等宝贵的资源进行互动融通，形成有创意的、新颖的农村生态文创产业。农村生态文化产业不是单纯开发生态资源，把其转化为经济优势，而是更注重于社会效益的彰显。如何把农村富集的生态自然资源有效转化为一件文化艺术品、一项体验性消费品，满足人们的精神消费需求，是农村生态文化产业创新发展的关键之处。这就需要人类通过知识创新、技术创新把生态文化、知识技能、创造力等融合发展，形成新的生态文化产品和服务。其文化交融性积极促使产业融合发展已成为农村生态文化产业优化升级的重要途径，有效推动了生态文化产品增值与生态文化服务增效，激发了农村生产、生活、生态、文化、安全等功能价值。

（三）社会公益性

社会公益性是农村生态文化产品和服务中文化内涵与价值的具体体现。英国文化理论家雷蒙德·威廉斯认为，经济发展在社会变化及文化观念演变中起着重要的作用，并从三个层次对文化进行了定义，即理想的、文献的、社会性。① 农村生态文化产业本质在于富含着内在深厚的生态文化底蕴。生态文化是人类与自然共处中所创造的精神财富与物质财富的总和，发展农村生态文化产业并非单一追求经济价值，而是致力于生态文化在国内和国际传播、影响与创新，是美丽中国和农村文化建设的重要文化载体和产业，也是农村经济发展的内生力量。正是由于生态产品价值和生态文化内涵独特的文化性、社会性、生态性及经济性，形成了农村生态文化产业与其他文化产业的不同之处。

（四）民族地域性

我国农耕文化博大精深，历史文化积淀深厚，物华天宝，人杰地灵，文化璀璨。古朴的原生态古建筑、自然环境、粗犷野趣的原生态民俗、绿色的原生态食品文化等，在农村这种特定环境中形成的独一无二的民族特色地域资源，具有城市无可比拟的贴近传统乡土社会的优势，为人们回归自然、远离城市、体验乡土生活发挥了不可替代的作用。农村生态文化产业的出现将由非物质形态或物质形态存在的生态文化直接转化为具有生态价值和经济价值的绿色产业。若没有了浓厚的乡土生态文化底蕴，农村生态文化产业的发展犹如无源之水、无木之林。

除此之外，新发展格局下农村生态文化产业是一种以科技创新为引领、生态技术为支撑的复合型绿色产业。生态技术的嫁接已逐渐涉及与农村生态文化产业相关的经营性活动，使得产业数字化、生态化、网络化，推动一般传统农村文化产业向生态文化产业转变。近年来，随着数字技术

---

① 雷蒙德·威廉斯. 文化与社会 [M]. 吴松江，张文定，译. 北京：北京大学出版社，1991：5.

在各地区的大力普及，全国大部分农村也能通过先进的科学技术手段，有效实现与发达国家和其他地区生态文化"软实力"的交流与融通。总而言之，数字经济时代下农村生态文化产品价值远远高于一般普通文化产品和服务。

三、农村生态文化产业的功能属性

农村生态文化产业的功能属性主要表现在生产出专业化、多样化、个性化的优质的生态文化产品和体验性生态文化服务，丰富消费者对美好生活的需求。从产业经济效益来看，农村生态文化产品与生态文化服务属于人们需要的物质和精神产品，主要以产品和服务的精神内容来满足人们的多元需求。而精神产品的精神属性表现为鲜明的意识形态属性，这是区别于一般物质产品的一个显著标志。[①] 可见，生态文化产品与体验式服务体现出特有的意识形态属性，其功能属性表现在以下方面。

（一）生态功能和经济功能

农村生态文化产业的生态功能主要表现在提高人们对生态环境的保护意识，积极改善人类的生态环境，走出一条生态与产业、保护与发展的绿色振兴之路。过去在"唯 GDP 论"、追求资本最大化的消极影响下，大多数农村传统文化产业普遍存在着产生大量生活垃圾、经济效益低下、文化产品功能丧失等特点。新发展格局下，优质的生态文化产品与生态文化服务中蕴含的文化资本向经济资本转化的过程，就是农村生态文化产业的经济功能的发挥，主要体现在推动农村经济的发展，调整农村产业结构，释放经济价值，扩大经济辐射作用。农村产业结构的调整能够使产业分工更加精准有序，从而生产出更多高品质的生态文化产品，使生活资料和生产资料各部类之间充分流动起来，同时能够带动村民创业、就业的积极主动性，营造了良好的竞争氛围。其主要表现在带动农村产业链、价值链升

----

① 赵子忱. 精神产品的经济分析 [J]. 经济研究, 1997 (6): 63-69.

级，促进农村产业融合发展，增加村民经济收入来源，提高农村生态效益和经济效益，把生态资源转化为经济发展优势。

（二）文化功能和宣教功能

在我国，大部分农村地区生态文化底蕴深厚，拥有宝贵的生态文化遗产与生态文化原生地。这些重要资源蕴含着深厚的优秀传统生态文化，具有文化和宣教功能。消费者通过生态文化消费与生态文化服务来满足自我精神需求，这一消费体验往往就是被生态文化产品与文化服务的价值观、思想意识、文化认知所启发和影响的过程。思想家赫伯特·马尔库塞（Herbert Marcuse）认为，对于社会大众来说，大部分更多是通过通俗易懂的大众传播媒介所传递的信息获取的。① 生态环境和生态文化的融通互动，告诫人们在进行生产生活过程中要把人与自然和谐相处的重要性放在首要位置。总之，农村生态文化产业发展的文化功能能够指导人们树立正确的生态文明理念，处理好个人与自然之间的个体利益关系；能够科学合理地把握好人类社会与生态环境系统之间的整体平衡关系，使得人与自然和谐共生。

宣教功能表现在消费者通过生态文化产品树立生态文化理念，提高全社会生态文化意识、生态消费认知和生态素质能力，从生态文化自觉向生态文化自信践行。文化产品只有成为广大群众的自觉消费，才能最大限度地实现文化的宣传教育功能，达到以优秀作品鼓舞人的目的，这就是大力发展文化产业的意义所在。② 因此，充分利用好宣传教育功能，使农村生态文化产业积极激活农村经济活力、改善农村人居环境及农村面貌，推动城乡统筹发展，在一定范围内具有辐射作用，有利于全面乡村振兴。习近平总书记强调，"生态文化的核心应该是一种行为准则、一种价值理念"③。生态文化是农村生态文化产业发展过程中的核心价值理念，发挥着

① 朱效梅. 大众文化研究［M］. 北京：清华大学出版社，2003：141.
② 习近平. 之江新语［M］. 杭州：浙江人民出版社，2007：9.
③ 习近平. 之江新语［M］. 杭州：浙江人民出版社，2007：48.

重要的指导和引领作用。在农村社会经济发展过程中，应打造形态多样的农村生态文化产业发展模式，使产业在生产、流通、消费等方面能够有效发挥重要的宣传教育功能，从而培育生态文化认识观和生态价值观。在生态文化理念的引领下，人们才能从践行层面上基于追求社会效益的基础之上进行经济生产，追求经济效益，最终把保护生态环境的行为由外在自发转向内在自觉。

在农村生态文明建设进程中，要充分发挥农村生态文化产业的多功能作用（图1-2所示）。在生态文化理念引领下，融会贯通、与时俱进，创新发展、共建共享，生态平衡、统筹协调，使农村生态文化产业成为农村经济增长极。

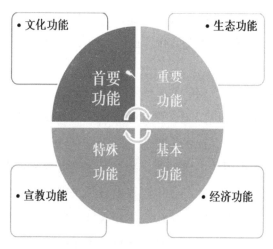

图1-2 农村生态文化产业的功能定位图

综上所述，农村生态文化产业是"生长"于农村并服务于农村的特色文化产业，以敬畏自然、顺应自然为前提，以绿色发展为理念，依托当地资源禀赋，突出农民主体地位，消除生态危机，保护生态自然环境，实现人与自然的和谐共生。农村生态文化产业的基本特征消解了工业文化中固有的主体与客体、人类与自然之间的冲突，该产业更多输出的是满足广大人民群众"头脑和心灵的粮食"。因而，促进农村生态文化产业健康有序发展，能够实现经济与生态、发展与民生之间的和谐。

第三节　农村生态文化产业的发展要素及价值创造机理

人类进入 21 世纪以来，我国农村面貌发生了巨大的变化。在生态文明建设和美丽中国建设的时代背景下，生态环境保护迈上一个新的台阶，取得了较大进步。良好的时代机遇和有利条件促使农村生态文化产业快速发展，农村生态文化产业已然成为复兴农村社会经济的良方与良策。经济学视域下产业发展在构成、组合、配备等方面起着支配作用，它是各种必备资源的有机组合。农村生态文化产业及其发展要素与结构具有独特性，由生态文化和产业化两大要素构成，生态文化是农村生态文化产业发展的基础性要素，产业化是农村生态文化产业发展的结构性要素。

一、农村生态文化产业的发展要素

让生态环境成为有价值的资源和经济高质量发展的生产要素。[①] 自然资源和生态文化与土地、技术等要素一样，是农村生态文化产业发展过程中发挥重要功能和作用的生产要素。其中把自然资源和生态文化转化为生态生产力和文化生产力，是产业化进程中最具决定作用的生产要素，起到关键作用。生态环境是生态文化的载体和表征场所，为人类生存和发展提供不可取代的宝贵资源。当前山水、林田、湖草、沙河等自然资源构成了农村生态文化产业的生态要素，通过培养和树立生命共同体理念，使人与生态要素构成紧密联系的生态系统。习近平总书记提出，要坚持山水林田湖草沙系统治理，坚持正确的生态观、发展观，敬畏自然、顺应自然、保护自然。[②] 文化要素体现了农村生态文化产业的文化功能也起着关键的决

---

① 任勇. 加快构建生态文明体系［J］. 求是，2018（13）：50-51.

② 中共中央党史和文献研究院，中央学习贯彻习近平新时代中国特色社会主义思想主题教育领导小组办公室. 习近平新时代中国特色社会主义思想专题摘编［M］. 北京：中央文献出版社，2023：392.

定作用。因此，把生态要素转化为文化要素、把文化要素融入生态要素之中、把生态要素和文化要素转化为生态生产力和文化生产力等关键问题，是"马克思主义自然观视域下农村生态文化产业发展策略研究"这一课题要重点探讨的内容。

（一）基础性要素

生态文化是人性与自然交融，最本质、最灵动、最亲和的文化形态。资源是创造出财富或资产的各种要素的组合①，生态文化资源既是现代文化发展的环境和汲取营养的源泉，也是当前农村产业发展的重要生态旅游资源。当前，农村产业的基础性发展要素是建立在生态文化旅游资源之上的产业形态，主要有农村生态旅游业、农村生态文旅业、乡村民宿产业等。

其一，生态要素。生态自然资源亦称"自然景观"。马克思认为，使用价值形态的物质财富、交换价值形态的货币财富和生成形态的能力财富是财富的三种基本形态。而"自然生态资源"是"财富"之母，马克思主义认为，自然生态环境是劳动本身的要素，是物质财富的源泉。农村生态资源作为生态资本，是农村经济发展的重要物质基础。山水林田湖草沙等生态自然资源是构成自然生态系统的主要部分，包括森林、草原、绿洲、山川、荒漠、湖泊、海洋、河流、湿地、平原、自然保护区等。通过生态物质的物理属性能够给人们带来美感、艺术感和幸福感。马克思主义认为，自然生态资源作为劳动资料，是构成生产力的基本要素。绿水青山本身蕴含无穷的经济价值，就是无价的金山银山。随着人们对经济活动带来的环境影响问题越来越关注，经济学家逐渐接受了自然资本的现象，这种资本指的是由自然提供的可再生与不可再生资源，并包括影响这些资源存

---

① 厉无畏. 历史文化资源的开发利用与创意转化［J］. 学习与探索，2010（4）：114-118，237.

在于使用的生态过程。① 中国农村蕴含着丰富的自然资本，青山、森林、草原、湿地、湖泊、河流等地球自然生态资源属于不可移动性、不可替代性的自然生态要素。把生态要素向生产要素转化、生态财富向物质财富转变，促进生态与经济良性循环发展，是生态要素作为农村生态文化产业生产要素发挥的重要功能。

自然生态环境是人类进行物质生产实践活动的重要保障。把优质生态产品的生产和实现，纳入社会生产总过程中的生产、分配、交换和消费四个环节，成为实现引领农村产业发展的突破口。而生态要素在生产过程中将会出现价值生产与实现的问题，马克思认为："它只是充当使用价值的形成要素，而不是充当交换价值的形成要素。"② 一部分自然生态产品并没有经过人类劳动的生产、加工、设计和开发，而是在自然环境中自为存在着，也不需要经过人们劳动所得，并不符合和具备商品的形成条件和价值的产生规律，即它身上并没有价值形式存在；另一部分在人类生产过程中经过生产、加工、制作并成为商品。因此，生态要素作为特殊的生产要素，在产业化过程中要特别遵从它的发展规律。

可见，生态要素成为产业资本投资获利的稀缺性资源时，将具有商品的二重性。它既可以提供各类生产和生活资料，也可以满足人类的物质性需求和更高层次的多元化精神性需求。一般来说生态资源向生态产品转化，在市场上进行流通成为商品，才能实现产品的价值。遵循社会化和市场化的指导理念，通过转变生态资本化经营，能够有效促进生态要素不断发展成为生产要素，使生态优势成为经济优势，从而实现生态财富转向物质财富，积极推进社会、经济、生态良性循环发展。③ 因此，充分发挥市场联动效应，激活市场主体，把生态资源和生态价值转化为经济优势和经

---

① 思罗斯比.经济学与文化［M］.王志标，张峥嵘，译.北京：中国人民大学出版社，2015：48-49.

② 中共中央马克思恩格斯列宁斯大林著作编译局.马克思恩格斯文集：第5卷［M］.北京：人民出版社，2009：237.

③ 黎元生.生态产业化经营与生态产品价值实现［J］.中国特色社会主义研究，2018（4）：84-90.

济财富，是培育加快绿色发展新动能的客观要求，也是实现马克思主义视域下农村生态文化产业高质量发展的重要着力点。

其二，生态文化要素。人类与生态文化是双向同构关系，人创造环境，环境也创造人。① 人类在自我发展的进程中，创造了由特定的民族或地区的生活方式、生产方式、宗教信仰、风俗习惯、伦理道德等文化形态构成的生态文化体系。生态文化要素主要有物质生态文化和非物质生态文化形成的生态文化资源。生态文化资源在产业化过程中是一种文化生产，从属于文化创意的生产活动。戴维·思罗斯比（David Throsby）认为，文化生产是"相关活动在生产中包含某种形式的创意，涉及象征意义生产和传递，它们的产出至少潜在地体现了某种形式的知识产权"②。生态文化资源不单单是农村生态文化产业发展的必备要素，亦是乡村生态振兴与文化振兴的内驱动力和动力源。它所体现和蕴含的是无形的、静态的历史生态文化内涵和精神理念，主要涉及古今人类创造和沉积起来的优秀生态文明成果。生态文化所具有的独特性与丰富性是区别于一般传统文化产业形态的基本因素，是乡村振兴历史进程中的有益探索。多样优质的生态文化产品与文化服务需要生态文化创造性转化、创新性发展，不断注入新的活力。生态文化已然成为一种非物质经济的生产力形态，其创新与发展成为马克思主义自然观视域下农村生态文化产业可持续发展的重要途径。

因此，马克思主义自然观视域下农村生态文化产业发展策略研究离不开对生态文化要素的深入探讨，必须思考两个问题：一是生态文化要素在生产过程中如何发挥作用，转化为生态文化生产力。在全球一体化的今天，文化因素对经济竞争力是至关重要的，生态文化作为一种"软实力"，有着根本和持久的竞争优势，它持续不断地影响着经济社会的发展与进步。二是生态要素与文化要素如何进行嵌入式的融合共生，形成生态文化生产力，促进农村生态文化产业高质量发展。生态要素与文化要素的结合

---

① 冯天瑜. 中国文化生成史［M］. 武汉：武汉大学出版社，2013：145.
② 思罗斯比. 经济学与文化［M］. 王志标，张峥嵘，译. 北京：中国人民大学出版社，2011：4.

是农村生态文化产业竞争力形成的必备条件。可见，生态要素与文化要素的"互联互通"与融合发展，实际上是在生态经济与文化经济两个领域的流转，也体现了农村生态文化产业生产要素的本质特征。本书试图把山水林田湖草沙等自然生态要素有效融入文化要素，构成农村生态文化产业的基础性生产要素，推动农村产业发展，成为农村经济的新引擎。

（二）结构性要素

马克思主义自然观视域下农村生态文化产业及其发展不仅需要对基础性要素深入研究，还必须考察产业化过程中的结构性要素。通过统筹各个要素协同互动，为马克思主义自然观视域下农村生态文化产业发展创新带来新动能、新活力。

首先，市场要素。若一种资源要成为产业要素，必须经过市场作用，才能由产品成为商品，体现出经济价值。而"交换过程将市场的一方与另一方联系起来"①。在探讨农村生态文化产业的发展过程中，市场的基础性作用在于从产品到商品转化的过程，把消费者与生产者关联起来。而生态文化产品与服务的特殊属性，向消费者提供精神产品，消费者购买的是"需要的满足"，而不是产品本身，衡量的标准大多在于能否满足消费者的需求。市场需求是多样化、多层次动态发展着的，这对于市场的开拓是非常关键的。因而，市场应当注重积极主动创新，有计划、有系统地革除陈旧的、过时的技术或低劣产品，开发新产品、提供新服务、开辟新市场是农村生态文化产业发展过程中要高度重视的方面。不管从供给角度还是需求角度，市场都需要不断创新、增强，市场创新具有无限前景。

其次，技术要素。技术是人的本质力量的对象化，是现实生产力。新中国成立 70 多年以来，技术进步的主要来源表现为技术引进与技术创

---

① 思罗斯比. 经济学与文化 [M]. 王志标，张峥嵘，译. 北京：中国人民大学出版社，2011：1.

新。① 技术的运用、服务、创新在产业发展过程中起着关键的作用。任何一种生产技术都不能单独生产出产品来，只有经过系统化、体系化，才能生产出符合市场需求的优质的创新产品。② 技术要素在优质生态文化产品与文化服务过程中发挥着很大的决定作用。日本学者森古正规先生提出，让技术和经济更全面、均衡地发展，日本当代技术的实质就是能将各种工艺和产品精巧地结合起来的特殊才能。这种结合的技巧根源于文化。③ 农村生态文化产业以人与自然和谐的生态文化为前提，以生态文明思想为价值理念，彰显出了显著的产业优势。马克思认为："只有结合工人的经验，才能发现并且指出，在什么地方节约和怎样节约。"④ 可见，在产业发展的生产过程中，不仅是技术要素本身并入生产过程转化为现实生产力的过程，而且与文化、技术工人等各方面共同决定着产品与服务的质量。

最后，文化资本要素。文化已成为社会可持续发展和经济增长的新要素⑤，文化资本对经济增长起着关键性作用⑥。文化资本作为农村生态文化产业进行投入生产的关键性生产要素，在产业发展过程中发挥着极其重要的作用。文化资本以人为现实载体，是人的价值观体系的非物化形式。布迪厄认为，文化资本有具体化的文化资本、客观化的文化资本以及体制化的文化资本。⑦ 总的来说，文化资本以教育资质的形式制度化，文化体制、文化制度对一个企业的发展和区域经济起着重要的作用。

---

① 吴利学，曾昭睿. 新中国技术进步与经济增长研究 70 年 [J]. 北京工业大学学报（社会科学版），2020，20（1）：80-87.

② 李兆友. 技术创新论 [M]. 沈阳：辽宁人民出版社，2004：70.

③ 森古正规. 日本的技术：以最少的耗费取得最好的成就 [M]. 徐鸣，陈慧琴，等，译. 上海：上海翻译出版公司，1985：24.

④ 中共中央马克思恩格斯列宁斯大林著作编译局. 马克思恩格斯文集：第 7 卷 [M]. 北京：人民出版社，2009：118.

⑤ 朱伟珏. 文化资本与人力资本：布迪厄文化资本理论的经济学意义 [J]. 天津社会科学，2007（3）：84-89.

⑥ 高波，张志鹏. 文化资本：经济增长源泉的一种解释 [J]. 南京大学学报（哲学·人文科学·社会科学版），2004（5）：102-112.

⑦ 薛晓源，曹荣湘. 文化资本、文化产品与文化制度：布迪厄之后的文化资本理论 [J]. 马克思主义与现实，2004（1）：43-49.

农村生态文化产业的生产要素由以上基础性要素和结构性要素共同构成（图1-3所示）。任何事物的发展都是同该事物相联系的、对其存在和发展发生作用的诸要素有着紧密的联系。恩格斯指出："其中没有任何东西是不动的和不变的，而是一切都在运动、变化、生成和消逝。"① 探讨马克思主义自然观视域下农村生态文化产业发展策略，必然要把农村生态文化产业放在一个大系统之中，考察其发展的生产要素及各要素之间的运动、转变、联系。农村生态文化产业在资源要素方面，由山水林田湖草沙组成的生态要素和由生态文化的精神层面、物质层面、制度层面等构成的生态文化要素各具特色，促使农村生态文化产业的发展也呈现出明显的地域特征。在市场要素方面，是生态文化产品与生态文化服务价值实现的重要保障；在技术要素方面，数字技术作为农村生态文化产业发展的重要生产要素，能够提高生态文化产品的内涵和品牌附加值，创意数字技术是农村生态文化产业走向高质量发展的必由之路；在文化资本要素方面，作为极为重要的生产要素之一，为企业或经营主体带来持续收益的特定价值观体系。总之，只有各种生产要素在产业发展过程中形成有机统一体，才能

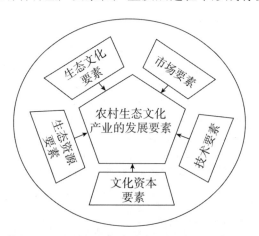

图1-3　农村生态文化产业发展要素构成图

---

① 中共中央马克思恩格斯列宁斯大林著作编译局. 马克思恩格斯选集：第3卷［M］. 北京：人民出版社，2012：790.

保证产业链和价值链的可持续性，进而高效促进生态文化资本增值。依托资源优势和产业优势，产业发展使农村经济有了大幅度提升。在数字经济推动下，有效激活了农村资源要素，推动着农村生态文化产业迈上高质量发展新征程。

二、农村生态文化产业的价值创造机理

在推动乡村产业振兴进程中，农村地区产生了诸多新兴产业形态，其中农村生态文化产业依托各具特色的资源要素，已成为乡村振兴的新动能。该产业突破传统产业壁垒，转变新思路和新模式，逐渐成为农村经济高质量发展的一种新生力量，彰显出极大的发展潜力。与一般农村文化产业不同，农村生态文化产业在要素投入、商品生产、服务产出及经济效应等方面有着特殊的价值创造。

中国特色社会主义进入新时代，生态文化与科技创新相互融合、互为依托，形成了以追求高阶精神需要为目标的新经济体系。"不同群体的成员之间的文化相互作用都可以在一个经济框架内模型化为交易或交换象征性商品或物质商品。"① 首先，"生态文化+绿色发展+科技创新"是农村生态文化产业价值创造的重要因素。农村生态文化产业作为一个新兴产业，其价值创造的构成、实现是一个庞杂的产业链。生态文化是一种关于人与自然互利共生的文化，也是当前建设美丽中国的向心力，更是其价值创造的"活水源头"。生态文化特别是几千年来中华民族积淀、传承发展而形成的优秀传统生态文化承载着关于人与自然、人与人、人与社会关系的丰富史料，具有知识形态、精神形态与物质形态的文化理念和特征属性。在当今世界文化交流中，生态文化代表着党和民族持久、深沉的先进文化，也是全世界秉持人与自然生命共同体的价值所在。生态文化是人类向自然的回归，要实现自然与文明、身体与心灵、自我与他者、世俗与神圣、人与世界的动态平衡关系，使人重回天地万物共在的完整生存世界，从而最

---

① 思罗斯比. 经济学与文化 [M]. 王志标，张峥嵘，译. 北京：中国人民大学出版社，2011：10.

大可能地解决现代人的自身生存危机。在建设生态文明过程中，生态文化逐步走向与社会精神生产及其人类活动相结合。农村生态资源、生态文化资源在产业化进程中不断地拓展、共生、融合、突破与创新，成为农村生态文化产业必不可少的发展要素。由此可见，生态文化为农村生态文化产业提供了源源不断的动力和宝贵资源。

绿色发展是农村生态文化产业价值创造的重要抓手。当今世界日益严重的自然生态危机引发了人类思考人与自然的相处问题。尊重自然、顺应自然、融入自然是当代人类追求的生存方式。绿色是农村最大的底色，农村发展绿色经济需要在保护自然资源和生物多样性的基础上，将经济潜力产业化。绿色发展将引领农村文化产业走向高质量发展的轨道。

科技创新是农村生态文化产业价值创造的助推器。著名画家达·芬奇曾说，艺术借助科技的翅膀才能高飞。科技的力量是强大的，科技创新不仅能够有效转变某一种产品的外在表现形式，还能促进产品内在价值的传播方式。新时代农村生态文化产业要发展成为乡村经济的支柱产业之一，在很大程度上取决于科学技术的支撑引领。先进的科学技术是提升产品文化表现力、吸引力和影响力的重要引擎。纪录片《美丽中国》突破传统技术的壁垒，呈现出新时代中国的巨大变化，反映了中国生态环境改善给广大群众带来的获得感和幸福感；享誉上海世博会的动感名画《清明上河图》在现代信息技术的生动勾勒下，图中的景和物栩栩如生、惟妙惟肖，描绘了汴京以及汴河两岸的自然风光和繁荣景象，也在一定程度上激发了人们的思维创造。农村生态文化产业的重要功能在于把生态资源与文化资源相结合，成为高附加值的生态文化产品与生态文化服务，积极有效促进农村生态文明建设，从而增强生态文化软实力。农村生态文化产业的发展创新在先进的科学技术驱动下，已然成为农村产业发展的新亮点、新动能，也象征着中华民族生态文化与精神追求在不断创新和提升。

其次，绿色消费是生态文化产品价值实现的根本前提。国务院原总理李克强在2022年《政府工作报告》中明确提出，加快形成绿色低碳生产生活方式。① 为满足人民日益增长的美好生活需要，绿色消费理念正在全社会逐步普及。马克思认为，"商品的价值形式或价值表现由商品价值的本性产生"②。一般来说，从消费者需求动机与价值理论角度而言，个人的需要、欲望与价值密不可分。必要的需要就是本身归结为自然主体的那种个人的需要③，需要首先是人作为自然存在物的个人需要，通过发挥人的主观能动性，逐渐转变成内心的欲望。除此之外，在人们的消费能力驱动下，欲望通常会转化为需要。新时代下人们消费方式不再是单一的，消费者有了更高的消费需求，而高附加值、高层次、高品质的生态文化项目与服务能够以近距离的互动式体验来感悟人与自然共处关系的重要性，以满足个人对优质生态环境的需求和向往，这些新样态产品和体验服务为农村生态文化产业的发展提供了跨越时间与空间的价值增长潜力。可见，市场需求导向是极为关键的，为产业的发展转型、结构升级提供了积极作用。通过对农村生态文化产业发展的整个产业链进行有效整合，并高效地投入和生产，使生态文化产品与服务在国内外市场带来较大的影响力，从而达到生态文化产品价值实现。通常来说，企业在从事经营生产过程中，产业链、价值链和创新链亟须深度融合，才能推动产品与服务迈向中高端。产业的价值活动渗透于产业各个环节及整个产业链，最终走向消费市场，再通过完善的体制机制，最终完成产品价值实现（图1-4所示）。若整个产业链中涉及生产、营销、开发、流通等环节和分工越精细，其价值创造的乘数效应就越显著。总之，在绿色消费日益成为全社会共同的消费理念形势下，农村生态文化产业具有其不可替代的独特魅力和价值。

---

① 李克强. 政府工作报告——2022 年 3 月 5 日在第十三届全国人民代表大会第五次会议上［EB/OL］.中国政府网，2022-03-05.

② 中共中央马克思恩格斯列宁斯大林著作编译局. 马克思恩格斯文集：第 5 卷［M］.北京：人民出版社，2009：76.

③ 中共中央马克思恩格斯列宁斯大林著作编译局. 马克思恩格斯全集：第 30 卷［M］.北京：人民出版社，1995：525.

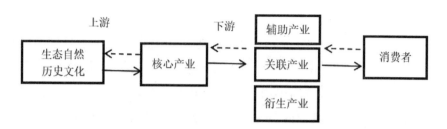

图1-4 农村生态文化产业链全景

最后，知识产权保护是生态文化产品价值实现的基石。从事农村生态文化产业经营的相关企业和公司要有以合法的经营方式保护知识产权的重要意识，具体体现在整个企业职能或相关行业部门所创造的生态文化产品知识产权的价值上，农村生态文化产品知识产权的市场价值决定了产业发展的方向。因此，在探讨农村生态文化产业经营模式过程中，对生态文化产品知识产权的保护是极为关键的。从公众层面来看，人们在满足自身精神需求的同时，也是对农村生态文化产业的品牌价值和文化内涵进行广泛宣传的过程。通过对相关经营行业的公司或企业、个体户提供相关知识产权服务，强化知识产权保护，提升核心竞争力，有利于更多的农村生态产品价值实现。从管理者层面来看，通过成立相关部门和机构，构建农村生态文化产业版权中心（站所），负责各类产品的登记、策划、交易和保护，使得区域内丰富独特的生态文化资源资本化、产业化和版权化。从企业层面来看，作为从事农村生态文化产业经营的主体应当牢固树立"知识产权保护就是保护创新"的意识，高度重视企业相关法律部门的人员培训，以及企业各个环节从业人员的法律意识，使企业自主研发能力、科技创新能力等知识产权能够受到保障。

第二章

马克思主义自然观视域下农村生态文化产业发展策略研究的理论基础

农村生态文化产业及其发展研究应从马克思主义自然观的视域，探寻其演化规律和发展趋势。马克思主义自然观作为本书的理论根基，为当前中国积极探索农村生态文化产业发展策略的实施原则、主要目标及路径研究提供了重要的、科学的理论源泉。因此，把握并梳理马克思主义自然观的科学内涵，以理论为基石，以历史为线索，追根溯源，对当前农村地区推进生态文化产业发展及其研究是极为关键的。

第一节 马克思恩格斯自然观

人与自然是一个历久弥新的生态主题。习近平总书记指出，"学习马克思，就要学习和实践马克思主义关于人与自然关系的思想"①。马克思恩格斯关于人与自然关系的科学阐述是极其丰富的，并在此基础上不断形成了科学的马克思恩格斯自然观。马克思恩格斯自然观是马克思主义的重要组成部分，思想丰富、博大精深，集中体现在感性自然、历史自然和人化自然。马克思认为，在自然界的一切客观发展规律中，人是中介，人与自然的关系具有社会性，要消除"自然与历史的对立"，实现"自然的历史

---

① 习近平. 在纪念马克思诞辰 200 周年大会上的讲话 [N]. 人民日报，2018-05-05 (2).

和历史的自然"的统一。① 在早期文本《1844年经济学哲学手稿》中，马克思从人与自然的直接关系出发，进一步详细阐述了人的物化与物的人化等现象。马克思恩格斯始终站在时代的最前沿，透过现象看本质，形成了科学的、实践的、发展的、人民的马克思主义理论。

作为伟大的革命先驱者，马克思恩格斯生活在资本主义工业革命初期，看清了资本家丑恶的嘴脸和吃人的本质。马克思在《资本论》中，以商品考察为起点，分析了资本家贪婪地积累资本使得无节制增殖、无限制地扩大再生产获取剩余价值的现象本质。马克思恩格斯透过资本主义社会现象深入挖掘背后的矛盾起源，看到了资本主义生产方式掩盖下的人与人、人与自然、人与本身的矛盾关系所带来的异化现象。通过深耕马克思主义经典文本，如《1844年经济学哲学手稿》《资本论》《自然辩证法》等诸多著作，就会发现马克思恩格斯紧紧围绕生产力与生产关系之间的矛盾，辩证地剖析了人与自然、人与生态、人与社会、人与自身之间的深层次关系。因此，通过马克思恩格斯经典文献，挖掘和探析马克思主义经典作家关于人与自然辩证统一关系的思想是探究马克思恩格斯自然观的关键。马克思恩格斯生活在资本主义制度社会并看清了社会背后的矛盾根源，从多视角、多层面对人与自然关系进行彻底的批判。正是在不断吸收和批判中，马克思主义自然观也在不断地得以发展和完善。

一、人类与自然的关系

马克思恩格斯认为，自然优先于人类并客观存在着，明确提出"外部自然界的优先地位"②。关于人与自然的辩证关系的探索，往往通过自然生态隐患蕴藏在特定的社会关系中来凸显，诸多体现在对人类与自然之间内在深层次关联的讨论，贯穿于人们日常生产生活实践中。早期马克思对人

---

① 刘曙光.略论马克思主义哲学的自然观［J］.湖南大学学报（社会科学版），2001（4）：90-94.

② 中共中央马克思恩格斯列宁斯大林著作编译局.马克思恩格斯文集：第1卷［M］.北京：人民出版社，2009：529-530.

与自然关系的探讨，他有意识地与"普罗米修斯主义"区别开来。这种意识预示了马克思主义自然观的萌芽。

在早期著作中马克思恩格斯对人与自然关系就已经有了独特的见解。首先，人类起源于自然界，并与自然界有机统一。其次，人靠自然界生活，说明人的生命依靠自然界维持，若人离开了自然界，就无法正常生存下去，没有自然界就没有人本身。同时，自然万物是相互关联的，正如恩格斯所言，"因为在自然界中任何事物都不是孤立发生的"①。最后，人是一定历史条件下的"社会存在物"，揭示了人在自然界从事各种生产活动，成为一定历史条件下的存在物，与自然界互相依存、互利共生。人类为了生存和繁衍后代，向自然界中无偿索取自然资源和物质能量作为生产资料，从事人类劳动。人类在劳动过程中认识了自然界，并改造了自然界，即"人化自然"。因而，在马克思、恩格斯看来，整个物质世界的关联都是人通过人的劳动活动建立起来的。人类在从事劳动过程中，必须科学认识自然规律，遵循自然界的运行法则，善待自然，爱护自然，如此才能源源不断地获取自然界的馈赠。人与自然的生态系统一旦失去平衡，自然界将会报复人类，给人类带来不可估量的灾难。

马克思恩格斯自然观在《资本论》中进一步得以深化，主要围绕对人与自然之间的相互关联的剖析，并从生态批判的角度围绕资本主义社会的农业、工业、林业等方面的发展，进一步丰富了对人与自然关系的认识。土地是农业生产的基本要素，"剥夺人民群众的土地是资本主义生产方式的基础"②。资本主义农业生产对土地破坏最初表现在土地肥力上，现代生产方式使得资本家有了更多的财富，但造成了自然环境的生态破坏，阻碍了自然界的新陈代谢，对土地肥力的破坏是极具毁灭性和不可持续性的。

---

① 中共中央马克思恩格斯列宁斯大林著作编译局. 马克思恩格斯文集：第9卷［M］. 北京：人民出版社，2009：558.
② 中共中央马克思恩格斯列宁斯大林著作编译局. 马克思恩格斯文集：第5卷［M］. 北京：人民出版社，2009：880.

因此，资本主义生产"只是由于它同时破坏了一切财富的源泉——土地和工人"①。由此带来的生态危机不仅表现在对大量肥沃土地的破坏，还包括煤炭储量的耗尽、大片森林的毁坏。随着资本主义生产和资本积累不断扩张，以及对自然界的无限度需求，导致对排泄物的循环利用，而"原料的日益昂贵，自然成为废物利用的刺激"②，最终造成了自然环境的生态破坏起源于排泄物无止境的增加。正是在如何处理排泄物与保护农业土地过程中，马克思的可持续发展理论逐渐地发展起来。当然，马克思对自然环境破坏的批判不仅是对资本主义农业，同样也对工业化大生产中自然环境的破坏进行了批判。马克思意识到自然界是物质财富之源，与人类劳动密不可分，还认识到自然资源在不同行业中的特殊作用，如在谷物、酒类、木材、陶器等加工业中，自然资源既是生产的原材料，也是人类得以生存的物质基础。马克思对资本主义农业和大工业生产对自然资源的破坏进行了深刻的反思。土壤在大规模的生产过程中逐渐出现赤贫状态，农业的扩大规模使得土地越来越贫瘠，导致土壤肥力下降；工业的扩大生产造成了土地的污染越来越严重，《资本论》第三卷中描述了大工业化生产"更直接地滥用和破坏土地的自然力"③。除此之外，资本主义工业化还造成了城乡对立并产生矛盾。要解决这些矛盾问题必须深入社会的本质，才能从根源上找到原因。可知，资本主义生产引起的人与自然的内在关联失衡是极具毁灭性的。

除此之外，资本主义制度下社会生产方式对人的压迫和剥削阻碍了人的全面发展，对自然环境的破坏威胁到人类的生存以及自然界的生态修复。福斯特认为，马克思在《资本论》中能够对环境恶化进行批判，"而

---

① 中共中央马克思恩格斯列宁斯大林著作编译局．马克思恩格斯文集：第 5 卷［M］．北京：人民出版社，2009：580．

② 中共中央马克思恩格斯列宁斯大林著作编译局．马克思恩格斯文集：第 5 卷［M］．北京：人民出版社，2009：115．

③ 中共中央马克思恩格斯列宁斯大林著作编译局．马克思恩格斯文集：第 7 卷［M］．北京：人民出版社，2009：919．

这一批判预示着许多当今的生态学思想"①。这充分表明，马克思恩格斯以开阔的视野对人与自然内在的深层关联性进行了剖析，将人与自然之间新陈代谢的复原作为了一个研究中心。关于马克思对于自然生态隐患的研究，蒂姆·海沃德进行了评价总结，"在自然方面由控制各种卷入其中的物理过程的自然法则调节，而在社会方面由控制劳动分工和财富分配等的制度化规范来调节"②。由此可见，马克思恩格斯自然观中对于人与自然辩证关系始终与政治经济学批判交织在一起。

二、人与人的关系

人与自然的矛盾关系，终究在于人与人的关系，主要体现在资本主义制度下异化劳动过程中。马克思主义经典作家提出的"劳动异化论"主要是资本主义制度和资本主义生产方式的异化。在早期著作《1844年经济学哲学手稿》中，马克思由异化问题深入考察了人与自然、社会的关系。在马克思晚期巨著《资本论》中，马克思通过对人类自身生存、人与土地之间的相互作用以及资本主义制度下暴露的社会问题的深入剖析，进一步丰富了马克思主义自然观。

首先，主要考察资本主义制度下劳动异化问题。马克思认为，劳动是人以自身的活动来中介、调整和控制人和自然之间的物质变换的过程③，换句话而言，以劳动为调整，它是人与自然之间的纽带。把"一般劳动"作为理论前提和核心范畴，是马克思探讨人与自然、人与人、人与社会之间关系的逻辑起点。"资本主义生产最美妙的地方，就在于它不仅不断地再生产出雇佣工人本身"④，而这与马克思的劳动异化论不可分割。"资本

---

① 福斯特. 马克思的生态学：唯物主义与自然 [M]. 刘仁胜，肖峰，译. 北京：高等教育出版社，2006：67.
② HAYWARD T. Ecology Thought [M]. Cambridge：Polity，1994：116.
③ 中共中央马克思恩格斯列宁斯大林著作编译局. 马克思恩格斯选集：第2卷 [M]. 北京：人民出版社，2012：169.
④ 中共中央马克思恩格斯列宁斯大林著作编译局. 马克思恩格斯文集：第5卷 [M]. 北京：人民出版社，2009：881.

主义制度却正是要求人民群众处于奴隶地位，使他们本身转化为雇工，使他们的劳动资料转化为资本。"① 因此，工人阶级越是努力劳动，得到的回报越少，生活过得越贫困潦倒，个人的生存和身心受到伤害越大。这主要表现在三方面：

一是延迟工人的工作日。通过延长工人工作日或无偿占用休息时间来获取剩余劳动，甚至昼夜 24 小时持续不断地生产，但对工人身体状况和精神状态毫不关心，"他们越来越受到资本主义农业生产的竞争的空前压迫而被挤垮，因此不断地为雇佣工人阶级提供新兵"②。正如外科医生在给调查委员的信中写道："每当我看到这些为满足父母和雇主的贪心而牺牲了健康的不幸孩子们的时候，我的愤慨一次又一次地涌上心头。"③

二是无偿占有剩余价值。资本家对剩余价值的贪婪，使得工人们以宝贵的生命为代价。利润和剩余价值在本质上是相同的。"对于马克思而言，其他的要素报酬形式（利润、股息、地租、利息）是超出劳动力价值的剩余价值，因此，他的价值理论是由社会阶级关系所决定的分配理论。在马克思主义分析中，劳动力价值以工资形式分配给工人阶级，而多出的剩余价值部分归统治阶级所有。"④ "利润，和剩余价值量是一回事，不过它具有一个神秘化的形式。"⑤ 资本家把剩余价值和利润用于购买生产的设备、原料等，再一次投入生产，资产阶级通过对产品进行交换、分配、消费等环节再次完成了商品的循环过程。这种生产方式使得"人类存在的这些无

① 中共中央马克思恩格斯列宁斯大林著作编译局．马克思恩格斯文集：第 5 卷 ［M］．北京：人民出版社，2009：827．
② 中共中央马克思恩格斯列宁斯大林著作编译局．马克思恩格斯文集：第 5 卷 ［M］．北京：人民出版社，2009：811．
③ 中共中央马克思恩格斯列宁斯大林著作编译局．马克思恩格斯文集：第 5 卷 ［M］．北京：人民出版社，2009：285．
④ 思罗斯比．经济学与文化 ［M］．王志标，张峥嵘，译．北京：中国人民大学出版社，2011：21．
⑤ 中共中央马克思恩格斯列宁斯大林著作编译局．马克思恩格斯文集：第 7 卷 ［M］．北京：人民出版社，2009：44．

机条件同这种活动的存在之间"① 相分离并发生异化。

三是工人的劳动力以商品形式进入市场进行交易。资本家购买一个劳动者就像买一匹马一样,劳动力像商品一样受到供求规律的控制,而不再属于工人自身所支配。"他自由出卖自己劳动力的时间,是他被迫出卖劳动力的时间。"② 劳动者自身已经自由得一无所有,而"资本是死劳动,它像吸血鬼一样"③。资本家以牺牲工人的精神健康和身体状况来获得剩余价值,以商品的交换规律作为依据,而根本不关心工人的健康和寿命。不仅如此,"当棉纺织工业在英国引起儿童奴隶制的时候,它同时在美国促使过去多少带有家长制性质的奴隶经济转变为一种商业性的剥削制度"④。在这样的社会制度下最终通过周期循环,导致出现普遍危机而告终。资本主义私有制与生产社会化之间的矛盾运动,必然导致与工人阶级的矛盾不断恶化,最终引起经济危机爆发。

其次,资本主义制度下技术异化是引起生态危机的直接原因。马克思对技术及技术异化问题有着独特的见解。他认为,在资本主义社会,一方面,技术对人类社会起着巨大的推动作用,加强了人与人、人与自然之间的互相联系;另一方面,技术的进步、大机器的普遍使用对工人带来了巨大的改变和影响,反而成为奴役人自由发展的异己力量。以此深入探讨资本主义社会矛盾的根源是非常关键的。技术异化导致了工人无偿地为资本家进行生产劳动,剥削工人通过采用新技术、改进新机器及扩大生产规模,创造出更多的相对剩余价值。恩格斯认为,在这种社会制度和生产条件下,工人无法摆脱资本家的雇佣、剥削和压榨,反而越来越贫穷潦倒,

① 中共中央马克思恩格斯列宁斯大林著作编译局.马克思恩格斯文集:第8卷［M］.北京:人民出版社,2009:138.

② 中共中央马克思恩格斯列宁斯大林著作编译局.马克思恩格斯文集:第5卷［M］.北京:人民出版社,2009:349.

③ 中共中央马克思恩格斯列宁斯大林著作编译局.马克思恩格斯文集:第5卷［M］.北京:人民出版社,2009:269.

④ 中共中央马克思恩格斯列宁斯大林著作编译局.马克思恩格斯文集:第5卷［M］.北京:人民出版社,2009:870.

而自然界也成为"日益腐败的自然界"①。

马克思对技术及其异化问题的批判又是彻底的。马克思认为，技术创新使得资本主义社会生产力有了很大的飞跃，为资本家带来了与以往时期无法比拟的巨大财富；而严重的技术异化促使工人成为机器的附属品，使人成为"畸形"的人。他对资本主义社会技术创新过程的基本特征、影响因素和条件进行了详细的探讨。技术革新往往对社会变革产生巨大的影响，科学技术的创新需要源源不断的内在驱动力，是人类社会发展进程中一切经济活动发展到一定阶段普遍存在的客观规律。

技术作为一种生产要素，本身是积极的、促进人的发展的动力，只有在资本主义制度下，才成为消极的、阻碍人的发展的异己力量。在共产主义社会，它的进步使人消除异化，并对人的异化的扬弃，是实现人自由而全面发展的重要动力。因此，马克思看到了技术的本质及其技术异化内在的根源，对其批判既是彻底的，又是符合现实的。

最后，恩格斯在《自然辩证法》中也提出了关于技术方面的独特见解，"这样我们就无限地增加了生产，现在一个小孩所生产的东西，比以前的一百个成年人所生产的还要多"②。但由于不合理、无节制地滥用技术，阻碍了人与自然的可持续发展。正如资本主义制度下农业在先进技术的推动下取得了一些"进步"，但这些"进步"也同时掠夺了劳动者和土地。资本家通过技术异化无偿占有工人的剩余价值，以牺牲自然环境换取一时一地的经济增长。恩格斯断言："我们不要过分陶醉于我们人类对自然界的胜利。对于每一次这样的胜利，自然界都对我们进行了报复。"③ 因此，我们要清楚地、辩证地认识到技术异化对人、自然界的消极作用。

---

① 中共中央马克思恩格斯列宁斯大林著作编译局．马克思恩格斯全集：第3卷 [M]．北京：人民出版社，2002：341.

② 中共中央马克思恩格斯列宁斯大林著作编译局．马克思恩格斯文集：第9卷 [M]．北京：人民出版社，2009：422.

③ 中共中央马克思恩格斯列宁斯大林著作编译局．马克思恩格斯文集：第9卷 [M]．北京：人民出版社，2009：559-560.

三、资本主义制度对生态的影响

从本质上来说，人与自然的关系即生产力与生产资料之间的关系。资本主义社会生态环境问题带来了极其严重的影响，导致了"物质变换"的断裂。马克思频繁使用"物质变换"一词，"物质变换"体现为自然界、人与自然以及社会的物质变换，它们的断裂是资本主义基本矛盾导致的。正如前面对"一般劳动"定义的解读，马克思对"一般劳动"理解为人和自然之间的物质变换的过程。"物质变换"首次出现在《资本论》第一卷中，"裂缝"则是出现在《资本论》第三卷中，在马克思看来是"一个无法弥补的裂缝"①，而这些独特见解是建立在全面分析李比希理论的基础上形成的。任何理论都源于火花的碰撞，李比希对现代农业破坏性的思考，促使马克思从一个全新的视角考察资本主义社会的土地肥力。在此基础上，马克思提出的"裂缝"是对"物质变换"的进一步发展和完善，在一定程度上，"物质变换"是对自然主义、人道主义更为具体的阐述。对"物质变换"的描述，包含了自然界、人与自然、整个社会的物质变换以及它们之间的相互关系。第一层是指自然界各个物种之间的内在关系；第二层主要是指人类利用自然资源，如水、空气、土地等物质，经吸收和消化后把废弃物排到自然界中，表现为以劳动为中介的人与自然之间的关系；第三层则是建立在复杂的货币流通中的商品交换。马克思之所以强调"物质变换"，一方面，他十分重视自然界的物质循环，把人看作自然界的有机体，把人为维持生命而进行的物质变换看作最基本的物质交换即劳动；另一方面，他对资本主义制度和生产方式的彻底批判，解决的途径就是深刻剖析并革新社会制度和社会生产。这种物质交换的断裂源于资本主义生产把人口聚集到城市、大量废弃物的产生以及其他消极因素，扰乱了人与自然、社会之间的正常交换。因此在马克思那里，从生态学意义上，"物质变换断裂"是自然界与人类社会之间物质和能量交换的断裂；从社

① 中共中央马克思恩格斯列宁斯大林著作编译局. 马克思恩格斯文集：第 7 卷［M］. 北京：人民出版社，2009：919.

会学意义上，"物质变换断裂"则引发了马克思对资本主义制度和生产方式的生态性质的集中批判。马克思恩格斯对生态思想的阐述在其相关手稿，尤其是恩格斯《自然辩证法》中，也清晰地表露出来；《政治经济学批判（1857—1858）手稿》是马克思通向《资本论》的"思想驿站"。马克思在手稿中多次使用了"物质变换"一词，应用到描述人与自然、一般商品的生产、实际劳动等方面。因此，马克思恩格斯是把"物质变换"作为整个分析系统的关键词，他们对工人的劳动过程的理解深深根植于此。资本主义资本循环需要通过生产、交换、分配、消费四个环节连续进行，离不开工人阶级的无偿劳动。由此可见，马克思主义经典作家正是从资本主义社会化生产所造成自然、人、社会之间的物质变换关系的断裂，探讨引起生态环境破坏、生产过剩以及经济危机的资本主义社会基本矛盾。

四、人类与自然的和解以及人类本身的和解

在马克思恩格斯看来，一切矛盾的根源在于制度本身。他们生活在资本主义社会，对其有着独特的见解。马克思恩格斯认为只有实现"人类与自然的和解以及人类本身的和解"，才能解决危机的本质问题。马克思恩格斯对"自然界是人的无机身体""人靠自然界生活"等相关描述，着重强调了自然界对人的发展是极其重要的。人与自然的关系，是实现人的自由而全面发展的根本前提，处理好两者的内在关系，才能最终实现自身的和解。资本主义制度下由于阶级斗争和人的异化等因素，众多矛盾问题互相交织在一起，马克思恩格斯对此进行了全面的认识与理性的批判，由表及里地剖析了人与自然的相互关系与矛盾、内在本质与特征。他们超越了德国古典唯心主义所提倡的人本主义，在满足人的物质和精神需要的基础之上对人类与自然的相互关系进行了深入考量。一方面，人具有自然力、生命力，是能动的自然存在物；另一方面，人是受动的、受制约的和受限制的存在物。① 而作为人类自我意识，只是纯粹的创造物，而同自然界有

---

① 中共中央马克思恩格斯列宁斯大林著作编译局. 马克思恩格斯全集：第42卷［M］. 北京：人民出版社，2009：167.

着紧密的关系。恩格斯提出，"人本身是自然界的产物，是在自己所处的环境中并且和这个环境一起发展起来的"①。人与自然的关系是人类进行一切活动的前提，必须站在人与自然辩证统一的高度去认识世界，从而改造世界。人是"社会存在物"和"自然存在物"的综合体，人与自然界是密不可分的统一整体，两者共生共在。"历史本身是自然史的即自然界成为人这一过程的一个现实部分。"② 自然界与人类始终处于持续不断、永恒地交往。在马克思恩格斯看来，人与自然的和解必须建立在自然的客观规律性上。因此，自然的发展创造了人类，没有自然界和感性的外部世界，人类就无法生活和繁衍后代，人类创造社会历史的过程也是自然历史形成的过程。

马克思恩格斯认为，在共产主义社会才能实现人的发展。一是要达到生产关系的和解，消除异化劳动。人类的主观能动性的发挥，前提是在没有剥削的生产关系中才能自由发挥出来，主要是通过人类从事的有目的的、有意愿的生产实践和生活实践活动。为满足人类自身的某种需求而自由从事生产活动，而不是被迫的、不情愿的。二是要实现社会制度的和解，实现共产主义社会。在资本主义社会，是"为了掠夺而管理，或者说是借着管理而掠夺"的社会，在这里"有一种力量压迫着人，而不是人驾驭着这种力量"③。只有在共产主义社会，才能走向自我实现和解放的自由王国，可见，只有在共产主义社会才能够走向自我实现和解放的自由王国。三是人与自然和谐相处。人类对自然的作用是交互的、等同的，人类具有比其他动物更高阶的主观能动性，可以根据意识、

①　中共中央马克思恩格斯列宁斯大林著作编译局 . 马克思恩格斯选集：第 3 卷［M］.
北京：人民出版社，2012：410.

②　中共中央马克思恩格斯列宁斯大林著作编译局 . 马克思恩格斯全集：第 42 卷［M］.
北京：人民出版社，2009：128.

③　中共中央马克思恩格斯列宁斯大林著作编译局 . 马克思恩格斯选集：第 1 卷［M］.
北京：人民出版社，2012：165.

宗教或随便别的什么来区别人和动物①。人类在自然界里应当充分发挥本身所具有的能动性，以敬畏自然、保护自然替代支配和统治自然的生产方式，科学认识自然的客观发展规律。可见，人与自然的和解是人的自由发展的前提条件。

在恩格斯看来，"自然界不是循着一个永远一样的不断重复的圆圈运动，而是经历着实在的历史"②。在《自然辩证法》中，恩格斯运用这种科学世界观和方法论对人与自然的相互关系进行了深入探讨，揭示了自然界和人类社会中进行的并服从于辩证形式的现实发展的客观规律。马克思主义方法论是科学的理论，他强调辩证看待人与自然的关系是出发点，人是自然界发展到一定阶段的产物。人类祖先猿在进行劳动生产过程中开始逐步进化成人类，猿在劳动过程中不断认识自然界发展规律，对自然界有了新的认识和深入的了解，这种状态使得自然界越来越多的新事物得以被发现或者思考。人类源于自然界，但与其他生物不同，人类既有主观能动性又有受动性、被约束性，自然界既作用于人类，人类的活动又反作用于自然界，这是人类与其他生物不同的特别之处。在原始社会时期，人类为了自我生存的需要，与自然界进行斗争，从自然界摄取有限的生活资料；资本主义社会时期，人类谋求更高层次的生存和发展，贪得无厌，任意而为，把自身的欲望以牺牲自然界为代价，无限制地征服和掠夺自然界的不可再生资源，阻碍了自然界的"新陈代谢"，从而导致生态灾难，其后果不堪设想，人类必将付出巨大代价为自然界的回馈与惩罚"买单"。因此，应正确认识和把握人与自然之间的内在发展规律，转变人类反自然、主宰自然的传统观念，与自然界和解。伴随资本主义工业革命的发展，不断推动和提高科学技术水平，对人与自然的关系有了新的认识。马克思认为："工业的历史和工业的已经生成

---

① 中共中央马克思恩格斯列宁斯大林著作编译局. 马克思恩格斯选集：第1卷［M］. 北京：人民出版社，2012：134.
② 中共中央马克思恩格斯列宁斯大林著作编译局. 马克思恩格斯文集：第9卷［M］. 北京：人民出版社，2009：386.

的对象性的存在，是一本打开了的关于人的本质力量的书。"① 工业时期的先进生产力超越了以往任何一个时期，使得工业化生产规模不断扩大，对生产资料的需求也越来越高，从而加快了自然资源消耗。"生产的不断扩大，如果不加以引导，将会变成过度生产，导致资源消耗、环境污染、生态破坏加剧。"② 在资本主义不断地无限扩张和增加形势下，资源短缺、环境严重污染等生态问题由地域性恶化为全球性，一直成为人类的"全球问题"。可知，在资本主义社会，资本的不断增殖是在对自然界的无节制索取、过度开发和严重破坏的基础之上。

综上，马克思恩格斯自然观涵盖了感性自然、历史自然、人化自然三个层面，并对社会制度下根本原因、内在逻辑、主要矛盾等方面深层剖析，是具有现实性和时代感的科学理论，显示了强大的生命力和科学价值，为研究马克思主义视域下农村生态文化产业及其发展这一课题提供了理论基础。党和国家带领人们不断探索实践、改革创新，取得了巨大成就，在生态文明建设方面亦如此。人类进入生态文明社会，要求人类尊重自然、敬畏自然，人与自然要和谐相处。生态文明社会能够顺应时代潮流，着重强调可持续发展，具有全面性与和谐性、高效性与持续性等特征属性。新时代引领下，党和政府逐步找到了一条"生产发展、生活富裕、生态良好的文明发展道路"，也是现代化发展道路。③ 新时代全社会必须树立新认知、新责任意识，认真思考人与自然、经济发展与生态环境之间的相互关系。

---

① 中共中央马克思恩格斯列宁斯大林著作编译局. 马克思恩格斯文集：第 1 卷 [M]. 北京：人民出版社，2009：192.

② 中共中央马克思恩格斯列宁斯大林著作编译局. 马克思恩格斯文集：第 9 卷 [M]. 北京：人民出版社，2009：234.

③ 郇庆治. 习近平生态文明思想视域下的生态文明史观 [J]. 马克思主义与现实，2020 (3)：62-67.

第二节　中国化马克思主义自然观

我国经济社会不断发展和提升的同时，人与自然的紧张矛盾越演越烈，生态环境问题也日益凸显。中国共产党带领人民群众结合我国实际情况不断探索，形成了与时俱进的丰富的中国化马克思主义自然观。中国化马克思主义自然观历经了萌芽、探索、发展、完善到成熟的过程，是中国共产党人集体的智慧和结晶。它的主要内容集中体现在：社会主义建设初期，毛泽东同志提出"植树造林，绿化祖国"；20世纪80年代初，邓小平同志提出"环境保护，节约资源"；20世纪90年代，江泽民同志提出"保护环境的实质就是保护生产力"；2007年，胡锦涛同志提出科学发展观并建设"资源节约型和环境友好型社会"的目标；21世纪全面建成小康社会时期，习近平同志提出"生态文明建设""建设美丽中国""五位一体"和"人与自然和谐共生的现代化"等方面。不同历史时期下，中国化马克思主义自然观发挥着重要的指导作用。实践证明，21世纪的中国取得的斐然成绩，离不开我国领导人在不同阶段立足中国的现实国情，以马克思主义经典作家关于人与自然的辩证统一生态思想为指导，坚持、发展、继承、创新了马克思主义自然观。

一、萌芽阶段："植树造林，绿化祖国"

毛泽东同志认为，马克思就成了一个代表人类最高智慧的最完全的知识分子。[①] 以毛泽东同志为核心的中国共产党集体始终遵循马克思主义的科学世界观和方法论，不断推进马克思主义中国化。在中国具体实践探索中，毛泽东同志与时俱进，特别是对待经济建设同人口、资源、环境相互关系的问题上，提倡"植树造林，绿化祖国"的生态自然思想，这一时期

---

① 毛泽东选集：第三卷 [M]. 北京：人民出版社，1991：817.

是中国化马克思主义自然观萌芽阶段，主要是指 1949—1978 年间。新中国成立之初，千疮百孔的旧中国以崭新的面貌迎来时代的发展，但由于全国人民长期抗战，新中国的发展举步维艰，面临重重困难。第一代领导集体从我国国情出发，不断深入实践和探索，关注我国的人口、资源、生态环境等重要问题，并取得了较好的成绩。

首先，从人与自然互为主体性层面提出"植树造林，绿化祖国"。马克思认为，自然界是人与人之间相互联系的桥梁。毛泽东同志认为，"马克思主义者认为人类的生产活动是最基本的实践活动，是决定其他一切活动的东西"①。这充分表明了中国共产党领导人始终坚持以马克思主义辩证唯物主义为指导，以发展的眼光看待一切问题和矛盾，从实践中来，到实践中去，在社会实践活动中认识自然、遵从自然规律。毛泽东同志指出："人类总是不断发展的，自然界也总是不断发展的，永远不会停止在一个水平上。"② 可见，在不断的生活生产实践中充分认识到了自然存在的客观规律以及自然对人的影响作用。

按照唯物辩证法的观点，自然界的变化，主要地是由于自然界内部矛盾的发展。③ 毛泽东同志坚持唯物辩证法，高度重视生态环境保护工作。一是通过植树造林，发展林业。早期革命活动时期，毛泽东同志就曾说过树木不仅为人们提供所需的物质资料，而且还能绿化环境，在他的带领下革命根据地开展植树造林，他认为可以通过发展林业来改善自然生态环境。新中国成立初期，毛泽东提出了"植树造林，绿化祖国"的号召，通过提高林地覆盖面积，绿化生态环境，防止水土流失。新中国成立后，在1956 年到 1959 年之间，毛泽东同志对关于造林绿化的题词有："绿化祖国""要使我们祖国的河山全都绿起来""要发展林业""实行大地园林化"等。这些题词充分说明毛泽东同志对林业发展、对自然环境的极度重视。二是"三三制"园林化设想。1958 年，毛泽东同志提出以三分之一种

---

① 毛泽东选集：第一卷［M］. 北京：人民出版社，1991：282.
② 毛泽东选集：第八卷［M］. 北京：人民出版社，1991：325.
③ 毛泽东选集：第一卷［M］. 北京：人民出版社，1991：302.

农业作物、三分之一种草、三分之一种树的设想来建设和推动绿化面积。三是合理利用自然资源。毛泽东同志提出把"绿化荒山和村庄"作为基本要求，纳入农村统一规划中；全国各地都要绿化荒山，不搞特殊化；全国要尽快实现基本上消灭荒山荒地，尽可能多开发、多种植；对于林业要大力发展，森林覆盖面积数据统计要准确。四是重视水利工程，大力发展农业。面对淮北地区的严重灾情，毛泽东同志下定决心"一定要把淮河修好"①。早在1934年毛泽东同志就高度重视水利工程的规划，认为"治水兴农"能解决众多难题和困难，在很大程度上推动了农业的大力发展。在毛泽东同志的带领下，淮北地区逐步破解了河道年久失修、灾害频发的难题。

其次，从实践的主体层面提出加强公共卫生，注重环境保护。马克思主义认为，人是受动性与能动性的辩证统一体。毛泽东同志在《实践论》中指出："一切这些知识，离开生产活动是不能得到的。"② 人通过发挥主观能动性和人的潜能进行生产活动，在不同的程度上认识自然界、改造自然界。一是兴起爱国卫生运动。环境卫生直接影响到人民群众的生命安全。面对血吸虫病、传染病、鼠疫等公共卫生问题，毛泽东同志高度重视，并提出了针对公共卫生方面的七年规划，使人民群众彻底摆脱公共卫生困扰，提高生活环境和生活质量。二是提出有计划地生育。20世纪50年代至60年代，新中国成立初期的中国逐步开始社会主义改造，但随之而来的人口问题也逐渐凸显，在这种形势下国家开始转向人口问题，并提出"有计划地生育"。正如1972年罗马俱乐部发表的著名报告《增长的极限》所得出的结论：经济过热与人口增长如果不加以有效遏制，地球及生活在地球上的人类将由于环境污染和食物不足而在100年内毁灭。"有计划地生育"这一举措充分展示了毛泽东同志策略的前瞻性。三是保持水土，注重环境保护。毛泽东同志强调，中国特色社会主义是为人民服务的、具有优越性的社会制度，一定要抓好环境保护工作，解决工业污染的问题，坚

---

① 逄先知，金冲及 . 毛泽东传：三 ［M］. 北京：中央文献出版社，2013：1057.
② 毛泽东选集：第一卷 ［M］. 北京：人民出版社，1991：283.

决不给后代遗留。1973 年 9 月通过《关于保护和改善环境的若干规定（试行草案）》，推动我国环境保护工作上了一个新台阶。

最后，从实践的客体层面倡导勤俭节约，反对奢靡浪费。自然资源是一种稀缺资源，是人类在从事生产和实践过程中的客体对象。而自然界有着自身发展的永恒的客观规律。新中国成立初期，中国面临着物资上诸多的困难与挑战。毛泽东同志提出要节俭节约，明确指出浪费同贪污都是严重的犯罪行为。在《读苏联〈政治经济学教科书〉的谈话》一文中毛泽东同志强调，"节约是社会主义经济的基本原则之一"①。毛泽东同志提出实行增产节约、反对铺展浪费的举措。可见，毛泽东同志精通并善于运用马克思主义理论，带领人民群众从认识与实践的理论关联上从事生产活动，实事求是，为新中国的发展贡献了巨大的力量。

二、探索阶段："环境保护，节约资源"

邓小平同志提出"环境保护，节约资源"，是中国共产党关于人与自然辩证统一理论的初步确立阶段。这个阶段他把环境保护提到了基本国策的重要地位，主要是在 1978 年十一届三中全会至 1992 年党的十四大之间。我国改革开放初期，生态环境问题已凸显出来。当时的森林面积约 1.2 亿公顷，森林覆盖率仅 12.5%②。邓小平同志对中国现实问题的观察和思考，是冷静的、客观的、辩证的。他强调，要冷静、冷静、再冷静，埋头实干，做好一件事，就是集中力量进行现代化建设，既要加快发展，也要注重发展方式问题；要采取有力的步骤，使我们的发展能够持续、有后劲；要讲效益，也要讲质量；要重视自然环境的保护；要坚持"两手抓，两手都要硬"。因而经济发展起来了，社会秩序、社会风气也搞好了。

首先，大力提倡农业生态与科技相结合。邓小平同志强调，"毛主席

---

① 毛泽东选集：第六卷 [M]. 北京：人民出版社，1999：447.
② 国家统计局. 中国统计年鉴 1981 [M]. 中国统计出版社，1982：3.

提出以农业为基础，工业为主导，首先抓农业"①。农业的发展能够改善生态环境。邓小平同志指出，生态农业是未来农业发展的方向，要充分认识未来技术的重要性，未来农业的出路靠的是尖端技术，依靠科技发展引领生态农业。生态和科技相结合是实施科学种田和科教兴农的有效路径，转变了传统农业方式。面对"粮食少，用别的办法解决"，邓小平同志指出要"绿色革命""最难解决的不是工业，而是农业"②。此外，他对砍伐森林、盲目开荒、乱砍滥伐等消极行为提出了指示，"要有些办法，禁止破坏山林"③，要从长远发展来看找到可行的对策。邓小平同志强调，"一个是农业，农业不发展，不能实现粮食年产 8000 亿斤的目标不行，不然还不能满足人口增长的需要"④。邓小平同志始终长远考虑，以解决生态问题、环境问题为出发点，认为发展生态农业是解决工业化以来环境被污染的重要途径。邓小平同志指出："科学技术是生产力，这是马克思主义历来的观点。现代科学技术的发展，使科学与生产的关系越来越密切了。科学技术作为生产力，越来越显示出巨大的作用。"⑤ 他认为要把世界一切先进技术、先进成果、自然资源作为发展的起点。在 1983 年和 1991 年有关义务植树活动上，他分别以"植树造林，绿化祖国，是建设社会主义、造福子孙后代的伟大事业""绿化祖国，造福万代"为题词，高度重视林业发展。由此可知，邓小平同志在社会发展中，始终把先进科技、先进成果同自然资源都放在了统一的高度地位。

　　其次，提倡因地制宜的生态治理方式。邓小平同志对北大荒开垦问

---

① 中共中央文献研究室．邓小平年谱（1975—1997）：上［M］．北京：中央文献出版社，2004：393．

② 中共中央文献研究室．邓小平年谱（1975—1997）：上［M］．北京：中央文献出版社，2004：423．

③ 中共中央文献研究室．邓小平年谱（1975—1997）：上［M］．北京：中央文献出版社，2004：536．

④ 中共中央文献研究室．邓小平年谱（1975—1997）：上［M］．北京：中央文献出版社，2004：271-272．

⑤ 中共中央文献研究室．邓小平年谱（1975—1997）：上［M］．北京：中央文献出版社，2004：281．

题、大面积皆伐做法的批评是坚决的、彻底的。改革开放初期，视察黑龙江省期间，听取开荒问题的汇报时，针对中国大面积开荒问题深入探讨。他指出，我国大面积开荒要及时改正，一些盲目开荒导致恶化环境的经验教训，一定要高度重视，引以为戒。邓小平同志强调搞大面积开荒得不偿失、开荒要非常慎重。他积极响应和号召社会主义建设初期提出的植树造林政策，提倡"植树造林，绿化祖国，造福后代"。这一论述进一步说明了自毛泽东同志提出以来，中国共产党人对植树造林的极度重视，也是对人与自然协调发展的深刻反思。邓小平同志指出："要让娃娃们从小养成种树、爱树的好习惯。"① "是否可以规定每人每年都要种几棵树，植树不要占用好地。"②

邓小平同志极度重视林业发展，并强调因地制宜。1980年4月，他在西北地区时，重点任务放在西北绿化和林业工作上。他指出，"西北就是要走发展畜牧业的道路，种草造林"③。特别是在农村，"人们就会富裕起来，生态环境也会发生很好的变化"④。1980年7月，他在西南地区时，他提出当地群众大规模砍树种粮食是不可行的，长期下去将会出现严重的生态破坏，他建议应当用退耕还林来解决生态环境问题。为此，四川省出台了退耕还林还草的新举措。邓小平同志认为，退耕还林既解决了绿化问题，又惠及农民群众，并提出大胆地放手干，由新政策去解决造成的水土流失问题。⑤ 在云南石林风景区考察时，邓小平同志说："石林要整理一

---

① 中共中央文献研究室. 邓小平年谱（1975—1997）：上［M］. 北京：中央文献出版社，2004：492.
② 中共中央文献研究室. 邓小平年谱（1975—1997）：下［M］. 北京：中央文献出版社，2004：804.
③ 中共中央文献研究室. 邓小平年谱（1975—1997）：上［M］. 北京：中央文献出版社，2004：616.
④ 中共中央文献研究室. 邓小平年谱（1975—1997）：下［M］. 北京：中央文献出版社，2004：868.
⑤ 中共中央文献研究室. 邓小平年谱（1975—1997）：上［M］. 北京：中央文献出版社，2004：652.

下，要种些树。"① 在山东地区，邓小平同志对泡桐林场有规划地进行粮林间作十分赞赏。在东南地区，邓小平同志要求苏州当地干部重视绿化工作，他强调，绿化工作很关键，并提出了制定绿化规划、发动干部群众义务植树等具体建议。在北京地区，邓小平同志提出把北京作为绿化城市典型，搞好生态环境建设。

最后，重视生态法治建设。邓小平同志十分重视经济发展与生态环境之间的关系，并坚持用辩证发展的眼光处理两者之间的关系，提出了生态法治建设，保护生态环境。1978—1984 年之间，党和国家多次颁布了与生态环境保护相关的法律或文件（表 2-1 所示）。可知，邓小平同志十分重视以法律和制度保护森林草原、规范绿化活动。一是立法。在 1978 年12 月中共中央工作会议闭幕会上，邓小平同志特别强调必须加强社会主义法治建设，在生态环境建设中，要把森林法、草原法、环境保护法等与绿化事业密切相关的制度保障，作为现阶段集中力量实施的重要法律，刻不容缓。二是执法。通过的《关于开展全民义务植树运动的决议》指出，县以上各级人民政府均应成立绿化委员会，统一领导本地区的义务植树运动和整个造林绿化工作。邓小平同志认为，绿化祖国，保护环境，必须要有法律制度的保障，并要日常化、常规化。各级部门在工作中把植树活动开展情况相结合进行考核，"是否可以规定每年每人都要种几棵树……多者受奖，无故不履行此项义务者受罚。为了保证实效，应有切实可行的检查和奖惩制度"②。三是提倡全民参与生态建设。1982 年，林业部负责人向中央提交关于开展全民义务植树运动情况的报告，绿化工程和自然生态环境有了很大的改善，充分展现了自重视生态法治建设以来，全民严格按照法律法规，参与植树造林，提高了保护环境的高度积极性和生态认知水平。

---

① 中共中央文献研究室. 邓小平年谱（1975—1997）：上［M］. 北京：中央文献出版社，2004：397.

② 邓小平. 邓小平文选：第三卷［M］. 北京：人民出版社，1993：21.

表 2-1　1978—1984 年间颁布与环境保护相关法律或文件

年份	中央重要会议或法律文件	相关内容
1978 年 3 月	《中华人民共和国宪法》	国家保护环境和自然资源，防治污染和其他公害
1978 年初	《关于在中国北方地区建设大型防护林带的建议》	提出"防风固沙，蓄水保土"为宗旨的三北防护林体系建设工程
1979 年 9 月	《中华人民共和国环境保护法（试行）》	新中国首部综合性的环境保护基本法
1982 年 12 月	《关于开展全国义务植树运动的决议》	开启了全国人民义务植树运动的新征程
1981 年 2 月	《在国民经济调整时期加强环境保护工作决定》	落实邓小平同志关于绿化城市防治环境污染的思想
1982 年 8 月	《中华人民共和国海洋环境保护法》	促进经济和社会的可持续发展
1982 年 9 月	中国共产党第十二次全国代表大会	节约能源消耗、控制人口增长等
1983 年 12 月	第二次全国环境保护会议	将"环境保护"确立为一项基本国策
1984 年 5 月	《中华人民共和国水污染防治法》	推进生态文明建设，促进经济社会可持续发展

资料来源：参阅中央在 1978—1984 年间颁布的环境保护相关文件整理而成。

　　总而言之，20 世纪 80 年代以来，经过采取义务植树、三北防护林建设工程、退耕还林等主要措施，我国关于林业方面的一系列工程展示了较显著的成绩，为保护生态环境和绿化祖国山河做出了重要贡献。改革开放以来，党和国家在科技、人口、生态环境等多方面不断实践探索，取得了很好的成就。邓小平同志强调，我们要发展，改革开放一定要继续，通过发展生产力，改善生态环境，才能提高人民生活水平。① 可见，中国的发展在以邓小平同志为核心的中国共产党集体坚持不懈的探讨中，从实际出发，发生了翻天覆地的转变，社会经济发展和生态环境问题都取得了较好成效，并且始终是把人民群众的利益放在首位的。

三、发展阶段："保护环境的实质就是保护生产力"

在国内外政治风波、经济风险、生态资源危机等一系列挑战面前，以江泽民同志为核心的中国共产党集体不畏艰难、积极面对，并与时俱进，深刻分析当下形势，认识到可持续发展的急迫性、重要性。江泽民同志提出，在发展过程中必须尊重自然规律、认识自然规律，要平衡人和自然之间的关系，优美的生态环境对人的发展起着积极作用②，并强调"加强环境保护"，"保护环境的实质就是保护生产力"③。以发展的、辩证的眼光把环境提升到生产力的高度，是中国共产党关于人与自然辩证统一理论的逐步发展阶段。

首先，先进生产力发展的迫切需要。江泽民同志强调，保护环境的实质就是保护生产力。1992 年 6 月，在联合国环境与发展大会报告中，江泽民同志提出可持续发展战略，由理论发展为行动战略，受到世界各国广泛认可。他认为，必须把社会全面发展放在重要战略地位，实现经济与社会相互协调和可持续发展。对于"可持续发展"战略的提出，充分表明了对先进生产力发展的迫切需要。

1992 年 10 月，江泽民同志在党的十四大上提出要"加强环境保护"，并对经济、人口和资源之间的相互关系进行了深刻的阐述。他强调，决不能走浪费资源和先污染、后治理的路子。④ 2000 年，江泽民同志在出席九届全国人大三次会议海南代表团审议时指出，保护生态，利国利民，是关

① 邓小平文选：第三卷 [M]. 北京：人民出版社，1993：327.
② 江泽民. 江泽民文选：第三卷 [M]. 北京：人民出版社，2006：295.
③ 江泽民. 江泽民文选：第一卷 [M]. 北京：人民出版社，2006：534.
④ 江泽民. 江泽民文选：第一卷 [M]. 北京：人民出版社，2006：464.

系可持续发展和造福子孙后代的大事。要着眼长远，抓紧当前，把生态建设全面规划好，并年复一年地实施好，千方百计地保护好。海南是祖国的宝岛，有良好的生态和独特的资源，必须精心保护和合理利用，才能使生态生产力发挥有效作用，不断增强经济社会发展的后劲。

其次，先进文化前进方向的伦理需要。一是提高科学文化素质和人口质量。通过提升人口科学文化的整体水平，树立正确的生态文化观念，扭转重经济、轻生态的意识局面。当时的中国，人口不仅数量很大，而且科学文化素质又比较低，是制约中国发展的最严重的因素。1995 年 12 月，中国人口已超过 12 亿，到 2000 年将近 13 亿。到 1990 年时，全国文盲半文盲还有 1.8 亿，农村就业人员中文盲半文盲占 36%。① 二是认清环境教育的重要性。对全党、全社会进行环境教育既不是一蹴而成的，也不是无足轻重的任务，江泽民同志多次强调环境教育与保护生态的重要性。三是提出科教兴国、人才强国战略。江泽民同志以战略家的眼光极度重视教育，紧抓社会主义文明建设，严厉批评了"经济要上，教育要让""先把经济搞上去，再来发展教育"等相关观点和口号，提出了科教兴国、人才强国战略，提高中国人口整体素质和文化水平。

最后，人民群众根本利益的伦理本质。江泽民同志始终把人民的利益放在首位，把与人民利益相关的生态环境保护提到了一定的高度。在全国第四次环境保护大会上，他提出走浪费资源和先污染后治理的路子是行不通的②。党的十六大提出将"建设生产发展、生活富裕、生态良好的文明社会"作为全面建设小康社会的四大目标之一，充分表明了党和国家在保护生态环境上取得了较大的进展。除此之外，江泽民同志强调从中国的实际出发，"加强环境保护的宣传教育，增强干部和群众自觉保护生态环境

---

① 米都斯. 增长的极限：罗马俱乐部关于人类困境的研究报告 [M]. 李宝恒，译. 长春：吉林人民出版社，1997：3.

② 中共中央文献研究室. 江泽民论有中国特色社会主义：专题摘编 [M]. 北京：中央文献出版社，2002：279-280.

的意识"①。老老实实调查研究，老老实实听取群众的意见，老老实实改进工作。② 中国共产党人在处理和对待自然资源、生态环境等问题上，始终与人民群众共命运，以人民群众的根本利益为出发点。

全球性生态危机是我们全人类共同关注的焦点，影响着世界上每一个民族、每一个国家、每一个人，以及每一种生物种群的生存与进化。优美的生态环境既是我们同辈人赖以生存的家园，也是后辈人共同生活的物质基础。以江泽民同志为代表的第三代中国共产党集体始终以发展的眼光看待问题的本质，以西方发达国家在追求经济发展的同时严重破坏生态环境的教训为戒，积极主动顺应时代潮流。经历长期的、坚持不懈的艰苦奋斗，我国在平衡生态与经济之间做出了很大努力，才初步有了成效，不断探索经济发展和生态环境问题。这一时期是中国共产党关于马克思主义人与自然辩证关系理论的又一次发展和深化。

四、完善阶段："建设人与自然和谐相处的社会"

当代中国正在发生广泛而深刻的变革。新形势下应对环境恶化、资源紧缺已成为影响中国经济发展的困境与挑战，以胡锦涛同志为核心的中国共产党集体带领人民从新的历史起点出发，抓住重要战略机遇期，提出了"建设人与自然和谐相处的社会""保护自然就是保护人类""社会主义生态文明"等科学理念，这些理念是科学发展观的重要组成部分，是立足中国基本国情和借鉴国外发展实践经验所形成的，有效扭转了中国特色社会主义初级阶段资源短缺和生态恶化等环境问题，对中国经济与社会该如何发展进行了科学规划和指导。随着人类实践的不断深入，马克思主义关于人与自然辩证统一思想也进入了迅速发展期。

首先，增强全民节约与保护意识。良好的生态环境不仅是人类共同生

---

① 中共中央文献研究室. 江泽民论有中国特色社会主义：专题摘编 [M]. 北京：中央文献出版社，2002：280.

② 中共中央文献研究室. 江泽民论有中国特色社会主义：专题摘编 [M]. 北京：中央文献出版社，2002：638.

存的家园，也是经济得以发展的重要依托。树立良好的生态保护意识是每个公民的义务，加强环境保护和建设，是树立和落实"科学发展观"的必然要求，是坚持"以人为本"的具体体现，需要每一个公民积极参与。在贴近群众、服务群众中宣传保护环境的重要性；同时，胡锦涛同志强调，"完善促进生态建设的法律和政策体系，制定全国生态保护规划，在全社会大力进行生态文明教育"①。意识指导行动，只有在全社会加强生态文明教育，增强全民节约意识、保护环境意识和生态意识，坚持不懈地做好爱护环境、保护环境、建设环境的工作，才能实现人与自然和谐发展的目标。胡锦涛同志指出，"坚持节约优先、保护优先、自然恢复为主的方针"②。通过联系广大人民群众的生活、工作和思想实际，宣传生态文明教育，绿化美化环境已经成为全社会的广泛共识和自觉行动，为广大人民群众创造了一个优美宜居的生产生活环境，使全民认识到了生态环境与人类发展和谐发展的重要性。

其次，加强生态文明制度建设。胡锦涛同志在十八大报告中首次提出要加强生态文明的制度建设。随后提出国土开发保护、耕地保护、水和环境保护等一系列制度建设。早在 2007 年，胡锦涛同志在十七大报告中就指出，要完善有利于节约能源资源和保护生态环境的法律和政策。③ 在全党开展和实行行政问责制、一票否决制，把环境保护工作常态化、长效化，推进生态文明建设。胡锦涛同志始终站在人与自然互相依存、和谐共生的高度看待人类的未来和生态问题。总之，保护自然就是保护人类，建设自然就是造福人类。

再次，树立科学发展观。传统式粗放型经济增长方式已经严重损耗了

---

① 胡锦涛 . 坚定不移沿着中国特色社会主义道路前进 为全面建成小康社会而奋斗：在中国共产党第十八次全国代表大会上的讲话 [M]. 北京：人民出版社，2012：89.

② 胡锦涛 . 坚定不移沿着中国特色社会主义道路前进 为全面建成小康社会而奋斗：在中国共产党第十八次全国代表大会上的讲话 [M]. 北京：人民出版社，2012：39.

③ 胡锦涛 . 高举中国特色社会主义伟大旗帜 为夺取全面建设小康社会新胜利而奋斗：在中国共产党第十七次全国代表大会上的讲话 [M]. 北京：人民出版社，2007：24.

中国资源能源和环境容量。胡锦涛同志强调，必须以人为本，把节约资源作为保护生态环境的根本之策，树立全面、协调、可持续的发展观，只有转变经济发展方式，才能减少环境污染，解决自然资源紧缺问题。加强生态建设，是一件利国利民的大事，要转变经济发展方式。特别是针对农村面临的环境问题，提出要发展循环农业、生态农业，胡锦涛同志提出了社会主义新农村建设要求，极大改善了农村生态环境。为此，还通过农业科技体制改革，实施节约型农业和循环农业，既提高了农业产品转化成果效率，又极大节约了大量资源，转变了农业增长方式。这一时期，中国对农村建设的重视提到了前所未有的高度，走出一条中国特色农业现代化道路，实现自然生态和社会经济的良性循环。

最后，坚持依靠群众、依靠科技、依靠改革，提高生态文明建设成效。胡锦涛同志提出，建设资源节约型社会离不开人民群众的共同努力，他认为，在经济发展过程中要倍加爱护和保护自然，尊重自然规律。只有人与自然和谐发展起来了，才能保证经济平稳较快增长。胡锦涛同志多次强调统筹人与自然和谐发展，对生态文明建设的认识已然迈向了一个更高的台阶。

五、成熟阶段："人与自然和谐共生的现代化"

随着中国经济社会发展不断深入，以习近平同志为核心的党中央对马克思主义自然观的认识日益深刻，并形成了习近平生态文明思想这一重要的成果。"中国现代化是绝无仅有、史无前例、空前伟大的。现在全世界发达国家人口总额不到十三亿，十三亿人口的中国实现了现代化，就会把这个人口数量提升一倍以上。走老路，去消耗资源，去污染环境，难以为继！"① 从2012年党的十八大召开至今，经过积极探索和不断实践，中国共产党对人与自然共生的内在关系和发展规律深入认识、立意高远、内涵丰富，进一步明确提出了与人的发展与保护生态环境方面的重要论述，创

---

① 中共中央文献研究室．习近平关于社会主义生态文明建设论述摘编 [M]．北京：中央文献出版社，2017：3-4.

造性地发展了马克思主义关于人与自然辩证关系思想重要理论，是对马克思主义唯物论与辩证法的科学运用，对新时代生态文明建设具有重要的世界观与方法论意义。中国化马克思主义自然观已逐步成为完善的科学理论体系，逐步进入成熟发展期。

其一，"人与自然是生命共同体"的生态本体论。人与自然之间是互相依赖、互相作用的整体。当人类遵循自然规律合理地进行生产、开发、利用时，总会得到大自然的回馈；相反地，当人类站在自然界的对立面，无限制地掠夺自然时，就会受到更严峻的惩罚。而人类对自然界的毁坏最终会威胁到人类自身的生存和发展，这就是自然、人类、社会发展的一般规律。习近平总书记坚持和发展马克思主义自然观，在对待人与自然的矛盾关系上特别强调，"人与自然是一种共生关系"①，并时刻提醒人们要做到人与自然和谐发展，天人合一才能可持续发展，人类任何时候都不要试图征服和控制大自然。

其二，"绿水青山就是金山银山"的生态价值论。绿水青山既是人类生存的自然基础，也是人类社会发展的宝贵财富。人的命脉与田、水、山、土、树的命脉交织在一起，它们之间是一个有机的整体②，这个生命共同体就是人类生存发展的物质基础，是一笔既买不起也借不到的宝贵财富，要统一保护、统一修复。绿水青山既是自然财富，又是社会财富、经济财富。生态环境越来越珍贵，要节约资源、精心呵护，要确立"扬汤止沸，不如釜底抽薪"的观点。习近平总书记深刻指出："人类对大自然的伤害最终会伤及人类自身，这是无法抗拒的规律。"③ 他认为，绿色生态是最大财富、最大优势、最大品牌，也是人民群众健康的重要保障。推动经济社会发展全面绿色转型，就是要发掘良好生态的经济价值，促进生态价

---

① 中共中央文献研究室．习近平关于社会主义生态文明建设论述摘编［M］．北京：中央文献出版社，2017：11.

② 中共中央文献研究室．习近平关于社会主义生态文明建设论述摘编［M］．北京：中央文献出版社，2017：47.

③ 中共中央文献研究室．习近平关于社会主义生态文明建设论述摘编［M］．北京：中央文献出版社，2017：98.

值与经济价值相互转化，从而推动生态与经济双赢。

其三，"保护生态就是发展生产力"的生态生产力论。马克思认为，生产力即生产能力及其要素的发展①。首先，生态本身就是经济。发展脱离了生态环境就如无源之水、无本之木，失去了根基，发展经济无从谈起。习近平总书记强调，我们要打破旧的思维定式和条条框框，坚持保护生态就是发展经济，推动自然资本大量增值。② 其次，因地制宜选择好发展产业。把生态环境保护和发展对立起来是不全面的，他强调，"为了保护生态环境而不敢迈出发展步伐就有点绝对化了"③，要处理好经济发展与生态环境保护之间的辩证统一关系④。最后，创新发展思路、发展方式和发展模式。"要通过改革创新，让贫困地区的土地、劳动力、资产、自然风光等要素活起来。"⑤ 通过把生态环境转化为生态生产力，就会产生发展新动能，使生态资源资本化，推动经济快速提升。

其四，"良好的生态环境是最惠普的民生福祉"的生态民生论。优美的生态环境关乎老百姓的生存与发展，与人民群众休戚相关。21世纪以来，中国经济发展取得了历史性成就，但越来越凸显的生态环境问题，成为民生之患、民心之痛。"广大人民群众热切期盼加快提高生态环境质量。我们要积极回应人民群众所想、所盼、所急。"⑥ 习近平总书记盯住生态环境问题不放，把其作为突出的民生问题，关系人民福祉和关乎民族未来。在空气污染问题上，习近平总书记引用白居易在《长恨歌》中的诗句"回

① 中共中央马克思恩格斯列宁斯大林著作编译局 . 马克思恩格斯文集：第 7 卷 ［M］. 北京：人民出版社，2009：1000.
② 中共中央文献研究室 . 习近平关于社会主义生态文明建设论述摘编 ［M］. 北京：中央文献出版社，2017：21.
③ 中共中央文献研究室 . 习近平关于社会主义生态文明建设论述摘编 ［M］. 北京：中央文献出版社，2017：22.
④ 中共中央文献研究室 . 习近平关于社会主义生态文明建设论述摘编 ［M］. 北京：中央文献出版社，2017：23.
⑤ 中共中央文献研究室 . 习近平关于社会主义生态文明建设论述摘编 ［M］. 北京：中央文献出版社，2017：30.
⑥ 中共中央文献研究室 . 习近平关于社会主义生态文明建设论述摘编 ［M］. 北京：中央文献出版社，2017：113.

头下望人寰处，不见长安见尘雾"来阐述雾霾的严重性，指出"这既是环境问题，也是重大民生问题，发展下去也必然是重大政治问题"①。

其五，"生态兴则文明兴"的生态历史论。生态环境保护是一个长期目标任务，要久久为功。恩格斯曾在其札记中写道，"文明是一个对抗的过程。进步的各民族的文化遗留下来相当大的荒漠"②。由此可见，生态历史观理应是唯物史观的应有之义。习近平总书记强调，生态兴则文明兴。这一重要论述充分体现了我国领导人始终站在大历史观视野下看待生态文明，也体现了马克思主义生态历史观的科学性、发展性和实践性。这充分说明了习近平总书记站在历史的视野中发现问题、分析问题，并把生态问题与经济问题、社会问题和政治问题视为一个整体。③ 党的政治建设，需要总结党的历史经验，才能把握正确的发展分析。我们应该学会用大历史观的角度去正确对待和处理。总的来说，生态文明是人类文明存在和延续的前提和要求，而不是对工业文明的单纯超越和简单取代。习近平总书记引用古今中外的深刻教训告诫人们，人类的行为活动必须尊重自然界，如果僭越了自然界自身发展的规律，必然会遭受自然界的"报复"。

其六，"完善生态文明制度体系"的生态治理论。习近平总书记站在大生态观、大历史观的高度提出，要重视以法治理念、法治方式保护生态环境，并多次在关于生态环境保护会议上强调，完善和发展中国特色社会主义生态制度，一定要树立大局观、长远观、整体观，要算明白生态环境这本账。奉法者强则国强，奉法者弱则国弱。依靠最严格的制度、最严格的法治保护环境，是扭转生态环境恶化总趋势的可靠保障。在体制层面，

---

① 中共中央文献研究室. 习近平关于社会主义生态文明建设论述摘编［M］. 北京：中央文献出版社，2017：86.

② 恩格斯. 自然辩证法［M］. 中共中央马克思恩格斯列宁斯大林著作编译局，译. 北京：人民出版社，1984：311-312.

③ 中共中央文献研究室. 习近平关于社会主义生态文明建设论述摘编［M］. 北京：中央文献出版社，2017：5.

存在全民所有自然资源资产的所有权人不到位、所有权人权益不落实①的问题。要建立健全资源生态环境管理制度，"不仅要有立竿见影的措施，更要有可持续的制度安排"②。而对那些越雷池、踩红线的行为，释放出严加惩处的强烈信号，一追到底，决不能让制度规定成为"没有牙齿的老虎"。

除此之外，解决生态环境问题已然需要全世界地区共同积极加入，要加强推进"一带一路"建设，让生态文明的理念和实践成为国际共识。人与自然辩证统一是习近平生态文明思想的重要组成部分。解决人与自然的矛盾关系，是破解我国现代化建设发展难题的必由之路，更是满足新时代人民对美好生活需要的必然选择。③ 必须指出的是，这一思想不仅是对马克思主义自然观的继承和发展，也是对整个马克思主义理论的继承与发展。

新中国成立以来，中国共产党关于人与自然辩证关系的思想经历了不同历史时期逐步发展起来并已取得了较好的成果。内涵丰富的马克思主义自然观对当前研究马克思主义视域下农村生态文化产业及其发展具有重要的时代价值和现实意义。

综上所述，正是在马克思主义自然观的科学指导下，为当前农村生态文化产业及其发展研究提供了坚实的理论根基。理论来源于实践，而理论一旦形成独立的形态，又会反过来给实践以巨大的影响。马克思主义是指引人们改造世界的行动的"实践理论"④。本书将立足马克思主义自然观视域下对农村生态文化产业发展的现状、存在的问题、制约发展的障碍因

---

① 中共中央文献研究室．习近平关于社会主义生态文明建设论述摘编［M］．北京：中央文献出版社，2017：102.

② 中共中央文献研究室．习近平关于社会主义生态文明建设论述摘编［M］．北京：中央文献出版社，2017：107.

③ 黄承梁，燕芳敏，刘蕊，等．论习近平生态文明思想的马克思主义哲学基础［J］．中国人口·资源与环境，2021，31（6）：1-9.

④ 孙正聿．制度优势的理论根基［J］．马克思主义理论学科研究，2021，7（1）：49-59.

素、产业发展竞争态势、个案分析与比较及其策略建议等方面深入探讨和研究,从而破解农村经济在实践推进中遇到的困境与难题。

伴随着工业革命时期经济高度发展而出现的全球性生态环境危机,再次引发了人们对经济增长与自然环境关系的深度反思。正如著名历史学家 A. 汤因比所言,"人类通过求生走向毁灭"。只有辩证对待两者关系,人类与自然界才能持续生存下去。马克思主义自然观为马克思主义自然观视域下农村生态文化产业发展策略研究提供了理论依据。实践需要完善的理论支撑,才能推动具体研究的实施,理论和实践证明了经济的可持续发展在于人的自由发展与自然的可持续。

第三节　马克思主义自然观与农村生态文化产业发展的关系

马克思主义自然观是指导人们正确认识和改造自然的科学理论。马克思主义自然观内含着科学的生态哲学,彰显了丰富的生态思想。自然界是一个完整有机的生态系统,发展农村生态文化产业,必须把社会效益放置于其他效益之上,决不能破坏这个生态系统。

一、马克思主义自然观为农村生态文化产业发展提供了理论指导

马克思主义自然观具有科学性、发展性、实践性。人与自然辩证统一是马克思恩格斯超越形而上学,站在历史的高度对人的发展、自然客观规律的科学认识。恩格斯认为形而上学把各种自然物和自然过程看成孤立、对立的观点,将会产生错误的认识,导致无法摸清事物的内部联系,"因为它看到一个一个的事物,忘记它们互相间的联系"[1]。可以说,马克思主义关于自然及人与自然关系的理论,清晰地表明了我们应当以发展的眼光

---

[1] 中共中央马克思恩格斯列宁斯大林著作编译局. 马克思恩格斯选集:第3卷 [M]. 北京:人民出版社,2012:792.

看待人与自然之间的相互关系，坚持辩证统一的科学方法，这也是本书研究的根本立足点。在"自然—人—社会"的动态系统中，我们应当树立大历史观，运用辩证唯物主义，把握好人与自然之间的关系。农村生态文化产业是解决人与自然之间矛盾关系的重要途径，必须坚持历史唯物主义与辩证唯物主义的科学方法。

新格局下农村生态文化产业及其发展是基于马克思主义自然观视域下审视人类与自然之间的辩证关系。一方面，马克思主义自然观从理论基础层面主要包括马克思恩格斯自然观、中国化马克思主义自然观，这些理论基础为下文的研究进展提供了重要的理论支撑；另一方面，继承和发展马克思主义自然观，是在尊重自然、顺应自然、保护自然的生态文明理念的引领下，挖掘农村良好自然生态的经济价值。绿水青山成为经济财富，是应对我国资源紧缺、人与自然矛盾加剧恶化、环境污染严重等一系列生态危机的重要举措，对农村经济发展有着积极的作用和影响。

二、人与自然和谐共生是对马克思主义自然观的继承与发展

人与自然和谐共生是客观存在的一般规律，是指人与自然之间具有系统发生和协同进化的关系。① 从本质上看，人与自然和谐共生是为了缓解人类生存面临的生态矛盾，实现"人类与自然的和解"，最终促进人的发展。马克思主义自然观是从唯物辩证立场出发，关于人与自然的关系、人与人的关系及人与社会的相互关系的基本观点。近代工业化大机器生产使得自然生态环境破坏严重，贪婪的资本家沉迷于对"资本"的"崇拜"，进而对工人阶级进行无止境的剥削、压榨，在这种制度下严重加剧了对人类生存的生态环境的破坏。在马克思恩格斯看来，人类对自然的无畏索取必将带来毁灭性的巨大灾难。若想从根本上解决工业化生产对自然界的破坏，唯有通过革命性变革，改变资本主义制度下的生产方式，去除其不合理性和劣质性。只有通过制度变革，转变人们的生产实践方式，才能实现

---

①　张云飞. 建设人与自然和谐共生现代化的创新抉择 [J]. 思想理论教育导刊, 2021 (5)：62-68.

人类自由，人类才能与自然界建立一种长久稳定的、和谐共生的关系，人类才会有更加美好的未来。中国特色社会主义进入新时代，党的十九大报告提出"坚持人与自然和谐共生"，这为科学认识人与自然、人与社会、人与人之间的相互关系指明了正确的方向。

三、发展农村生态文化产业是促进人与自然和谐共生的应有之义

习近平总书记指出："我们要建设的现代化是人与自然和谐共生的现代化。"[①] 人与自然和谐共生的现代化，是新时代中国式现代化的应有之义。农村生态文化产业及其发展旨在缓解当前人类与自然的生态矛盾，开发出优质化、多样化的生态产品与体验式服务，发挥生态优势，让良好生态成为具有竞争力的生产要素。

首先，发展农村生态文化产业，能够缓解人与自然矛盾关系。农村生态文化产业在发展过程中以资源消耗最小化、资源循环利用最大化为主，彰显出生态绿色的鲜明特征和优势，并以绿色 GDP 来衡量产业经济增长的质量，以美好人类生存环境为终极目标。推动农村生态文化产业的蓬勃发展，一方面有利于激活农村"沉睡资源"，激发生态文化内涵和生态资源附加值，提高资源利用率；另一方面有利于促进产业结构调整、转变经济发展方式和推动农村经济又快又好发展。罗尔斯顿提出，那种认为大自然是一个不可枯竭的资源场的理想可能是一个幻想。[②] 发展农村生态文化产业，既让人们在经济转型的过程中享受生态文化发展的成果，也顺应了生态文明社会发展的要求，是实现绿色崛起的重要举措。

其次，发展农村生态文化产业，能够积极促进和传播生态文化软实力。习近平总书记指出，文化产业所具有的意识形态属性是本质属性。[③] 多样化的生态文化产品、生态文化活动与生态文化服务在很大程度上弘扬

---

① 习近平. 决胜全面建成小康社会　夺取新时代中国特色社会主义伟大胜利［M］. 北京：人民出版社，2017：56.

② 罗尔斯顿. 环境伦理学［M］. 杨通进，译. 北京：中国社会科学出版社，2000：23.

③ 张晓松，朱基钗，杜尚泽. 坚守人民情怀，走好新时代的长征路——习近平在湖南考察并主持召开基层代表座谈会纪实［N］. 人民日报. 2020-09-21（1）.

和传播了生态文化，向消费者及公众普及生态环境知识，自觉尊重自然、保护生态环境，并维护和利用人类生产生活过程中的生态权益。农村生态文化产业是以市场需求为导向、根植于农村发展起来的一种新兴产业形态，通过科学合理布局产业规划，盘活农村宝贵的生态文化资源，使资源变成资产和财富，助推文化振兴和生态振兴。

最后，农村生态文化产业以人与自然和谐发展为导向，增强农民群众的获得感和幸福感。近些年来，中国农村人口流动较快，通过农村生态文化产业的发展不但就地吸纳村中剩余劳动力，使村民从传统农业中解脱出来并转型为文化从业者，而且使村民转变生计方式，积极参与生态文化产品生产、流通、消费、售后等各个产业链，获取生态文化产业带来的生态红利和经济红利，拓宽了家庭收入渠道，增加了收入来源，不再局限于农耕经济，而是成为新时代下新农村"文化能人"，极大提高了村民的获得感、幸福感。

可见，从整体上把握马克思主义自然观与农村生态文化产业发展的内在关系，更能探寻目前农村生态文化产业及其发展的整体面貌，为下文对其发展现状、存在问题及成因分析提供理论指导。当前形势下，中国农村产业迎来了难得的发展机遇。因此，发展农村生态文化产业是乡村振兴战略下生态文明建设新的增长点，是建设美丽中国和美丽休闲乡村的重要抓手。我们应当抓住当下发展机遇，发挥农村生态文化产业的独特优势和作用，激活生态消费的市场需求，推进乡村全面振兴，最终实现人与自然和谐共生的现代化。

第三章

马克思主义自然观视域下农村生态文化产业发展的现状及存在问题

中国特色社会主义进入新时代，我国产业结构升级和绿色经济崛起，推动了农村生态文化产业及其发展。在农村产业化进程中处理好人与自然、生态与发展之间的关系，是当前农村经济建设面临的重要课题。农村生态文化产业作为一种生态绿色产业，在促进人与自然和谐共生、推动乡村产业绿色发展、生态文化传承与保护等方面起着极其关键的作用，其发展创新是中国产业结构升级、实现美丽中国建设的必然选择。本书从马克思主义自然观的视角探究现阶段不同区域农村生态文化产业发展现状，厘清农村生态文化产业面临的发展困境，以及制约产业发展因素的内在成因，进而找出农村生态文化产业发展过程中的重点与难点、关键点与亮点，从而提出可行的发展策略。

第一节　农村生态文化产业发展的现状

近年来，在推动生态文明建设进程中，随着生态与文化的融合，催生了生态文化产业。农村生态文化产业既是一种生态产业形态，又兼属文化产业形态，在促进人与自然和谐共生、推动乡村产业绿色发展、生态文化传承与保护等方面起着关键的作用，其发展创新是中国产业结构升级、实现美丽中国建设的必然选择。中国农村地区拥有得天独厚的绝佳生态资源，受地质、地貌、水体、气候等自然地理条件的影响，由山水、林田、湖草等要素组成的自然生态资源形态各具特色，为农村生态文化产业及其发展提供了重要的资源基础。农村生态文化产业作为农村生态文化建设的重要组成部分，遵循市场经济规律和文化发展规律，为农村经济发展注入新动能。

一、农村生态文化产业发展的总体状况

（一）农村生态文化产业发展呈现持续增长态势

随着加快建设美丽乡村的步伐，生态文化、生态意识、生态道德等生态文明理念日益深入人心。当前，寻求一条人与自然和谐共生的发展之路是新时代农村经济发展的基本前提。森林文化、竹文化、茶文化、花文化、生态旅游、休闲养生等生态文化产业，正在成为最具发展潜力的就业空间和普惠民生的新兴产业。① 我国在农村生态文化产业实践中不断探索，并取得了较好的成绩。一是积极打造健康疗养、假日休闲等农村生态文化服务业；二是加快建设优质规范的生态文化教育、科普、体验基地和生态科普展览馆等农村生态文化公共服务业；三是重点推动农村生态文化旅游产业，依托多种类型、各具特色的森林公园、湿地公园、养生基地、生态文化村和民族生态文化原生地等众多载体，拓展农村生态文旅相关行业。此外，随着生态文明建设、乡村振兴推动和实施，全国各地农村依托当地资源禀赋，涌现出以休闲度假、旅游观光、智慧康养、创意农业、农耕体验等内容为主的农村生态文化产业新业态、新模式。可见，中国农村生态文化产业已初具规模并发展迅速，呈现持续增长态势。

（二）农村生态文化产业精品工程崭露头角

美丽乡村建设为农村生态文化产业提供了发展新契机，不断涌现出精品工程。预计到 2025 年，将推介 1500 个中国美丽休闲乡村。美丽休闲乡村促进了农村生态文化精品品牌化、高端化，譬如，在西北和西南地区，四川省成都市郫都区友爱镇农科村打造以生态休闲、观赏、旅游为主的乡

---

① 国家林业局.中国生态文化发展纲要（2016—2020 年）［EB/OL］.国家林业和草原局政府网，2016-04-07.

村生态旅游精品工程；西藏自治区拉萨市堆龙德庆区乃琼镇岗德林村是第一批全国"一村一品"示范村镇，打造以生态农业与民族特色相结合的生态旅游产业园；青海省西宁市大堡子镇陶北村重点培育和建设了一大批民族生态文化特色品牌，有民族生态文化旅游区、民族生态文化遗产保护挖掘整理基地、民族生态文化演艺基地、民族生态文化工艺品生产基地、民族生态文化艺术摄影基地和民族生态文化绝技绝活基地等。这些农村生态文化精品工程有效促进了农民增收。云南省丽江古城区，早在1986年就被国务院列为中国历史文化名城，蕴含着丰富的民族原生态文化，如原汁原味的纳西古乐、被称为"活着的象形文字"的东巴文、壁画等。民族生态文化精品工程已成为民族地区农村经济的增长点。在广西壮族自治区，通过举办各类民族生态文化节会、展会、歌舞表演等传统生态文化产业业态，出现了一批拥有自主知识产权的国际知名品牌产业，如世界瑶都生态养生文化节，产业规模较大，市场竞争优势较明显。在东南地区，如广东省湛江市以"生态+文化+旅游"为思路打造生态文化产业品牌，创造了一批以粤西生态文化"陶鼓舞"为主的农村民俗生态文化特色品牌，并被中央电视台《乡村采风》节目摄制为新闻展播，在全国范围产生了较大的积极影响。

（三）农村生态文化产业业态呈现多样化

实施休闲农业和乡村旅游精品工程，发展乡村共享经济等新业态，推动科技、人文等元素融入农业①，这极大地激发了农村生态文化的潜能，并催生了农村"生态+"文化产业新业态的涌现。中国农村地区生态文化资源丰富，民俗文化底蕴深厚，保留了原始粗犷的自然面貌和神秘多彩的民俗文化，非物质文化遗产得天独厚，推动了农村生态文化产业形态多样化。这既是检验农村生态文化产业是否适应文化市场发展和满足人们迫切需求的必然要求，同时也是农村生态文化产业健康持续发展的现实需要。总体来说，一是以生态休闲为主导的农村生态文化旅游业。农村生态文化

---

① 张勇.《乡村振兴战略规划（2018—2022年）》辅导读本 [M]. 北京：中国计划出版社，2019：217.

旅游业依托各地资源禀赋正蓬勃发展。目前在中国休闲农业旅游已经发展有 7 种模式 29 种类型（表 3-1 所示）。其中浙江省拥有 24 个示范县，数量排名第一，福建省和山东省拥有 33 个示范点，并列第一，已成为中国农村经济发展的重要产业。① 二是以生态涵养和文化体验为主的生态文化教育基地。近年来，我国重视和加强对生态文化基础设施的建设，提供了良好的发展条件。三是以生态演艺为主的农村生态演艺业方面。全国各地农村生态演艺业内容丰富、形式各异，以不同主题为内容的节目形式有效传播了生态文化理念。四是以生态休闲融合养老服务为主的农村生态康养业。目前，农村生态康养业已成为农村新功能和新价值探索发展的重要方向。除此之外，近年来国家对承载生态文化的载体采取相应措施，对森林、特色村寨、古民居、古村落的古树名木进行抢救保护，不断挖掘、继承和传播历史文化遗产的生态价值。

表 3-1　中国休闲农业和乡村旅游现有模式及其类型

序号	模式	类型
1	田园农业旅游模式	田园农业游、园林观光游、农业科技游、务农体验游
2	民俗风情旅游模式	农耕文化游、民俗文化游、乡土文化游、民族文化游
3	农家乐旅游模式	农业观光农家乐、民俗文化农家乐、民居型农家乐、休闲娱乐农家乐、食宿接待农家乐、农事参与农家乐
4	村落乡镇旅游模式	古民居和古宅院游、民族村寨游、古镇建筑游、新村风貌游
5	休闲度假旅游模式	休闲度假村、休闲农庄、乡村酒店
6	科普教育旅游模式	农业科技教育基地、观光休闲教育农业园、少儿教育农业基地、农业博览园
7	回归自然旅游模式	森林公园、湿地公园、水上乐园、露宿营地、自然保护区

资料来源：根据中华人民共和国农业农村部网站的相关资料整理所得。

---

① 农业农村部. 全国乡村产业发展规划（2020—2025 年）[EB/OL]. 中华人民共和国农业农村部，2020-07-09.

（四）农村生态文化建设基础保护力度不断加强

农村生态文化建设基础是传播生态文化科学知识和精神的重要阵地，是农村生态文化建设的重要组成部分，全国大部分农村都开始注重建设村寨文化馆、村寨博物馆、生态文化教育基地等生态文化基础设施建设。要借美丽乡村建设的重要时机，加大生态建设和保护力度，为农村生态文化产业建设奠定坚实基础。譬如，契合美丽乡村建设机遇，广西壮族自治区全力打造"山清水秀生态美"亮丽品牌，其中浦北县北通镇清湖村、梧州藤县道家村、田阳县百育镇九合村等多个村镇获得"全国生态文化村"荣誉称号。除此之外，2005年建设农家书屋工程以来，全国以行政村建成的乡村文化"加油站"农家书屋数量不断增加（图3-1所示），截至2012年，已高达600449家，为夯实农村文化建设提供了重要场所。国家还特别重视以森林为载体的物质生态文化产业，并在各级县域和地方开展"森林县城""森林乡镇""森林村庄"创建评选活动，推动农村生态文化建设，使农村走向绿色发展之路。

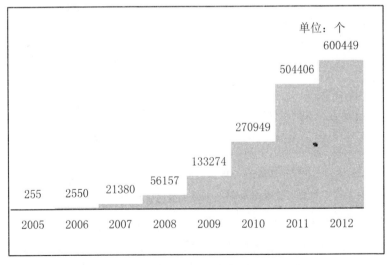

图3-1 农家书屋工程建设形势图

数据来源：根据"十一五"规划相关资料整理所得。

（五）农村生态文化产业带动了其他产业发展

近年来，在全面推动乡村振兴战略背景下，推动了农村产业深度融合发展。农村生态文化产业能够跨界融合，归因于农村生态文化产业具有生态文化渗透性功能。通过"文化+生态+"与创意、旅游相结合，以"科技+创意+"切入引领，推动农村生态文化产业与其他发展深度融合、跨界融合，并取得了较好的成绩，已然成为当前乃至今后乡村经济发展的强大助推器。根据2012年以来文化和旅游部发布的市场数据统计（图3-2所示），农村生态文化产业与旅游产业借助资源优势、技术优势、要素互动优势耦合发展，两者的融合既促进了当地区域经济发展，又弘扬了生态文化，从而提升了中国生态文化"软实力"。

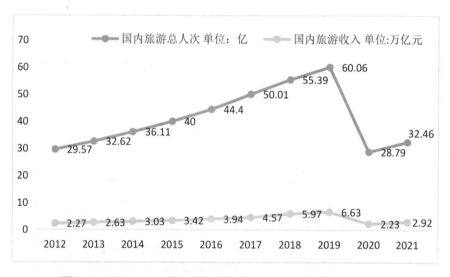

图3-2 2012—2021年中国国内旅游总人次与旅游收入统计情况

数据来源：根据文化和旅游部发布的市场数据整理所得。

当然，农村生态文化产业与其他产业多元融合并不是简单的交错叠加，而是通过激发生态文化新活力，用好生态智慧，使生态要素、文化要素与多种产业载体结合，并根据自身形态进行相应的变革，从而形成文化新业态、新模式。中国多地区已形成了较大规模的农村生态文化产业，并取得了明显的经济效应。譬如,资源丰富的湖南张家界地区通过打造出众的、独特的、多样化的生态演艺品牌及文化活动精品(表3-2所示),传递了乡村自然风光之美、民族文化之美,实现了自然生态与文化旅游的同步发展。甘肃省建设生态宜居美丽文明小康村,大力发展农村生态文旅产业带动其他产业发展,不断增强了人民群众获得感、幸福感、安全感。生态旅游与文化之间的融通互动,增强了生态旅游的文化体验。① 可知,农村生态文化产业纵横联合和深度交融极大地带动了生态农业产业化开发与扶贫事业。

表3-2 张家界地区生态演艺品牌及文化活动精品

生态演艺品牌	魅力湘西、天门狐仙、千古情、天子山传奇等
文化活动精品	千人茅古斯、翼装飞行、桑植民歌节、黄龙音乐季、张家界国际旅游诗歌节等

资料来源:根据张家界市文化旅游广电体育局网站相关资料整理所得。

二、农村生态文化产业发展的相关政策

农村生态文化产业是提供优质的生态文化产品和生态文化服务的综合性产业。马克思认为,"宗教、家庭、国家、法、道德、科学、艺术等,都不过是生产的一些特殊的方式,并且受生产的普遍规律的支配"②。中国农村生态文化产业是在加快生态文明建设和实施乡村振兴战略背景下发展起来的,遵循文化产业发展特点和普遍规律。中共中央、国务院及部(委)层面的相关文化政策与农村生态文化产业发展有着直接的重要关联。

近些年来,中国农村生态文化产业规模由小变大、由点及面爆发式发展,农村文化产业的市场规模平均增速大约为7.9%,整体上保持着良好的增长态势。从2005年国家文化体制改革试点向全国推广至今,已长达

---

① 徐克勤,田代武,张建永,等. 打造武陵山片区民族特色生态文化旅游支柱产业研究 [J]. 民族论坛,2016(1):37-51.
② 中共中央马克思恩格斯列宁斯大林著作编译局. 马克思恩格斯文集:第1卷 [M]. 北京:人民出版社,2009:186.

18 年时间，中国农村文化产业管理体制经历了由国家主导、市场与政府相结合走向由市场内生性推动的长期发展过程。2007 年党的十七大报告提出，要统筹城乡发展，推进社会主义新农村建设。2012 年文化部（今中华人民共和国文化和旅游部）印发《"十二五"时期文化改革发展规划》，提出推动文化产业成为国民经济支柱性产业，培育一批特色文化产业乡镇和文化产业特色村。各地区政府结合农村生态资源优势，大力发展农村生态文化产业。自 2009 年以来，由中国生态文化协会组织，至今长达 12 年之久，先后宣传推广 9 批"全国生态文化村"938 个，以期把这类行政村村民生活富裕、人与自然和谐、典型示范作用突出等优秀成绩向全国进行广泛传播。全国生态文化村的评选带动了农村生态文化建设，为产业发展提供了良好条件。总之，农村生态文化产业发展与中央政策息息相关。基于国家文化体制改革，本书以 2005—2022 年为时间维度，对中共中央、国务院国家相关部门发布与农村生态文化产业发展相关的重要政策和法规进行系统梳理（表 3-3 所示）。

表 3-3　农村生态文化产业发展相关政策文件一览表

序号	时间	文件	发文单位	相关主要内容
1	2005 年 10 月	《中共中央关于制定国民经济和社会发展第十一个五年规划的建议》	中共中央	大力发展农村公共事业
2	2005 年 11 月	《关于进一步加强农村文化建设的意见》	中共中央、国务院	加强乡村文化设施建设。加大文化资源向农村的倾斜
3	2005 年 12 月	《关于推进社会主义新农村建设的若干意见》	中共中央、国务院	鼓励农民兴办文化产业
4	2006 年 1 月	《关于深化文化体制改革的若干意见》	中共中央、国务院	加大农村文化基础设施建设投入，大力推进文化产业升级

序号	时间	文件	发文单位	相关主要内容
5	2006 年 3 月	《中华人民共和国国民经济和社会发展第十一个五年规划纲要》	中共中央	发展农村文化事业
6	2006 年 9 月	《国家"十一五"时期文化发展规划纲要》	中共中央、国务院	加强农村文化建设,推进农村文化设施和重点工程建设
7	2006 年 10 月	《中共中央关于构建社会主义和谐社会若干重大问题的决定》	中共中央	推动文化事业和文化产业共同发展,完善文化产业政策
8	2007 年 8 月	《关于加强公共文化服务体系建设的若干意见》	中共中央、国务院	实施重大公共文化服务工程
9	2007 年 10 月	《中国共产党第十七次全国代表大会报告》	中共中央	大力发展文化产业,加快文化产业基地和区域性特色文化产业群建设
10	2008 年 10 月	《中共中央关于推进农村改革发展若干重大问题的决定》	文化部	社会主义文化建设是社会主义新农村建设的重要内容和重要保证
11	2009 年 10 月	《乡镇综合文化站管理办法》	文化部	各级人民政府应对少数民族地区、边远贫困地区的文化站建设予以重点扶持
12	2010 年 12 月	《文化部关于进一步加强文化市场管理工作的若干意见》	文化部	依法对文化产品进行内容审查
13	2011 年 10 月	《中共中央关于深化文化体制改革 推动社会主义文化大发展大繁荣若干重大问题的决定》	中共中央	推动文化产业成为国民经济的支柱性产业

续表

序号	时间	文件	发文单位	相关主要内容
14	2012 年 5 月	《国家"十二五"时期文化改革发展规划纲要》	文化部	培育一批特色文化产业乡镇和文化产业特色村
15	2012 年 11 月	《中国共产党第十八次全国代表大会报告》	中共中央	繁荣发展少数民族文化事业
16	2014 年 3 月	《公共文化服务体系建设协调机制工作方案》《基本公共文化服务标准化试点工作方案》	文化部	由文化部、中宣部、中央编办、中央文明办、国家发改委、教育部等多个部分组成，共同推动公共文化服务体系建议
17	2014 年 8 月	《关于推动特色文化产业发展的指导意见》	文化部、财政部	建设一批文化特点鲜明和主导产业突出的特色文化产业示范乡镇、特色文化街区、特色文化乡村
18	2015 年 1 月	《关于加快构建现代公共文化服务体系的意见》	中共中央、国务院	增强公共文化服务发展动力，推动文化事业和文化产业协调发展
19	2015 年 4 月	《关于加快推进生态文明建设的意见》	中共中央、国务院	在保护生态环境的前提下，加快发展乡村旅游休闲业
20	2015 年 12 月	《关于落实发展新理念加快农业现代化 实现全面小康目标的若干意见》	中共中央、国务院	大力发展休闲农业和乡村旅游
21	2017 年 2 月	《文化部"十三五"时期文化发展改革规划》	文化部	打造特色文化产业群
22	2017 年 3 月	《中华人民共和国公共文化服务保障法》	第十二届全国人大常委会第二十五次会议	提供公共文化服务的建筑物、场地和设备

续表

序号	时间	文件	发文单位	相关主要内容
23	2017 年 4 月	《文化部"十三五"时期文化科技创新规划》	文化部	推动中西部地区走差异化和跨越式发展道路，培育壮大区域特色经济和新兴产业
24	2017 年 5 月	《国家"十三五"时期文化发展改革规划纲要》	中共中央、国务院	支持中西部地区、民族地区、贫困地区发展特色文化产业
25	2017 年 6 月	《服务业创新发展大纲（2017—2025 年）》	国家发改委	服务业内涵更加丰富、分工更加细化、业态更加多样、模式不断创新
26	2017 年 10 月	《中国共产党第十九次全国代表大会报告》	中共中央	推动文化事业和文化产业发展
27	2018 年 2 月	《关于实施乡村振兴战略的意见》	中共中央、国务院	实施休闲农业和乡村旅游精品工程，丰富农村文化业态
28	2018 年 9 月	《乡村振兴战略规划（2018—2022 年）》	中共中央、国务院	发展乡村特色文化产业
29	2019 年 9 月	《国务院关于促进乡村产业振兴的指导意见》	国务院	优化乡村休闲旅游业
30	2020 年 1 月	《中共中央 国务院关于全面推进乡村振兴加快农业农村现代化的意见》	中共中央、国务院	构建现代乡村产业体系
31	2020 年 7 月	《全国乡村产业发展规划（2020—2025 年）》	农业农村部	发展产业内涵丰富、类型多样的产业
32	2020 年 10 月	《中共中央关于制定国民经济和社会发展第十四个五年规划和二〇三五年远景目标的建议》	中共中央	加快发展新型文化企业、文化业态、文化消费模式

序号	时间	文件	发文单位	相关主要内容
33	2020 年 12 月	《中共中央 国务院关于实现巩固拓展脱贫攻坚成果同乡村振兴有效衔接的意见》	中共中央、国务院	支持脱贫地区乡村特色产业发展壮大
34	2021 年 4 月	《"十四五"文化和旅游发展规划》	文化和旅游部	大力发展乡村特色文化产业，文化产业赋能乡村振兴计划
35	2021 年 5 月	《"十四五"文化产业发展规划》	文化和旅游部	发展乡村特色文化产业
36	2022 年 2 月	《中共中央 国务院关于做好 2022 年全面推进乡村振兴重点工作的意见》	中共中央、国务院	启动实施文化产业赋能乡村振兴计划
37	2022 年 3 月	《关于推动文化产业赋能乡村振兴的意见》	文化和旅游部、教育部、自然资源部及其他部门	建成一批特色鲜明、优势突出的文化产业特色乡镇、特色村落。传承弘扬茶、中医药、美食等特色文化，开发适合大众康养、休闲、体验的文化和旅游产品
38	2022 年 10 月	《中国共产党第二十次全国代表大会报告》	中共中央	发展乡村特色产业

资料来源：根据中共中央、国务院、部（委）及相关部门发布的与农村文化产业及农村生态文化产业政策有关的文件材料整理而成。

从上述资料整理来看，中国政府及相关部委大力加强农村文化建设、农村文化产业等与农村生态文化产业相关方面的顶层设计，相继出台了一系列与农村生态文化建设及产业发展相关的政策性文件和发展规划。可知，农村生态文化产业在国家政策的支持下逐渐发展起来，为农村生态文化产业发展指明了正确方向，提供了有效的政策保障。

首先，农村生态文化产业及其发展离不开国家政策对"三农"方面的大力支持。"文化产业发展需要市场需求拉动、社会供给推动和政府政策牵动三个基本要素的综合作用。政府政策作为外在影响因素，是影响文化产业发展的最大变量。"① 国家层面颁布的政策与法规促进了资本进入农村生态文化产业的力度和强度，对农村文化产业整体格局及其发展方向有着较大的影响。现如今文化产业已成为中国经济发展的重要支柱产业之一，新世纪以来，中央一号文件连续19次聚焦"三农"领域（图3-3所示）。可知，有巨大发展空间和潜力的农村是可以大有作为的。2016年中央一号文件明确提出了贯彻落实创新、协调、绿色、开放、共享的新发展理念，大力推进农业现代化。在新发展理念引领下，农村生态文化产业作为它们融合交汇的重点领域，逐渐成为发展快、创新多的绿色产业。其次，农村生态文化产业的发展离不开农村生态文化建设。2015年《关于加快推进生态文明建设的意见》提出，坚持把培育生态文化作为重要支撑。农村生态文化建设通过文化"铸魂"，为农村产业及其发展提供强大精神动力。在生态文化理念引领下，依托农村生态资源，全面推进乡村振兴，拓展休闲观光、生态康养、森林旅游等生态文化产业，为农村生态文化产业及其发展提供了方向和指南。最后，发展农村生态文化产业，积极促进和赋能乡村文化、生态、产业振兴。农村生态文化产业是实现社会效益优先、生态效益与经济效益相结合的经济形态，以缓解人与自然的紧张矛盾为基本立足点，以期实现乡村"产业兴旺、生态宜居、乡风文明、治理有效、生活富裕"的新图景。

---

① 王景云. 战后美国文化产业政策维护国家安全的实践及启示［J］. 国外社会科学，2016（2）：93-99.

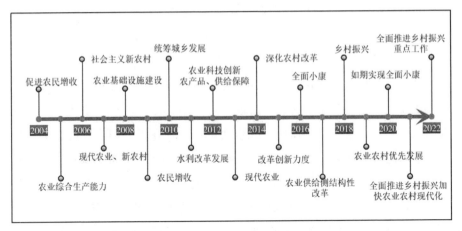

图 3-3 2004—2022 年中央一号文件关键词一览图

资料来源：根据 2004—2022 年中央一号文件整理所得。

第二节 农村生态文化产业发展存在的主要问题

改革开放以来，特别是在国家实施乡村振兴、美丽中国以及脱贫攻坚三大战略的推动下，中国农村发生了翻天覆地的巨大变化。依靠得天独厚的生态优势和特色鲜明的文化资源，在生态生产力和文化生产力的双重作用下，农村生态文化产业激发出很强的经济活力，并呈现出由点到线及面的趋势。2017 年以来，农村生态文化产业及其发展已成为乡村振兴的重要途径，并取得了较为显著的成效，并在一定程度上促进了农民增收致富，大大提高了农民收入水平（图 3-4 所示）。至 2021 年，农村居民收入整体上较快增长，全年农村居民人均可支配收入 18931 元，比上年实际增长 9.7%，快于城镇 2.6 个百分点。①

目前，农村水资源、森林资源、矿产资源等自然生态资源和生态文化

---

① 国家统计局. 中华人民共和国 2021 年国民经济和社会发展统计公报 [EB/OL]. 国家统计局，2022-02-28.

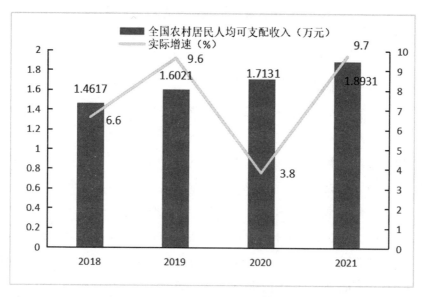

图 3-4 2017—2021 年全国农村居民人均可支配收入、实际增速统计图

资料来源：根据国家统计局相关资料整理所得。

资源的保护与开发，以及广大消费者对生态产品和生态文化产品与服务的高附加值，仍是未来较长时期内农村生态文化产业发展过程中应当重点思考的问题。实践证明，我国农村地区地域辽阔，各地农村经济、生态和文化具有显著的差异性。因此，从总体来看，我国农村生态文化产业及其发展起步较晚，还没有形成较完备的产业链、价值链及创新链，无论是涉及人们认知的层面还是产业发展的要素层面、生产层面、消费层面及政策环境等其他层面，尚未健全完善，产业发展创新还有很大的空间。各地区农村由于经济发展程度不同，资源禀赋各具形态，思想意识、发展理念各有差异，导致农村地区生态文化产业发展较不均衡，有着明显的区域差异性。东部农村生态文化产业发展水平普遍超过西部地区农村生态文化产业的发展水平。但从整体上来说，农村生态文化产业作为新型产业形态，还存在着许多亟须解决的重要问题。这些问题是国家层面、产业层面、消费者层面以及社会层面等多层面共同作用的结果。笔者通过对实地进行田野调查、深度访谈和查阅大量相关资料，总结出当前农村生态文化产业及其发展主要存在的问题是多方面因素长期累积起来的，很有必要对其进行深入挖掘与探讨。

一、生产者层面

生产者层面表现为农村生态文化产业及其发展要素尚不齐备，特别是在基础性要素方面。本书考察农村生态文化产业发展的基础性要素主要在自然生态要素和生态文化要素两方面。具体表现为：生态资源出现未开发或过度利用，造成生态资源浪费的不良后果，甚至会出现严重的生态危机；生态文化资源开发利用过度，容易导致文化生态失衡。在生态生产力和文化生产力的双重作用下，农村生态文化产业能够激发出较强的经济活力，实现产业脱贫。[①] 然而，企业主体或经营者在开发、生产及其投入过程中，往往不能兼顾产业的经济效益和生态效益。具体体现在对生态文化保护和利用不合理，缺乏生态文化意识；对生态自然资源、民族特色生态资源开发与挖掘不深入，只停留在对基础资源要素的表层下功夫。除此之外，从事生产的企业大多数由一般传统文化产业经营者转型组建，而专业性人才队伍极度缺乏，阻碍了农村生态文化产业快速发展。

生产者层面还表现在农村生态文化产业的市场要素不健全，阻碍农村文化市场在资源配置中的作用。一方面，受到中国城乡二元结构体制的影响，农村与城市相比较，市场要素尚未激活，存在着明显的弱势和较大的差距，导致产业要素市场带动力与运作能力较弱；另一方面，农村生态文化产业链、创意链及价值链缺乏创新，产业结构性生产要素不健全，产业经营、生产、营销等各环节的技术创新力缺失，尚不能实现高品质供给，从而导致农村文化新业态单一化，产品营销网络建设不全或滞后，生态文化市场运作能力水平不高。构建完善的要素市场化配置体制机制，能够有

① 黄渊基，匡立波，贺正楚. 武陵山片区生态文化旅游扶贫路径探索：以湖南省慈利县为例［J］. 经济地理，2017，37（3）：218-224.

效促进产业发展要素间的协同互动和高效流动。① 可见，当前农村文化市场要素与国家经济政策调整的重要方向还存在着较大的差距。

二、消费者层面

消费者层面表现为高附加值的优质生态文化产品与生态文化服务供给不足，特别是生态文化市场拓展能力薄弱，无法满足人们的高层次生态文化需求和精神消费。主要体现在：一是国内市场方面，随着人们消费结构的提升，公众越来越不满足于传统意义上的物质消费和精神消费，从而转向多元化的生态消费。中国农村生态文化产业主要类型在前面章节已有详细描述，主要有农村生态文化工艺品制作业、农村生态文化演艺业、农村生态文化康养业及农村生态文化旅游业，其中以乡村生态旅游为代表的农村生态文旅业发展最为迅猛，呈现出较好的发展态势，形成了较大规模的国内市场。然而，在良好的市场机遇下农村生态文化产业在产品供给上普遍出现生态文化产品低端化、同质化；在体验性服务供给上，服务形式与内涵越来越单一，不能满足人们丰富多样的精神需求，导致农村生态文化产业国内市场的韧性尚处于未激活状态。二是国外市场方面，中国对外文化贸易总额逐年提高，高附加值类文化服务出口所占比重不断提升，高端创意类工艺制作产品出口所占比重稳步提升，其中 2019 年中国工艺美术品增长较快，增幅 5.6%。② 但是，目前中国农村生态文化产业由于多方面因素的影响，面向国外市场的产品出口尚未突破传统文创产业壁垒，缺乏文化产品与服务的创意性、艺术性和创新性，底蕴丰富的生态文化内涵与价值在产品与服务中也未被凸显出来。

---

① 中共中央 国务院关于构建更加完善的要素市场化配置体制机制的意见 [EB/OL]. 中国政府网，2020-04-20.
② 商务部新闻办公室. 商务部服贸司负责人谈 2019 年我国文化贸易情况 [EB/OL]. 中华人民共和国商务部，2020-03-17.

三、政策环境层面

首先，关于农村生态文化产业发展的顶层设计安排不明晰。2018 年，文化和旅游部批准设立，主要职责之一是管理和监护、统筹和规划文化事业、文化产业和旅游业发展。科学的宏观调控，有效的政府治理，是发挥社会主义市场经济体制优势的内在要求。① 从上一节对相关政策文件的梳理可知，目前国家层面制定的大多数都是与农村生态文化产业相关的政策，涉及农村文化产业、农村公共文化服务、农村文化建设等方面。文件治党、文件治国是实现党和政府高效运转的成功经验。② 但目前尚未出台针对农村生态文化产业的特定规划的文件，这很大程度上归因于农村生态文化产业属于融合类交叉产业，涉及管理主体多元化。鉴于此，政府管理体制不完善，基层行政效能未发挥主导作用，直接影响了产业的质量和效益，亟须建立管理主体间长效沟通机制。

其次，关于农村生态文化产业发展的政策叠加效应尚未突显。农村文化的政策定位直接关系农村文化发展方向和发展趋势③，为农村生态文化产业发展指明实践方向并提供理论遵循。文化政策显然有责任满足整个社会的文化需要，所有不同的文化表现形式包括共有价值观和共同信仰、社会传统、认同、文化商品的生产和消费。④ 21 世纪以来，国家已陆续出台和颁布了乡村振兴政策、农村文化产业政策、农村公共文化服务政策、农村文化民主政策、金融服务政策、人力智力支持政策、土地支持政策等与农村生态文化产业发展密切相关的政策，由于顶层设计安排不明晰，使得其未能实现在该领域精准接轨，政策叠加效应丢失，在很大程度上阻碍了

① 中共中央文献研究室 . 十八大以来重要文献选编：上 [M]. 北京：中央文献出版社，2014：519.
② 张学博 . 文件治国的历史考察：1982—2017 [J]. 学术界，2017 (9)：12-23.
③ 刘彦武 . 乡村文化振兴的顶层设计：政策演变及展望：基于"中央一号文件"的研究 [J]. 科学社会主义，2018 (3)：123-128.
④ 思罗斯比 . 经济学与文化 [M]. 王志标，张峥嵘，译 . 北京：中国人民大学出版，2011：160.

农村生态文化产业的健康发展。

最后，关于农村生态文化产品的产权制度不健全。目前，农村生态文化产业发展缺乏科学合理的制度安排，主要体现在农村生态文化产品的知识产权所涉及的相关法规缺乏、生态文化产品价值转化低效等方面。而产业发展的制度是"一系列被制定出来的规则、守法程序和行为的道德伦理规范"①，具体包括企业的组织方式、产权结构、管理体制以及市场规则等。一般而言，关于农村生态文化产业所经营的生态文化产品属于生态产品或文化产品范畴，农村生态文化产业发展所依赖的生态环境是最公平的公共产品。当前，在产业创新成果方面，相关知识产权保护机制尚不健全，导致优秀成果短缺；在生态产品价值转化方面还存在生态产品价值评估体系未建立、生态产品价值实现路径缺乏、生态产品价值开发利用不充分等问题。在生态产品价值评估、生态价值评估指标体系、生态系统生产总值（GEP）总量及其构成等方面，存在着进一步研究和拓展的空间。

四、管理者层面

管理者层面主要体现在认知上生态文化意识薄弱、践行上宣传教育落实不到位。具体表现在：管理者认知层面对农村生态文化产业的规模、效益、经营等方面不够重视。一些基层政府人员、经营主体或管理者对生态文化的认识还没有真正转变，尚未重视农村生态文化产业对农村经济、乡村振兴的积极推动作用，往往还停留在以经济指标衡量农村高质量发展的单一思维层面。管理者践行层面对农村生态文化产业相关政策落实不到位，向企业、单位及农民群众等个体缺乏普遍的生态文化宣传教育。由于存在观念上的认知偏差，导致管理者对相关产业政策的理解出现偏颇，在真正落实产业发展过程中，对农村生态文化产业的类型、功能和属性，也仅仅是建立生态产业园区，以致将生态农业、生态休闲、乡村旅游、科技

---

① 诺思．经济史中的结构与变迁［M］．陈郁，罗华平，等，译．上海：生活·读书·新知三联书店，1991：225-226.

创意、民族文化、数字博物馆等重要资源要素整合，出现错位、不衔接的情况，导致农村生态文化产业链、创新链及产业结构单一且不平衡。除此之外，行政部门尚未建立对接农村生态文化产业形态或与之相关的基层公共服务平台中心，特别是以咨询服务、交易产品、管理监督、知识产权保护等为主要内容的公共服务体系尚未普及。

探讨农村生态文化产业发展存在的主要问题及面临的困境，剖析其根本原因是十分有必要的。总的来说，从整体上聚焦农村地区生态文化产业发展状况，深入探索马克思主义自然观视域下农村生态文化产业发展研究的任务还十分繁重。因此，如何在建设生态文明社会的进程中，把握乡村振兴、建设美丽中国的发展机遇，有序推动农村生态文化产业健康发展，是一项具有现实意义的重大课题。

弄清和认识事物的内在矛盾和主要问题，是把握事物本质的一般逻辑。农村生态文化产业具有较强的融合性，既是农村生态型产业，又是农村文化产业形态。从学科上，农村生态文化产业是一个新的学术概念；从产业上，农村生态文化产业并非新生事物。中国农村依托文化资源创意生产文化产品早已有之，只是由于规模和影响有限，还没有成为国民经济重点关注的领域。本书中所研究的农村生态文化产业提倡的是以环境参与意识替代环境忧患意识，以环境奉献意识替代环境索取意识，从而实现人与自然和谐共生的美好愿望。同时，与其他一般农村传统文化艺术、机械复制等审美范式和审美快感不同，自然美、生态美、环境美是农村生态文化产业追求的审美经验和审美快感。数字经济时代下秉持生态文化价值和生态产品价值实现的创意设计，逐渐成为农村生态文化产业创意的热点。农村生态文化产业在生态意义的符号化生产以及生态形象的编码和解码中，将生态价值、符号和形象广泛地弥散在文化产品的生产和服务中，以生态附加值的形式，逐渐呈现出生态创意融合的发展趋势。

第三节　制约农村生态文化产业发展的因素

任何一个新兴产业的发展都是一个不断进化的过程，必然存在着许多冲突与矛盾。我们必须要用科学辩证的眼光去分析事物的发展，找出其中的缘由。习近平总书记强调，要把握好当前和长远的关系。① 因此，考察农村生态文化产业及其发展必须站在发展的角度，深入探寻产业内在的发展逻辑和演化规律，处理好当前与长远发展的关系。"十四五"时期既是乡村振兴战略的关键期、发力期，也是把握住政策红利发展农村生态文化产业的重要机遇期。全党、全社会全方位加强生态资源保护，深层次构建长效保护治理体系，全面释放生态红利，推动生态文明建设水平和生态环境治理能力稳步提升，使得农村生态文化产业发展的生态环境基础更牢，底色更浓。但在推进具体实践的过程中，农村生态文化产业发展面临着诸多深层问题与瓶颈。习近平总书记认为，究其深层原因是我们还缺乏深厚的生态文化。② 因此，以马克思主义自然观为指导，深挖农村生态文化产业发展存在问题的内在成因与困境，厘清制约农村生态文化产业发展的障碍因素及深层原因，对农村生态文化产业及其发展是十分重要的。

一、观念障碍：开发与保护之间的矛盾

开发与保护之间的矛盾是目前农村生态文化产业发展面临长效之困的较为棘手的原因之一。生态自然资源、生态环境属于较强的公共品。从经济学的角度而言，产业是一种经济形态，强调的是营利性、经济效益，二者之间的矛盾虽非与生俱来，但现实中确实存在。近些年，中国很多农村地区在产业发展过程中面临着如何处理好开发与保护、创新与传承等困

① 习近平. 咬定目标脚踏实地埋头苦干久久为功 为黄河永远造福中华民族而不懈奋斗 [N]. 人民日报，2021-10-23（1）.
② 习近平. 之江新语 [M]. 杭州：浙江人民出版社，2013：48.

难。一些地区片面追求经济增长，导致自然资源过度开发、采矿业泛滥和土壤水源污染等生态问题严重。这种以牺牲环境为代价，短期内带来了经济上的富裕，但却也带来了无法弥补的生态环境之痛。还有另一些地区则守着良好的原始生态环境，没有生态经济意识，拒绝发展经济，错失了实现农村现代化的良机。很显然，诸如此类的问题反映出生态环境与经济发展之间的尴尬境地。这种权衡取舍的两难背后蕴含着开发与保护之间的矛盾与冲突，不仅弱化了既有的生态优势，也加剧了潜在的生态风险。由于两者之间的矛盾所导致的观念障碍，致使农村生态文化体系落后，民众生态文化意识薄弱。同时，在实现农村生态文化产业高质量发展的问题上，存在认知上的偏差。总之，诸如此类的问题严重制约了农村生态文化产业的健康持续发展。

然而，开发与保护的矛盾源于对生态环境与经济发展之间的误解，它们之间并非不可缓和。农村经济发展是实现乡村振兴的物质基础，为农村生态文化产业发展提供经济活力。首先，必须着力推进农村产业的发展创新，探索适合农村发展的优势产业，促进农民持续增收，这要求通过发展特色产业不断增强农村的内生发展动能。基于比较优势，通过发掘农村生态自然和文化资源，发展生态农产品、农产品深加工、生态乡村旅游和生态休闲观光农业等特色生态文化产业，促进农村生态文化产业与其他产业之间的相互融合、共生发展。农村产业兴旺和农民生活富裕的实现，能够为农村社会发展提供坚实的经济基础。其次，应积极探索将生态经济化，发挥出生态环境的生态价值、经济价值、社会价值和文化价值。最后，开发与保护之间不是必然冲突的，也不是对立存在的，有很多的制度措施可以使二者共同发展、和谐促进，农村生态文化产业的发展创新就是要创造农村社会、文化、经济与自然生态有机统一，推动农村经济高质量发展。

二、技术障碍：局部与整体之间的失衡

技术创新既是经济增长的根本源泉，又是传统产业改造和振兴的重要措施和手段。熊彼特认为，创新在时间和空间上都不是均匀分布的，在时

间轴上,创新时断时续、时高时低。① 通过探讨中国农村生态文化产业的发展现状可知,产业发展进程极其不均衡,表现为沿海地区的农村生态文化产业发展进程整体上高于中西部地区。沿海地区数字化、网络化、信息化迅速发展,带动了各行各业与科学技术、数字经济的深度融合发展。通过技术创新能够实现高附加值文创产品的深加工和文化服务产业链的创新,使农村生态文化产业及发展的生产效益、品牌影响显著提升,如民族生态文化手工艺、根雕艺术品等。但与经济发达的地区相比较,在一些偏远贫困地区,即使生态条件良好,生态优势凸显,也由于生产技术水平较不发达,导致产业低水平供求关系与非对称结构性矛盾较为突出。要想发展壮大农村生态文化产业、摘除贫困帽子,需要突破局部与整体之间的技术壁垒,带动周边区域的经济迅速发展起来。可知,科学技术障碍是农村区域特别是东中部与西部地区农村生态文化产业均衡发展的重要因素。

从时间轴上看,20 世纪 70 年代关注的是不可再生资源耗竭的问题,到 80 年代的重点从耗竭性资源拓展到可再生资源,尤其是生物多样性方面,再从资源耗竭拓展到环境容量方面,然后进入世界全球性的生态危机。这一系列的变化都与人与自然相处关系、自然资源本身的稀缺性紧密相关。人与自然的关系必然决定性地影响着人与自身、人与人、人与社会所组成的人类社会这个子系统。② 良好的生态环境是人和社会持续发展的根本基础。宝贵的自然资源财富大多数在农村,如何充分利用数字技术挖掘可再生资源,保护和开发好生态环境,转变生态产品价值实现,努力建设人与自然和谐现代化是数字经济时代的发展主题。农村生态文化产业的衍生和发展正是当前新时代生态文明社会建设的需要。只有突破当前技术障碍,弄清农村生态文化产业在发展中面临的技术瓶颈,才能准确把握这一新兴产业的发展规律和内在机理。

---

① 熊彼特. 经济发展理论 [M]. 何畏,易家详,等,译. 北京:商务印书馆,2020:45.

② 庄世坚. 生态文明:迈向人与自然的和谐 [J]. 马克思主义与现实,2007 (3):99-105.

三、制度缺陷：短期与长期之间的冲突

近些年，国家动员大量的财力资源、物力资源及人力资源来治理农村的生态环境，并取得较好的改善。但如何长期维持这种效果并持续推进，争取更大的社会效益，这思考的背后就是短期与长期之间的均衡。短期利益和长期发展之间存在着一定的冲突，这是普遍存在的。当人类看到了生态资源带来的生态红利，绝大多数人会更加追求眼前的利益。由于制度障碍，导致目前出现农村生态文化产业结构参差不齐，生态资源和文化资源集约利用较困难的现象。同时由于现阶段相关法律法规并不完善，存在农村社会现代化管理体系未健全等长期存在的问题。还体现在这些为获取短期生态利益产生的严重后果导致的与农村生态文化的保护与修复等长期方面的冲突。生态资源保护与修复以及生态文化的保护与传承都是系统性的长期工程，需要代代相传。若盲目追求当代生态自然和文化资源带来的红利，而忽视下一代子孙的生存与发展问题，必然会造成代际成本收益等方面的诸多恶果。这就需要思考建立有序发展的长效机制，既要保证当代人获得短期成效，又要兼顾后代人生存发展的长期效果，才能把短期与长期的冲突合理化解。国务院前总理李克强强调，"我们不会为经济一时波动而采取短期的强刺激政策，而是更加注重中长期的健康发展，努力实现中国经济持续健康发展"①。2020 年 7 月 30 日中共中央政治局会议指出，我们遇到的很多问题是中长期的，必须从持久战的角度加以认识。这是一个重大判断，我们必须做好较长时间应对外部环境变化的思想准备和工作准备。

可知，化解短期和长期之间的矛盾冲突，必然通过有效的相关制度安排来处理。面对长期和短期矛盾时，一是要积极做好长期规划，把短期活动处于长期的合理规划中，把长期看成一个整体，把短期看成长期的每一个部分。短期的合理安排必然使得长期利益最大化。二是要加强体制机制

---

① 李克强. 李克强在博鳌亚洲论坛 2014 年年会开幕式上的主旨演讲［EB/OL］. 中国政府网，2014-04-11.

的创新，协调长期和短期之间的利益关系。协调长期和短期利益关系的重要举措是进行体制机制创新，使得收益能够跨期分配，这需要国家加大力度建立完善的长效机制。三是既要发挥国家的作用，也要考虑与企业、个人之间的合力。从长期发展来看，农村生态文化产业的发展既要发挥政府和市场的主导作用，也应当充分调动农民群体的积极性，突出村集体力量和农民主体性，让村民逐渐参与到农村产业发展中来。

在本章中针对农村生态文化产业发展的现状，存在的问题及其制约其发展的障碍因素、成因等方面进行了详细的探讨，进而期望能够找到马克思主义自然观视域下农村生态文化产业发展策略研究的切入点。农村生态文化产业及其发展旨在将农村生态文化的保护与传承、农村生态文化产业的发展、农村生态资源与文化资源的保护有效结合起来，激发农村生态文化产业在生态、文化、经济、社会等方面的优势，使之互促互进，有效推动农村生态文化产业的生态功能、文化功能、宣教功能及经济功能得以凸显。总的来说，就是激活农村发展的生态要素、文化要素及各类资源要素，通过农村产业来实现自然生态与人文生态交融相映的乡村振兴①，为建设人与自然和谐共生的现代化而做出贡献。

综上，虽然我国农村地区生态文化产业起步晚，各地农村经济发展相对不平衡，农村生态文化产业及其发展还存在普遍性问题，目前农村传统文化产业、非物质文化遗产等产业较多，农村生态文化产业化、农村文化产业生态化并不常见，特别是把生态资源和文化资源整合起来发展的农村生态文化产业起步晚，存在着诸多方面的瓶颈和困境。但是通过考察中国农村生态文化产业及发展现状，可以发现农村生态文化产业的发展主要以众多小微型团队、家庭式作坊和村民个体户等提供的生态文化服务和产品居多。正如克里斯·安德森（Chris Anderson）在 2006 年出版的《长尾理论》（*The Long Tail*）一书中提出的长尾理论效益，小众却巨量的服务虽然每种销售额较低甚至很低，但由于数量巨大，好似拉出一条长尾巴，如果

---

① 周伍阳. 生态振兴：民族地区巩固拓展脱贫攻坚成果的绿色路径［J］. 云南民族大学学报（哲学社会科学版），2021，38（5）：72-77.

尾巴很长，汇聚起来也能成为巨额销售。① 尽管目前农村生态文化产业在大多数农村的发展主要以个体户、家庭小作坊、专业合作社等经营主体为主，但最大的财富孕育自最小的销售，万不可轻视数以百万计的业余生产者——集体生产的力量。可见，农村地区孕育了极其丰富的自然生态景观和生态文化资源，通过深入挖掘和开发，有着与城市完全不同的发展模式、产业业态及其产业优势。以农村生态文旅为例，如何打造体验式或沉浸式生态文旅产品或服务，离不开农村得天独厚的资源优势和地方文化特色。

自党的十八大召开以来，文化产业快速发展，进一步推动了文化创作。② 这为农村生态文化产业发展指明了正确的方向和指引。千百年来人类的祖先在生存与竞争中留下了珍贵的自然文化遗产，田园风光和乡村景致蕴含了丰富的生态文化价值。江南水乡的精美、黄土高坡的雄浑、东北黑土地的憨厚、巴蜀腹地的富足、云贵山寨的神秘、岭南基塘的瑰丽……无疑彰显了独特而丰富的生态文化价值。中国农村有着独特的生态自然和文化特色，农村生态文化产业及其发展应当以生态文化价值为指引，从农村中挖掘特色生态文化资源，进行产业化发展。可见，通过发展壮大农村生态文化产业，可推动乡村振兴，实现生态富民，使之成为农村经济发展的新动力、新引擎，积极为中国生态文明建设贡献力量。中国生态文明建设近年来的巨大成果在国际社会有目共睹，这不仅是传承和发展中华农耕文明、走向乡村生态文化兴盛之路，而且是实现全球人类与自然和谐共处、全世界可持续发展之路。通过对马克思主义自然观视域下农村生态文化产业发展的深入研究，开创出一条"保护一方山水，传承一方文化，促进一方经济，造福一方百姓，推动一方发展"的后发赶超之路。

---

① 安德森. 长尾理论［M］. 乔江涛，译. 北京：中信出版社，2006：26，49，109.
② 中共中央文献研究室. 十八大以来重要文献选编：上［M］. 北京：中央文献出版社，2014：3.

第四章

马克思主义自然观视域下农村生态文化产业发展的环境分析

新时代乡村振兴战略全面推进，中国农村地区因地制宜，举生态旗、打生态牌、吃生态饭、走生态路，积极发展农村生态文化产业，努力探索出一条把富集的生态资源转化为农民增收的"聚宝盆"的可持续发展道路。当前，随着产业结构调整、经济转型升级的加速，农村生态文化产业凭借自身的产业优势取得了长足发展，其发展环境也发生了重要变化。本章将采用 PEST 模型对农村生态文化产业的发展环境进行分析，并通过波特五力模型对农村生态文化产业的竞争态势进行探讨，同时对中国农村生态文化产业进行 SWOT 自我诊断，希冀为马克思主义自然观视域下农村生态文化产业的发展策略思考提供重要的参考依据。

第一节 农村生态文化产业宏观环境分析

PEST 模型分析法是从政治（politics）、经济（economy）、社会（society）、技术（technology）四个外部宏观环境影响因素对研究对象进行分析，对从宏观层面探讨农村生态文化产业及其发展有着重要的现实意义。随着社会经济的发展、人民对美好生活的向往及其对优美生态环境的需要，全社会对生态文化产品与服务的需求快速增长。习近平总书记强调，"把解决突出生态环境问题作为民生优先领域"①。伴随着美丽乡村建设和乡村振兴战

---

① 中共中央文献研究室.习近平关于社会主义生态文明建设论述摘编［M］.北京：中央文献出版社，2017：84.

略的推进，国家对"三农"的扶持步伐不断加快，这些外部环境的变化对农村生态文化产业的发展产生了重大的积极影响。

一、政治环境分析

政治环境主要取决于中央与国家层面的相关政策。尽管中国文化产业起步较晚，各地区农村生态文化产业发展不均衡，相比发达国家发展较为落后，但中国政府越来越重视农村生态文化产业的发展。党的十八大以来，中国大力推动生态文明建设，努力建设美丽中国。党的十九大提出乡村振兴战略，作为乡村产业振兴的重点发展对象，农村涌现了生态创意业、生态文化旅游业、休闲康养业等新业态，为农村生态文化产业迎来了崭新的发展机遇。第一，国家大力支持农村经济发展，为"三农"投入稳定增长奠定了产业发展的物质条件。一直以来"三农"是中共中央关注的重点，自21世纪以来中央一号文件连续19年聚焦"三农"，始终把解决好"三农"问题作为全党工作的重中之重。党和国家相关政策和文件的出台有利于推进文化产业的培育和市场化运营，提升农村公共文化服务建设，为全面促进中国农村生态文化产业的发展提供了重要保障。第二，地方各级政府大力推动农村生态文化产业的发展。各地方政府在党和国家的引领下，逐渐意识到了发展生态文化产业的重要性，纷纷从财税、人才、金融、科技等方面加大了对农村生态文化产业的扶持力度。特别是浙江省2016年出台的《"811"美丽浙江建设行动方案》，提出了"绿色经济""生态文化"等新概念。据浙江省环保厅相关专家介绍，浙江省将生态文化单独作为一项专项行动实施，旨在弘扬具有浙江特色的人文精神，彰显生态文化培育在"两美浙江"建设中的地位。"生态文化培育"这一目标，涵盖了深入挖掘生态人文资源、全面提升公民人文素养、大力弘扬生态文化、全面倡导绿色生活方式、深入推进生态示范创建五方面，旨在通过享受保护环境带来的生态红利，使环境保护能成为整个社会最大共识，成为千万群众自觉行动。2017年，《浙江省诗路文化带发展规划》指出，四条诗路文化带具有较强的历史穿透力、文化吸引力、生活舒张力和自然亲近力,打造具有国际国内影响的魅力人文带、黄金旅游带、美丽生态带、合作开放带和富民经济带,勾勒出浙江水系山川生态图,从而展现浙江的文化之美、生态之美、气韵之美、活力之美,形成全省"美美与共"的生命体。浙江省出台和实施的这些政策为中国农村生态文化产业的发展营造了良好政策环境。第三,国家实施乡村振兴战略,为农村全面发展提供了经济基础。2050年乡村全面振兴,农业强、农村美、农民富全面实现。① 在全党、全社会齐心合力推进乡村振兴中,脱贫攻坚战取得了全面胜利,其中9899万农村贫困人口全部脱贫,832个贫困县全部摘帽,12.8万个贫困村全部出列,极大推动了农村经济的发展。可见,乡村振兴战略的实施为农村生态文化产业发展提供了经济基础和物质保障。

二、经济环境分析

中国经济发展稳定提升,推动中国农村经济快速发展,为农村生态文化产业及其发展带来新的契机。首先,中国宏观经济稳定发展,增强了农村地区经济活力,为农村生态文化产业带来了较好的发展机遇。2020年12月,《中共中央 国务院关于实现巩固拓展脱贫攻坚成果同乡村振兴有效衔接的意见》指出,提前10年实现《联合国2030年可持续发展议程》减贫目标,到2025年,乡村产业质量效益和竞争力进一步提高。② 其次,从中国经济结构层面来看,中国高新技术产业增速较快,高质量发展的势头已经显现,中国宏观经济已步入高质量发展阶段。从中国经济新常态来看,产业结构的转型和消费结构的升级,使第三产业消费需求逐步成为主体,居民收入水平不断提高。③ 良好的经济发展形势在很大程度上推动了农村生态文化产业供给优质生态文化产品与服务。尽管当下中国甚至全球都处于比较艰难时期,但看问题不能只看简单的数字,还要看数字后面的结构

---

① 中共中央 国务院关于实施乡村振兴战略的意见 [EB/OL]. 中国政府网, 2018-02-20.

② 中共中央 国务院关于实现巩固拓展脱贫攻坚成果同乡村振兴有效衔接的意见 [EB/OL]. 中国政府网, 2021-04-10.

③ 赵华,于静. 新常态下乡村旅游与文化创意产业融合发展研究 [J]. 经济问题, 2015 (4): 50-55.

及深层原因。从这些方面综合来看，中国经济正在高质量发展，非常有韧性。2012—2021 年中国文化贸易需求稳定提升，文化产品进出口总额、贸易差额总体情况如图 4-1 所示。其中，2017 年中国文化产品和服务进出口总额 1265.1 亿美元，同比增长 11.1%。其中，文化产品进出口总额 971.2亿美元，同比增长 10.2%，文化服务进出口总额 293.9 亿美元，同比增长14.4%①，在很大程度上促进了农村生态文化产业发展。回顾世界历史，贸易快速增长的时期往往也是世界经济大发展大繁荣的时期②，可见，发展农村生态文化产业正当其时、恰逢其势。

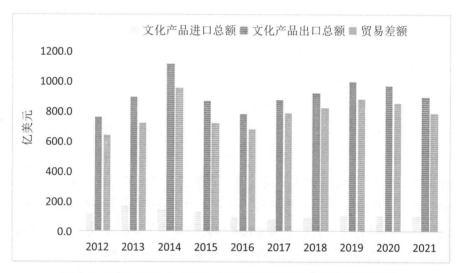

图 4-1　2012—2021 年中国文化产品进出口总额及贸易差额统计图

数据来源：根据《中国文化及相关产业统计年鉴 2021》及相关资料整理所得。

三、社会环境分析

随着国家推动生态文明建设迈向新台阶，农村生态文化产业面临的社

---

① 商务部召开例行新闻发布会（2018 年 2 月 8 日）［EB/OL］. 中华人民共和国商务部，2018-02-08.
② 李克强. 李克强在第 130 届中国进出口商品交易会暨珠江国际贸易论坛开幕式上的主旨演讲［EB/OL］. 新华网，2021-10-15.

会环境也正在发生着深刻而全面的变化。农村生态文化产业既是一种文化产业形态，也是一种生态产业形态，主要以实现社会效益优先、经济效益与社会效益相结合为目标，进而实现人与自然和谐共生的现代化。农村生态文化产业本质上是一种文化经济活动，生产的产品或体验式服务凝聚着生态文化特质，也是对生态文化的创造性转化，复现了生态文化表征，使生态文化"活"起来。一方面，公众对生态文化产品需求的提升与对美好生活的向往，衍生出农村生态文化产业新模式。农村生态文化产业是根植于山水林田湖草沙等生态和农耕生态文化的内容产业，蕴含着生态和文化元素，不同于其他传统文化产业依托农村优美的自然环境，以及农村生态文化具有的"密集度""富集度"等资源优势，农村生态文化产业呈现出蓬勃发展的良好态势。近年来，随着乡村振兴全面推进，农村经济发展质量日益提升，生态文化本体已然极为凸显。从某种程度而言，生态文化既是人们进行生产生活时对人与自然关系的现实思考，也是人们在发展进程中自身文化价值的转变和提升。另一方面，传统产业结构深度调整和升级，迫切需要农村生态文化产业同步发展起来，以满足人们的消费需求，从而催生了农村生态文化产业新业态。新业态是农村生态文化产业创新发展的裂变源头，是发展质态转变与提升的典型产物，也是农村生态文化产业区别于农村其他一般传统产业的优势所在。实践充分表明了与农村产业、农村传统文化产业相比，农村生态文化产业新业态更加突出产业优势，能够有效开展跨界创新，与其他产业交叉融合发展，所产生的社会效益、生态效益更加显著。随着中国消费结构升级，全球可持续发展战略推进，为农村生态文化产业业态变革、跨界融合提供了契机。

四、技术环境分析

生态文化产业主要以节能减排、生态环保以及信息技术、自动化技术、传播技术等高新技术为基础，把技术、文化和生态环境协同创新使用的方式作为产业的增值要素。新中国成立以来，中国科技事业取得了举世瞩目的巨大成就。大数据、物联网、人工智能等新一代信息技术的应用创新极大地促进了产业结构和消费结构的升级。党的十五大报告提出："要充分估量未来科学技术特别是高技术发展对综合国力、社会经济结构和人民生活的巨大影响，把加速科技进步放在经济社会发展的关键地位。"① 早在 1999 年 8 月，中共中央、国务院出台《关于加强技术创新，发展高科技，实现产业化的决定》，召开了全国技术创新大会，指出中国科学与经济脱节的问题还没有从根本上得到解决，"要加快农业和农村经济发展中关键技术的创新和推广应用，提高服务业的知识含量。大力推动电子商务、远程教育等新兴服务业的发展，加快高新技术在金融、咨询、贸易、文化等服务领域的应用与推广，强化服务业的竞争能力"②。21 世纪以来，中国特色社会主义进入新时代，从体制、机制、政策等各方面，促进科技与经济的紧密结合，把中国的科技实力变成现实的第一生产力，使中国的综合国力迎头赶上国际先进水平。2020 年 5 月，《关于 2019 年国民经济和社会发展计划执行情况与 2020 年国民经济和社会发展计划草案的报告》提出"深入实施创新驱动发展战略，科技创新能力进一步提升"③。根据科技部统计，近 10 年来全国高新技术企业数量不断攀升（图 4-2 所示）。截至 2021 年年底，全国高新技术企业超过 33 万家，研发投入占全国企业投入的 70%，上交税额由 2012 年的 0.8 万亿，增加到 2021 年的 2.3 万亿。接续换挡的发展动能、迭代成长的科学技术、蓬勃兴旺的创新创造，源源不断为产业发展注入新动能，开辟了农村经济增长的新天地。国家强化科技创新、实施创新驱动发展战略，为农村生态文化产业的发展注入了强劲动力。

---

① 江泽民．高举邓小平理论伟大旗帜，把建设有中国特色社会主义事业全面推向二十一世纪：在中国共产党第十五次全国代表大会上的报告［EB/OL］．中国政府网，1997-09-12.

② 中共中央文献研究室．十五大以来重要文献选编：中［M］．北京：人民出版社，2001：56.

③ 国家发展和改革委员会．关于 2019 年国民经济和社会发展计划执行情况与 2020 年国民经济和社会发展计划草案的报告［EB/OL］．中国政府网，2020-05-30.

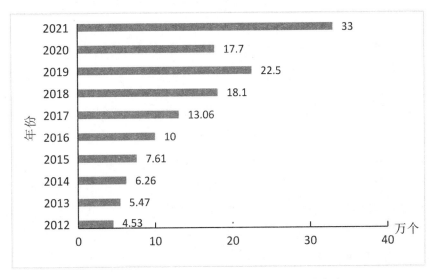

图 4-2 2012—2021 年全国高新技术企业数量统计图

数据来源：根据科技部相关资料整理所得。

马克思主义视域下农村生态文化产业的宏观环境分析，彰显出其显著的生态竞争力和文化竞争力。一方面，体现在凭借其一元多用与多元衍生的经济属性释放生态红利，盘活了农村生态文化资源；另一方面，生态红利催生村民的生态文化自觉，形成文化竞争力。良好的生态环境已逐渐释放生态红利，而村民高度的文化自觉和文化自信是维护好生态红利、民生红利的一剂良药。在文化自觉的指导下村民践行生态文化创意，是推动农村生态文化产业提升发展的创意源泉。① 在本节中采用 PEST 分析工具，从四方面，即政治环境、经济环境、社会环境、技术环境，深入探讨了农村生态文化产业的发展环境，结果显示，以上四方面在很大程度上都为农村生态文化产业的发展带来了重要的发展机遇。因此，农村生态文化产业及其发展应当抓住发展机遇，通过政策支持、技术转化、经济保障与文化赋能的相互促进，积极推动农村生态文化产业创新发展。

---

① 秦红增，郭帅旗，杨恬. 农民的"文化自觉"与广西乡村生态旅游文化产业提升研究［J］. 广西民族研究，2014（2）：161-165.

第二节 农村生态文化产业竞争态势分析

波特五力模型是迈克尔·波特（Michael E. Porter）创立的，他认为企业竞争优势是由产业结构决定的，主要由一个产业中的五种竞争力量所影响，即供应方的议价能力、购买者的议价能力、潜在竞争者进入的能力、替代品的替代能力、现有竞争对手的竞争能力。① 这五种力量综合起来影响着产业的发展机遇以及现有企业的竞争战略决策。本节中借用波特五力模型对农村生态文化产业环境进行分析，进一步洞悉农村生态文化产业的竞争态势，希冀为农村生态文化产业及其发展把握竞争优势提供可靠的支撑。

一、供应方的议价能力分析

农村生态文化产业是通过生态资源转化为生态生产力，生态文化转化为生态文化生产力，为人们提供优质生态文化产品与生态文化服务的文化新业态。从农村生态文化产业价值链分析可知，中国农村生态文化产业的上游主要是以自然资源和生态文化资源为生产资料的相关产业或服务业，例如，茶叶加工厂、花卉文创产业、竹加工厂等。近些年来，农村生态文化产业发展态势较好，带动了乡村生态旅游、乡村民宿业、农村生态农业等农村特色产业。人们对生态消费和体验性消费的需求不断扩大，因此供应商的议价能力相对较强。这种比较良好的发展形势，也推动了主要以农村生态文化产品、生态文化需求、生态体验与服务业等经营为主的企业及其组织不断向高要求、高标准发展。

二、购买者的议价能力分析

购买者的议价能力主要体现在购买者的消费能力与消费需求。购买者

---

① 波特. 竞争论 [M]. 刘宁，高登第，李明轩，译. 北京：中信出版社，2009：10.

一般主要是生态文化消费者，如产品购买者、服务体验者、游客等，由于生态文化产品与服务的特殊性，生产者在为消费者提供生态文化产品或生态文化体验时，要注重以下方面。一是注重生态文化的脆弱性。由山水林田湖草沙形成的生态环境是农村生态文化产业发育与成长的温床，在保护与开发生态资源和文化资源时，必须兼顾产业发展与生态保护，做到"共生掘银"。二是产业的绿色属性。根植于生态文化的农村生态文化产业，必然选择绿色高效型技术生产文化产品，因有利于被自然界分解与消化，进而避免了消费者在体验产品与服务时带来生态的二次破坏，这种循环产业有利于避免生态系统自净能力与再生能力丧失。农村生态文化产业并非单纯的先进生产力与发达的科学技术所能实现，必须将绿色发展理念与生态文明建设紧密结合起来，在生态文明实践中不断认知和重视农村生态文化产业的绿色属性，做到生态资源转化为经济财富，真正实现"以绿取金"。由此可见，对于高质量的优质生态文化产品与服务，购买者的议价能力相对较弱，目前生态文化消费市场还有很大的发展空间和发展潜力。

三、潜在竞争者进入的能力分析

潜在竞争者进入的能力主要是指潜在竞争者的威胁。随着市场消费的拓展，吸引了大量的国内外资本进入农村，依托农村独特的资源优势，进行经营、利用和开发，由于存在众多潜在进入者，继而出现了规模不一的企业主体和产业业态。往往市场领先企业利用自身先发优势和现有生态资源优势，生产出中高端的生态文化产品或生态文化服务，并打造企业品牌特色，使其具有一定的影响力。绿色发展不单单是农村生态文化产业发展质态的突出标志，亦是与其他一般乡村产业有差别的显著优势。

四、替代品的替代能力分析

处于不同行业中的文化企业，在农村生态文化产业发展中替代品的威胁是多方面的，并存在大量的替代品。农村生态文化产业供给农村优质生态文化产品，满足人们的生态文化体验与需求，是其他替代品无法替代的。一方面，农村生态文化产品的生产受价值规律约束，即该产品的价值量取决于生产它所消耗的社会必要劳动时间，而当生产耗费的个别劳动时间低于社会必要劳动时间，个别劳动生产效率必然得以提升，相应地文化资源的投入产出比也随之提高。那么在此基础上，向游客、购买者等消费者供给的农村生态文化产品必须是一个"有用品"，契合消费者的消费品位与文化审美，满足其个性化与差异化需求。另一方面，农村生态文化产品的优质体现在商品的质量属性上，即物质技术性能越好，产品质量就越高，其质量合意性和竞争力也越强。同时，精神文化需求催生市场动力，驱使产品回归"质"与"量"并重的供给状态。农村生态文化产业注重从场景式文化情境体验转变为沉浸式文化体验，进而结合当下消费热点为消费者提供足量的优质生态文化产品与体验式服务。

五、现有竞争对手的竞争能力分析

从产业生命周期来看，随着人们对精神文化更高层次的追求和消费能力的提高，大部分农村生态文化产业已逐步发展起来，进入蓬勃发展阶段，生态文化产品与生态文化服务被公众接受，进一步扩大了市场需求。

从现实境况来看，农村生态文化产业的主体，如企业、个体户、股份经济合作社等经营者面临诸多威胁，其主要竞争对手仍然是来自行业内的相互竞争、自身企业发展。除此之外，中国农村生态文化产业的行业内竞争不仅来自各省市知名旅游景区、国际旅游小镇、网红打卡点等，更多来自国外极具规模并成熟发展的农村生态休闲产业、农村生态文创产业等。

农村生态文化产业中的五种竞争力决定了不同行业主体间的竞争态势（图4-3所示）。同行业内竞争者互促互进、协同发展，在不断对抗这些竞争力量中，农村生态文化产业彰显出优势效应，绿色与生态是其发展创新的风向杆。首先，现阶段农村生态文化产业新业态不断释放"酵池效应"，通过积极"黏合"外部经济要素融入农村文化经济体，通过缓解其对农村经济体产生的冲击力，与生态文化"黏合"达到均衡状态，使其达到产业要素投入最优化，推动农村内部经济秩序稳定运行。其次，农村生态文产业新业态极大提升了生态产品资本化。从事农村生态文化产业的经营主体有序参与文化经济活动，使若干文化事项依附生态资本进行文化再生产，获得生态文化市场的青睐与认可，以此形成生态产品的增值与溢价。最后，生产者极度重视生态文化产品与服务的精神表达。一般传统方式主要通过政府、学校、博物馆、官方文本等公共载体传播其精神内涵。目前，发展农村生态文化产业使资源变现、变活，通过生态文化赋能，提炼与加工生态文化符号，使之以现代审美方式进入日常生活、表演舞台、农村民俗体验，吸引公众生态消费，从而干预与塑造公众的生态文化精神世界，从生态文化自觉到生态文化自信，提高生态环境保护意识，进而不断满足人民群众对优美生态环境的需要。总之，农村生态文化产业是集经济、社会、生态、文化等多重价值于一身的优势产业，其中社会效应以产业载体而凸显。

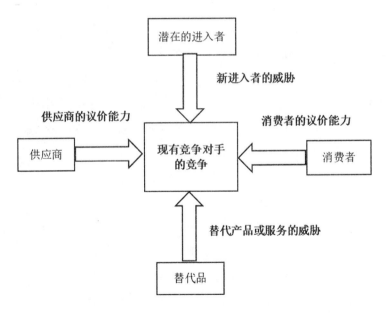

图4-3　农村生态文化产业环境分析的波特五力模型

第三节　农村生态文化产业 SWOT 分析

农村生态文化产业除了兼具一般经济属性，亦兼备文化属性，更兼有生态特性。本节中的 SWOT 分析法亦称自我诊断方法，它是一种用于确定产业、企业或者其他组织自身的优势（strengths）、劣势（weaknesses）、机会（opportunities）和威胁（threats）的科学分析方法，将其发展战略与内部资源、外部环境有机地结合起来，是在竞争战略中很常见的一种比较成熟的分析方法。本书通过运用 SWOT 分析法对农村生态文化产业内外部竞争环境和竞争条件的态势进行全面的探讨，经过系统而全面、准确而客观的分析后，为制定农村生态文化产业及其发展策略提供重要的参考依据。

农村生态文化产业是以实现人与自然和谐共生为目标的产业形态。既要综合考虑农村生态文化产业带来的经济效益，也要重视在生产过程中生态环境、生态资源发挥的生态效益。可在对农村生态文化产业 SWOT 分析的基础上，制定农村生态文化产业发展策略，遵循"总结过去，立足当前，展望未来"的基本思路，发挥自身的优势因素，克服不利因素，利用外部机会因素，避开和化解风险因素，将各种环境因素进行最优化，从而找到农村生态文化产业可持续发展的出路。

一、农村生态文化产业发展的优势

看待发展问题要有辩证思维，对农村生态文化产业发展策略的制定，必须对自身内部和外部环境进行全面审视，明确自身的优势与劣势，才能找到发展的突破口与着力点。农村生态文化产业作为绿色产业，是根植于农村的"生态+"文化产业新业态。20 世纪 90 年代以来，国家大力实施文化产业发展战略，推动了文化产业的蓬勃发展。党的十九大报告中提出乡村振兴战略，推动了中国各地区农村生态文化产业得到不同程度的发展，其产业发展优势主要有以下方面。

一是农村生态资源丰富。农村蕴含丰厚的自然资源和文化资源，为农村生态文化产业发展提供了基础条件。首先，地势地貌独具风格。中国各种自然资源丰富，拥有高原、山岭、盆地、平原、丘陵各种地形，以及喀斯特、黄土、雅丹、丹霞、海岸、风沙、冰川、流水等各种地貌，形成了农村地区的独特风格。其次，水资源丰富。在"两山论"的引领下，农村的山更美了，水更清了，树更绿了，为人们的生产生活提供了更加广阔的生态空间。除此之外，中国拥有天然的生态优势，自然条件复杂，动植物种类繁多，是世界上生物多样性最丰富的国家之一，拥有银杏、水杉、大熊猫、白鳍豚、扬子鳄、红腹锦鸡等多种独有的珍稀动植物。随着人们生态保护意识的提升，越来越多宝贵的古树、珍稀的动物出现在人们的生活日常中。丰富独特的自然生态资源为中国生态文化产业发展提供了发展基础。中国农村经济发展潜力较大，大部分农村各类基础资源要素齐备，各种景观绚丽多彩。例如，湖州市是环太湖及长三角地区生态环境最具魅力的城市，A级景区有一半以上在农村，生态旅游资源丰富，自然风光与人文景观构成的景点景区已成为农村发展的宝贵资源。"竹乡、文化古镇、名山、湿地、自然生态"等特色品牌是湖州市农村地区生态文化产业自身优势的典型代表。

二是农村生态文化底蕴深厚。辉煌悠久的历史文化、丰富绚丽的生态文化、各具特色的民俗风情为中国农村生态文化产业发展注入了丰富的精神内涵，是助推农村生态文化产业发展的不竭源泉。中国拥有上下五千年的人文历史，作为四大文明古国之一，从三皇五帝到封建社会的发展，再到新中国成立，经历了疆土的扩展，无数次的分分合合，才形成了56个民族团结一心的局面，共同缔造并构成了博大精深、璀璨绚丽的中华优秀传统文化。中国农村是极具地方特色的人文景观和民俗风情的场所，如地形地貌、水域景观、特殊气象、历史遗址、传统饮食、传统服饰、民俗节庆、名人逸事、故事传说、文化记忆等宝贵的生态文化财富。可通过挖掘农村生态文化的载体，将载体中生态文化成分进行整合、串联，形成富有民族特色的农村生态文化体系，进而激活农村生态文化的"魂"。总的来说，中国农村历史文化资源丰富，民俗文化底蕴深厚，非物质文化遗产得天独厚，共同构成了独具优势的农村生态文化体系。

二、农村生态文化产业发展的劣势

农村存在技术、资金、信息、交通、人才等不足，制约了农村生态文化产业及其发展。总体而言，目前农村地区生态文化产业发展的不足之处既有客观存在的原因，也有产业发展内在的因素。

一是农村生态文化资源开发程度不足。由于各个地区农村经济发展水平不均衡，一些基层政府对农村生态文化产业的发展尚未引起高度重视，对本区域农村生态文化资源开发力度不够，在一定程度上制约了农村生态文化资源的利用。二是农村生态文化产品与服务供给科技含量亟须加强。相比城市而然，农村在科技化、信息化、数字化等方面还存在着一定的差距，导致产品与服务的科技含量不显著，阻碍了农村生态文化产业链的精准对接。三是农村生态文化品牌效应较弱。现阶段由于多因素的影响，特别是一些偏远地区农村生态文化品牌或地理标志面临诸多发展疑难，品牌效应尚未凸显。四是农村生态文化资源产业化意识较弱的问题。由于过去一般传统文化产业基金主要功能是"输血"，人们存在文化资源产业化意识薄弱的问题，导致产业落实过程中出现效率低、风险高、效果差等消极现象。近年来，随着文化体制改革，政府开始转变为引导型基金，通过吸引或扶持企业一起来投资。时间短、任务重，通过在观念上提高管理者和生产者的生态文化产业意识，把握好数字经济时代的发展时机，既可以盘活社会资源，又能够更好地引导区域和产业快速发展。

基于农村生态文化产业及其发展存在以上的内在劣势因素，在探索农村生态文化产业高质量发展中应当从产业自身发展的趋势、特点和需求出发，结合农村生态文化产业发展的"人才"和"资金"两大要素，在地方政府落地时重点扶持两个关键点——"产业基地"和"产业基金"，积极把劣势转为优势，转危机为生机，积极促进产业健康持续发展。

三、农村生态文化产业发展的外部机遇

近年来，国家省、自治区、直辖市（县）各级政府出台相关政策，对公益林、生态林以及绿色生态经济给予大力支持，特别是《关于促进生态涵养发展区协调发展的意见》和《关于促进区域经济发展的意见》的出台，为农村生态文化产业发展提供了有利条件。在绿色发展引领下，生态文明理念深入人心，以建设"美丽乡村""宜居乡村""幸福乡村"为契机，重新认识中国"三农"问题，重新审视农村战略价值，为农村生态文化产业提供了发展新动能。

一是农村政策驱动力增强。在第三章第一节梳理农村生态文化产业的相关重要文件政策过程中，可以看出，近年来国家制定了一系列推动文化发展繁荣与生态文明建设的政策措施，为农村产业提供了重要的资源要素，推动加快农村优先发展。① 可见，从战略高度全面推进生态文明建设和文化产业发展，为培育农村生态文化产业发展提供了良好的环境。国家政策的驱动以及生态文明建设，为壮大农村生态文化产业提供了良好的生态环境。譬如，京津风沙源治理工程实施20多年来，累计完成营造林902.9万公顷，工程固沙5.1万公顷，草地治理979.7万公顷，退化林分改造8.1万公顷。② 农村生态环境水平的提升进一步推动了农村生态文化产业的发展。全国各省在推动生态文明建设中，在生态环境与产业发展方面都取得了不错的成绩。在西北地区，陕西省积极转变发展观念和生产生活方式，把保护好生态环境作为发展的重点，并走出了一条"越保护越发展"的富民之路，并依托生态优势，带动农村产业发展。陕西省安康市平利县有茶园约13333.3公顷，茶饮产业年产值超过了10亿元，已然成为农村经济增收的重要产业。再如甘肃省，根据国家"一带一路"布局和对甘

① 农业农村部．全国乡村产业发展规划（2020—2025年）[EB/OL]．中华人民共和国农业农村部，2020-07-09.

② 潘少军．京津风沙源治理工程取得显著成效："绿色长城"护京津[N]．人民日报，2021-06-17（14）.

肃的发展定位要求，全面推进"国家生态安全屏障综合试验区"和"华夏文明传承创新区"建设。兰州作为省会城市，地处全省生态安全屏障区建设的中心地带，也是甘肃华夏文明传承创新区建设的核心城市，中央和省级的战略定位和政策措施为发展生态文化产业提供了正确的方向指领和良好的政策平台。近些年来国家对生态文明建设的政策支持，为农村生态文化产业发展提供了源源不断的动力源泉。

二是农村文化市场活力旺盛。随着人们生活水平的不断提高，消费观念也不断转变，越来越多的群众更加注重绿色消费、健康消费、时尚消费，生态文化产业所提供的产品与服务将会满足人们这一消费需求，人们观念的转变形成了文化消费形态的多样化。在生态文明建设进程中，生态消费、绿色消费成为扩大内需的新着力点，激发了中国市场活力。当前，人们追求更高层次的生态消费模式，休闲农业、生态旅游、智慧康养等绿色消费越来越受到人们的青睐。在市场需求引导下，农村生态文化市场主体呈现出多元化、专业化、高端化特点，逐渐激活了农村生态文化市场活力、潜力。当今文化市场机遇恰逢最有活力时期，并出现了诸多成功案例，是值得借鉴和推广的。譬如，江浙地区发挥自身产业和生态优势，取得了较好的成绩。再如，庆阳农耕生态文化产业园、湘西山江苗寨文化创意产业等的成功经验也可以给中国当前农村生态文化产业提供很好的借鉴和参考。可见，农村生态文化产业的健康快速发展需要政府、企业、公众等社会各方面组织的共同努力。

"中国13亿人是世界上最大的消费市场，也是'需求的富矿'。"① 随着生态文明发展加快，广大人民群众的消费层次不断变化和提高，特别是对绿色环保产品和服务的消费需求越来越强烈。生态环保、低碳消费已经成为当代社会大众的普遍认识。依据马斯洛需求理论，人的需求是一个由底层向高层变化的过程。2019年年末，城镇调查失业率、城镇登记失业率分别为5.2%和3.62%，居民消费价格指数上涨2.9%，国际收支基本平

---

① 李克强. 李克强在博鳌亚洲论坛2014年年会开幕式上的主旨演讲［EB/OL］. 中国政府网，2014-04-11.

衡，外汇储备保持在 3 万亿美元以上。① 2020 年，中国人均 GDP 达到1.12 万美元，连续两年超 1 万美元，人们的需求已转向消费型。

三是技术驱动力不断增强，为农村生态文化产业高质量发展提供了技术支持和重要驱动。随着数字经济时代下国家经济快速增长，加快推进产业转型升级，优质的产品与服务随着数字化技术注入生态环保理念和生态文化内涵，提高产业核心竞争力，进而释放出更为旺盛的市场需求，为农村生态文化产业的发展提供了良好的契机。当前，社会经济发展和人们生态文化需求都在不断提升。国务院原总理李克强在博鳌亚洲论坛 2014 年年会开幕式上的演讲中强调："更多运用社会资本，增加养老、健康、旅游、文体等服务供给。"② 当前我国经济结构转型已进入快车道，技术驱动力不断增强，有效刺激了人们的需求潜力和消费活力。这些有利条件因素优势明显，积极扩大生态消费市场，提高人均收入水平，为农村生态文化产业发展带来了巨大的需求潜力。

四、农村生态文化产业发展面临的威胁

一是农村资源要素配备不齐，产业聚集化较低。当前农村面临着诸多威胁，主要有农村地区生态文化产业资源要素单一，亟须强化资源要素聚集的问题。农村产业相关硬件设施仍然存在着比较突出的短板，农村网络、通信、物流等基础设施极其薄弱，公共文化设施尚不完备，阻滞了农村生态文化产业发展的"硬件"条件，在一定程度上制约了农村生态文化产业开启"倍速"的产业发展模式。

二是农村产业市场竞争激烈。一方面，我国要努力实现农业农村现代化，必须振兴乡村产业，这与国际综合环境发展有着直接的影响。特别是2019 年以来，全球竞争不断增强，对我国农村产业链构建带来较大影响。

① 国家发展和改革委员会. 关于 2019 年国民经济和社会发展计划执行情况与 2020 年国民经济和社会发展计划草案的报告 [EB/OL]. 中国政府网，2020-05-30.

② 李克强. 李克强在博鳌亚洲论坛 2014 年年会开幕式上的主旨演讲 [EB/OL]. 中国政府网，2014-04-11.

另一方面，在乡村全面振兴进程中，农村生态文化产业与传统农村产业在发展模式、发展业态等方面不同，与其他产业之间的市场竞争越来越激烈。

三是农村产业创新能力较弱，产业链条延伸不足。大多数农村地区生态文化产业由于开发层次还处于逐步上升期，外延扩张特征明显。但产业创新能力水平需要总体提升，产业结构需要升级，生态文化特色品牌需要强化。目前，农产品加工业与农业总产值比为 2.3∶1，远低于发达国家 3.5∶1 的水平。农产品加工转化率为 67.5%，比发达国家低近 18 个百分点。① 由于农村生态文化产业涉及第一、二、三产业之间的交融，而现阶段农村第一产业向后端延伸不够，第二产业向两端拓展不足，第三产业向高端开发滞后，利益联结机制不健全，农村生态文化产业呈现小而散、小而低、小而弱等突出问题。总之，农村生态文化产业链条延伸不充分，农村生态文化产业转型升级任务还很艰巨。

---

① 农业农村部. 全国乡村产业发展规划（2020—2025 年）［EB/OL］. 中华人民共和国农业农村部，2020-07-09.

第五章

马克思主义自然观视域下农村生态文化产业发展的个案研究

毛泽东同志曾说过，没有调查就没有发言权。① 习近平总书记指出："调查研究是我们做好工作的基本功。"② 通过开展调查研究，能够清楚地把握事情的真相和全貌，准确地分析问题的本质和规律，精准地提出解决问题的思路及其对策。马克思主义自然观视域下农村生态文化产业发展研究是一项扎根于基础理论与社会实践的研究课题，只有在充分调查研究与实证分析的基础上认清农村生态文化产业发展的本质和内在规律，才能全方位地把握它的内在发展规律及其发展趋势。

本书选择村镇案例作为重点研究对象，村庄内的活动具有包括政府行为、社区行为和农户（企业）行为的特性。通过田野调查能够把微观分析和宏观透视结合起来，进而将特殊经验上升为一般理论，即从个别上升到一般。2019 年 11 月至 2021 年 12 月期间，笔者通过入户走访、集体座谈、发放调研问卷等方式，开展多点田野调查和资料搜集，积累了大量农村地区与生态文化产业发展相关的一手资料。本书从中选取了两个村作为个案，分别是浙江省湖州市德清县莫干山镇劳岭村、广西桂林市恭城县莲花镇红岩村，这两个案例都非常具有典型性和代表性。在走访调查研究中进一步论证了"十里不同风，百里不同俗"是中国不同农村区域山水风光、生活生产和民俗风情的真实写照。本章主要运用案例和比较相结合的方法，进行深入而系统的调查和实践，得出了一些重要的经验借鉴和启示，希冀为中国其他农村地区生态文化产业及其发展提供有益的经验启示。

---

① 毛泽东选集：第三卷［M］. 人民出版社，1991：802.

② 习近平. 在党的十九届一中全会上的讲话［J］. 求是. 2018（1）：3-8.

第一节　东部地区农村生态文化产业个案： 以劳岭村为例

一、基本概况

劳岭村隶属浙江省湖州市德清县莫干山镇，2012 年党的十八大以来，德清县深入贯彻中央和省市决策部署，在县委、县政府的领导下，经济社会发展呈现较好的发展态势，全县生产总值（GDP）不断提升，据初步核算，2020 年全县生产总值达 544.1 亿元。[①] 人们生活水平有了快速提高，2020 年农村居民人均可支配收入达 35699 元，城镇居民人均可支配收入达 49518 元（图 5-1 所示）。在文化建设方面，2020 年年末，德清县拥有公共文化馆（含分馆）13 个，公共博物馆 1 个，非国有博物馆 6 个，文物保护单位共 85 处（其中国保 5 处 19 个点，省保 7 处 13 个点，县保 73 处），公共图书馆（含分馆）15 个，图书藏书量 52.9 万册，镇（街道）文化站 13 个，文化礼堂 137 家。在旅游业方面，德清县入围中国文旅融合发展名县，获评浙江文化和旅游产业融合发展十佳县区。2020 年全年实现旅游总收入 330.5 亿元，比上年增长 4.9%。德清县乡村旅游接待游客 962.3 万人次，增长 8.7%，实现直接营业收入 39.4 亿元，增长 6.3%。在生态建设方面，2020 年，德清县 PM2.5 年均浓度为 26 微克/立方米，同比下降 25.7%；PM10 年均浓度达到 49 微克/立方米，同比下降 18.3%；空气优良率达到 91.8%，同比提高 9.3 个百分点。

莫干山历史悠久、景色宜人，是江南名山，与北戴河、庐山、鸡公山并称为中国四大避暑胜地。劳岭村地处劳岭山麓，距离莫干山集镇 2.5 千

[①] 本节中 2020 年德清县生产总值（GDP）、居民人均可支配收入、文化建设方面、生态建设方面等相关指标与数据均由德清县统计局提供。

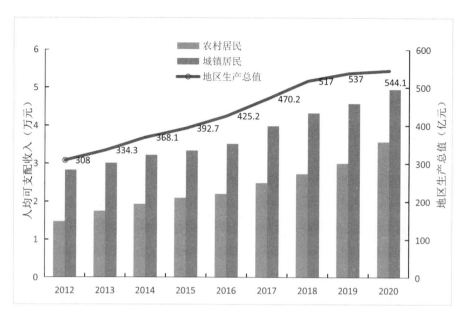

图 5-1　2012—2020 年德清县地区生产总值及全县人均可支配收入统计图
资料来源：根据德清县统计局提供的资料整理所得。

米，紧邻莫干山风景名胜区，是一座有竹、泉、茶的山岭小村，村庄内风景优美，自然环境优越，被称为"除了长城之外，15 个必须去的中国特色地方之一"。因此，依托自然天成的美景和丰富的资源优势，劳岭村在生态旅游休闲市场具有较大辐射力和影响力。2014 年以来，劳岭村形成了主要以生态旅游业为主的产业集聚区，包括茶文化展示、生态休闲、国际教育培训、餐饮配套、艺术精品酒店、特色民宿等在内的农村特色产业，吸引来自四面八方的旅游者、商家、文化学者、农品经销商，不同需求的消费者都能在这里找到自己需要的情感、体验和交流方式。劳岭村位于德清县西部，村域面积 6.6 平方千米①，总人口 1485 人，年人均收入达 4 万余元。其中村干部 7 人，现共有党员 67 名（图 5-2 所示）。距离 104 国道6.5 千米、杭宁高速公路 12 千米，县级公路自东向西从村中心贯穿而过，

① 德清县地方志编纂委员会．德清年鉴：2018［M］.北京：当代中国出版社，2019：459.

地理位置优越，交通十分便利。村庄内拥有石颐寺水库和劳岭水库。劳岭村凭借独特的生态优势，通过深化村庄经营理念，大力发展国际化低碳民宿旅游新业态，加快实现"生态富民、绿色崛起"，创造了"绿水青山就是金山银山"的德清实践，并于2015年入选中国最美休闲乡村。先后有南非、韩国、荷兰、西班牙、英国、法国等多个国家商人来此租房开办民宿，是中国"洋家乐"的发源地。劳岭村不断将自然美景与人文建设相融合，打造风景宜人、环境舒适的现代美丽乡村，高端的国际化低碳民宿旅游已成为德清农村生态文旅业的一张"金名片"。

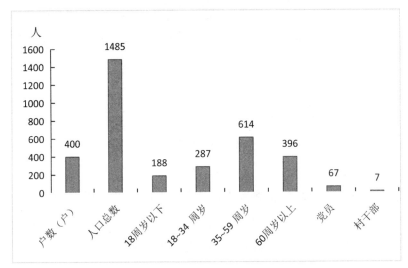

图5-2 劳岭村人口结构及党员、村干部统计情况

资料来源：根据采访劳岭村支部书记时提供的相关资料整理所得。

二、劳岭村生态文化产业发展现状及成因分析

（一）总体状况

党的十八大以来，浙江省高度重视生态文明建设。在党和政府的带领下，德清县生态文明建设取得了较好的成效。2016—2019年德清县生态文明建设年度评价结果排序如下（见图5-3），这为劳岭村生态文化产业及

其发展提供了良好的生态环境。

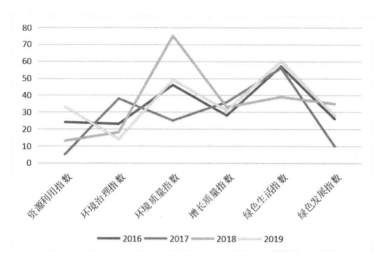

图 5-3　2016—2019 年德清县生态文明建设年度评价结果排序

资料来源：根据德清县统计局提供的资料整理所得。

　　2007 年以来，劳岭村紧紧围绕生态立村、生态经济村的目标，以"洋家乐"民宿、生态旅游、生态休闲为特色的生态文化产业发展态势较好，每年带动全村经济产业链收入呈上升趋势。劳岭村主要通过村民（代表）大会、党员大会、入户走访等形式宣传引导，在全村形成了齐抓共促产业发展的浓厚氛围。先后有英国、美国、西班牙、韩国、法国以及本地客商租赁村庄房屋，办起了以"洋家乐"为载体的农村生态文化旅游业。近年来，在各级政府、村两委与社会组织的共同努力下，加强顶层设计，重视生态文明建设，依托优美的生态环境优势，以茶产业、竹产业及精品民宿为载体，大力发展"洋家乐"生态文化旅游业，在国内外产生了较大的影响。2020 年，劳岭村接待游客 22 万人次，全村人均年收入由 2008 年的 2800 元增至 51230 元；村集体年收入 2008 年至 2020 年间不断提高（图 5-4），2020 年已达到 268 万元，真正实现了村强民富。现村庄内有民宿 87 栋，其中在精品高端民宿业排名靠前的裸心谷、裸心堡都坐落在劳岭村内。以裸心堡为例，打造以"快活裸心"的态度思考人与人、人与环境、人与自身的联系，依托原生态的自然景观和淳朴厚重的文化景观，自 2017

年运营以来，获得了较好的经济效益。在政府的引导和支持下，劳岭村已成为首批"点状供地"的试点，25.3公顷的总占地面积，建设用地仅用了2.03公顷，不但大大节省了用地指标，而且使建筑自然地融入了周边生态自然环境，是主要以提供高端生态旅游与生态休闲体验为主的综合体。同时，裸心堡"点状供地"的成功模式被各地效仿，并在全国推广。不仅如此，劳岭村扎实推进"四好农村路"建设，在农村生态建设、环境保护和综合整治方面下大功夫，建设美丽乡村；完善乡村治理机制，切实加强以党组织为核心的农村基础组织建设；强化村干部"一定三有"政策，激发村干部的积极性与存在感，同时加强农村基层民主管理，增强村民们的参与积极性。

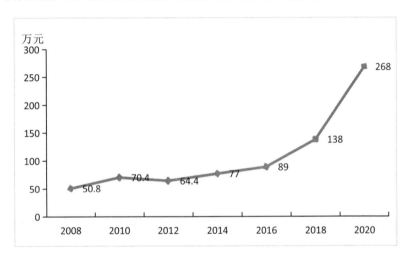

图5-4　2008—2020年劳岭村集体经济年收入情况

资料来源：根据采访劳岭村支部书记时提供的村集体经济发展相关资料整理所得。

依托田园风光、绿水青山、村落建筑、乡土文化、民俗风情和人居环境等生态文化自然资源，劳岭村大力发展生态文化旅游业、乡村生态民宿业，把自然生态资源视为最宝贵的财富，既实现了生态富民，也保护了劳岭村的自然生态环境。经过10多年的努力，农村生态文化产业有了长足发展，并且在生态环境保护、村民增收、带动就业及社会稳定等方面取得了良好成效。总而言之，在政府、企业、村民等全社会的共同努力下，劳岭村实现了政策好、村落美、村民富，走出了一条"精、特、新"的农村生态文化产业发展之路，使良好生态环境成为劳岭村生活质量的增长点、展现劳岭村美丽形象的发力点。

（二）存在的问题

一是上级专项资金缺乏，制约基层部门对相关生态文旅项目的落实。二是生态资源开发利用与保护强度不够，依然存在着生态资源利用不足、开发不当等问题。三是对生态文化价值挖掘不深，劳岭村茶文化、竹文化尚未形成完整的产业链，特别是在生态文化价值方面亟须进一步深耕。四是生态文化产品与生态文化服务大众化，高端精品较少，同时还存在专业化、高端化配套设施与服务供给不足，譬如，大型休闲、体验与购物等设施条件尚未完善，标准化服务水平有待提升，应当引导和支持产业经营主体加强对从业人员的培训，提高从业人员综合素质，规范服务流程，为消费者提供优质的生态文化服务，促进农村生态文化产业高质量发展。

（三）成因分析

一是政府层面。近年来，政府主要起着引导作用，劳岭村成立了村庄社会治理工作站，在处理一些事务上两者之间存在脱节问题，导致引进的一些项目无法落实。二是村民层面。由于现村庄内规模较大的生态涵养型民宿大部分由南非籍、法国籍等外国商人经营，村民们以每年 10 万不等的价格把自家土地转租给承包者运营，村民自主经营参与度不够，积极性不高。另由于劳岭行政村是一个合并村，规模较大，人口较多，组织结构较复杂，导致土地产权和集体经济等方面界限不够明晰。

三、劳岭村生态文化产业 SWOT 分析

（一）劳岭村生态文化产业之优势与劣势

劳岭村生态文化产业的优势主要有以下几点。一是农村生态自然优势。山林面积 651.73 公顷，生态环境良好，茶叶、竹类资源非常丰富，其

中茶叶约 90.07 公顷，毛竹林 362.4 公顷，年产毛竹 25 余万支。① 在镇政府的支持下，于 2018 年投资 80 万元修建了劳岭水库和石颐寺水库，对生态公益林水源涵养起到了很大的作用，并完善了劳岭村夜间观赏灯、路灯等基础设施，还配套建设了休闲健身公园、观景亭、生态文化长廊等。绿水青山是劳岭村得天独厚的自然财富和资源禀赋，生态红利催生了美丽经济，使劳岭村走出了一条在"保护中发展"的绿色发展道路。良好的生态自然环境离不开全社会的共同努力，在公众层面，劳岭村村民充分挖掘生态、区位、资源等优势，逐渐领略到一种全新的发展境界即一二三产业融合发展的生态经济形态。在政府层面，基层党委全面推进"以生态建设为主体、以生态服务为特色"的发展战略，带动劳岭村保护森林资源、修复湿地系统、发展林业产业、构建智慧林业、打造"民宿+"品牌。

二是地理区位优势。产业发展，交通为先。地理因素对农村生态文化产业的开发和发展，在很大程度上也起着重要作用，地理位置（运作成本）对区域经济集聚的产生起了至关重要的作用②，可见，地理位置对农村生态文化产业的发展也是不容忽视的。劳岭村交通条件较好，拥有良好的地理优势，为打造以杭州为核心的"一小时生活圈"，辐射上海、南京的"三小时经济圈"提供了基础保障。2019 年投入 6000 万修建村内道路和扩建村内隧道，其中一条隧道是集镇通往劳岭村的主干道，已扩建至标准双车道；另外一条是劳岭村与紫岭村互通隧道，促进了村域之间的共享共建。目前从上海、南京、杭州等地出发，到达劳岭村在 1~3 小时之内，占有明显的区位优势。

三是产业优势。乡村振兴，产业为要。首先，劳岭村已形成规模化、标准化的民宿集聚区。通过走访裸心堡、西坡、云水阁、星也度假酒店、小木森森、康家寨等多家民宿发现，依托生态优势，劳岭村已形成有特

① 资料来源：与劳岭村支部书记深度访谈所得。地点：劳岭村委办公室，2021-11-02。

② 藤田昌久，克鲁格曼，维纳布尔斯. 空间经济学：城市、区域与国际贸易［M］. 梁琦，译. 北京：中国人民大学出版社，2005：58-60.

色、有影响力的精品民宿区。此外，企业通过土地流转，建有规模较大的义远有机农场、茶场，能够提供秋日水稻丰收、采茶制茶等体验，亲子生态休闲等项目，丰富了生态文化服务供给。其次，以竹文化为契机，积极培育毛竹龙头企业。譬如，开发竹笛衍生产品，不断提升企业的竹产品研发加工能力和市场营销开发能力，走出一条凝聚特色产业、山水乡愁、文化创意的乡村振兴、整村富裕的道路。最后，打造绿色品牌，做大做强茶产业。劳岭村石颐茶场打造石颐牌莫干山黄芽（绿茶），已具有一定的品牌影响力。如今，茶文化产业已成为劳岭村村民脱贫致富的重要依托。劳岭村通过推进茶旅融合，促进现代生态文旅业；创新产业发展模式，推动形成了企业与农户的利益联结机制。习近平总书记强调："鼓励农村发展合作经济，扶持发展规模化、专业化、现代化经营。"① 近年来，劳岭村采取抱团合作、村企联建等方式，共建公司、企业、集体经济联建项目，形成利益共享、优势互补的发展共同体，实现"1+1+1+N"组团发展。劳岭村通过"公司+村集体经济（村党支部+企业党支部共建）+合作社+基地+农户"模式，现已成立德清县莫干山镇劳岭村股份经济合作社。劳岭村在探索产业发展的道路上，始终坚持新发展理念，走绿色可持续发展道路。

四是政策优势。各级政府出台了相关产业扶持的政策文件，以各种形式挖掘开发农村各种生态文化资源，不断探索各片区在特定的自然生态环境下的生态产品与文化内涵的关系，开发出了众多富有本村特色的生态文化产品和体验式生态文化服务，如享誉海内外的竹木文化产品、茶文化产品以及亲子休闲体验馆等。这些独特的生态文化产品结合浙江省各种地方特色的生态文化旅游项目，共同构成了劳岭村生态文化产业发展的坚实基础。

五是强大的村党组织服务队伍做后盾支持。劳岭村组建了一支以镇村干部和党员志愿者为主体的主力军，在村庄内设立"红色驿站"。通过健全村干部包片联户、项目领办等服务机制，为劳岭村生态文化产业发展提供了信息交流、矛盾化解、环境提升、产业管理等全方位服务。同时，德清县坚持

---

① 中共中央文献研究室．十八大以来重要文献选编：上［M］．北京：中央文献出版社，2014：523-524.

以组织振兴保障乡村全面振兴，打出"强村志、强村论坛、强村产业、强村局长、强村指数、强村大会"的"强村六式"组合拳，起到了村社"夯堡垒、强队伍、稳发展"的重要作用，为劳岭村产业发展提供了强有力的保障。

劳岭村生态文化产业的劣势主要有以下两点。一是生态文化内涵的挖掘还需进一步精准化。目前，劳岭村的精品名牌、文化名片尚未打响，在省内特别是省外还没有形成一定的知名度。二是生活文化娱乐的配套设施尚未健全。譬如，大型生态主题乐园尚未建成，2019 年已经竣工的国际教育学校由于各个方面的原因目前尚未对外进行招生，在一定程度上导致了现存宝贵资源的极大浪费。

（二）劳岭村生态文化产业之机遇与威胁

劳岭村生态文化产业主要机遇：生态文化环境市场较好。浙江省生态文明建设走在全国前列，在国内外不断提升生态品牌影响力，也成为劳岭村生态文化产业发展的先导力。2014 年以来，劳岭村坚持向主体多元化、服务专业化、运行市场化的方向不断努力探索。依托每年举办为期一个月的莫干山国际民宿生活节，推动了以打造满足消费者享受艺术乡村生活为主的生态文化产业发展。劳岭村生态文化产业的主要威胁：省内外及其周边地区生态文化产业的快速发展，在品质、业态、服务等方面带来了一定的竞争与威胁。

除此之外，通过走访劳岭村岭坑里、三九坞、石颐寺、鸭蛋坞、劳岭水库等其他自然村，切身感受到劳岭村对农村生态文明建设、生态环境建设的高度重视。公共空间与生态环境的重塑，使村民们的文化自觉与生态环境形成了良性互动。在劳岭村庄道路两旁、公交车站点随处可见"垃圾分一分，环境美十分""垃圾分类的好处""保护生态，爱护环境""垃圾分类，从我做起""提高乡村品位，从垃圾分类做起"等相关醒目的标语，以及劳岭村生活垃圾分类操作指南、简化细化表以及可回收垃圾、有害垃圾、其他垃圾、易腐垃圾投放方式及容器设置。通过与一些村民交谈发现，村民对垃圾分类、投放、处理等环保知识非常熟悉和自觉。在村庄内所有餐饮、咖啡店、民宿均不提供一次性纸杯和碗筷，爱护生态环境已形成一种共识。劳岭村村干部、志愿者以及党员同志定期开展环境整治以及对每月垃圾分类情况进行评选，并在村内公示栏张贴每家农户每个月垃圾分类情况，分为先进户、合格户、促进户，并对先进户进行奖励，对促进户进行整改。正是由于广大人民群众已养成高度生态自觉和文化自觉，秉持"绿水青山就是金山银山"的理念，劳岭村生态文化产业发展走在了浙江省甚至全国的前列。

第二节　西部地区农村生态文化产业个案：以红岩村为例

一、基本概况

红岩村隶属广西桂林市恭城瑶族自治县莲花镇。恭城瑶族自治县拥有优异的康养产业发展资源禀赋，称为"宜游宜养的生态之城"。该县气候环境好，是首个中国气候宜居县；农村人居环境优，荣获中国人居环境范例奖，是第二次全国改善农村人居环境现场会的主会场；长寿文化底蕴深厚，健康文化村、瑶族文化村、瑶汉养寿城、油茶小镇等一批生态康养项目建设初具规模，恭城油茶文化被誉为"长寿密码"，该县被列为"中国长寿之乡"。

为响应习近平总书记"建设壮美广西 共圆复兴梦想"的伟大号召，广西壮族自治区提出了建设六"壮"六"美"新时代广西，以及"对标小康、稳中求进、创新提质、担当实干"的总要求。近些年来，恭城瑶族自治县坚持以习近平新时代中国特色社会主义思想为指导，践行新发展理念，按照高质量发展要求，以经济可持续发展、文化可持续发展、健康可持续发展为重点，持续实施旅游突破战略，支持民间举办油茶文化节、月柿节等节庆活动，还邀请中央电视台拍摄《乡村大舞台》节目，进一步扩大知名度和影响力。同时，积极开展"线上生态旅游"活动，以恭城油茶和恭城瑶族特色康养生态文化为主题，推介恭城特色生态旅游，并积极贯彻落实"健康中国"战略，加快发展康养产业。目前瑶汉养寿城、瑶族文化村、健康文化村、瑶医医院、茶江书院、综合客运枢纽站等一批康养旅游重点项目建成运营。党的十八大以来，恭城瑶族自治县地区生产总值不断提升，2012—2020 年地区生产总值增长率不断提升，2020 年农村居民人均可支配收入达 19860 元，城镇居民人均可支配达 36796 元（图 5-5），接待游客数接近 400 万人次，实现旅游消费近 40 亿元。① 生态文明建设方面，自觉践行"绿水青山就是金山银山"理念，强力推进"森林四禁"，即禁伐阔叶林、禁止开垦 25 度以上坡地林地、禁放山羊、禁种速生桉树，森林覆盖率达 82.46%。严守生态底线，坚持绿色发展，生态环境有了新改善。全年空气质量优良率达 97.3%，地表水水质、集中式饮用水水质达标率均达 100%。文化建设方面，积极传播民族生态文化作品，中华优秀传统文化传承发展工程得到了很大的提升。经过长期努力探索和创新，恭城瑶族自治县打造出独具恭城特色的生态文化品牌，探索出了一条"生态化、低成本、可持续"的改善农村人居环境新路子，为后发展、欠发达地区提供了可复制、可推广的经验。

红岩村隶属莲花镇竹山村下辖自然村，是莲花镇竹山村委所在地，距莲花镇政府 2 千米，县城 14 千米，共有农户 118 户 422 人，所在村委共有党员 37 人、村干部 6 人，所属红岩村户口的村干部 2 人（村支部书记 1 人、副主任 1 人）、党员 11 人（图 5-6），民族有瑶族、壮族以及汉族，主要以瑶族为主，瑶族人口占总人口的 85% 左右（图 5-7）。本村产业主要以月柿生态产业、农村生态旅游业、农村生态文化演艺业为主。红岩村具有天然的自然地理优势，是典型的喀斯特地貌，土层富含丰富的有机质，为月柿的种植和栽培提供了有利条件。《本草纲目》记载，"柿乃脾肺

---

① 黄枝君. 恭城瑶族自治县 2021 年政府工作报告［EB/OL］. 广西桂林市恭城瑶族自治县人民政府门户网站，2021-03-29.

图 5-5　2012—2020 年恭城瑶族自治县地区生产总值增长率及全县人均可支配收入统计图

资料来源：根据 2013—2021 年恭城瑶族自治县政府工作报告整理所得。

血分之果也。其味甘而其平，性涩而能收，故有健脾、涩肠、治嗽、止血
之功"。红岩村月柿已形成规模化、专业化、品牌化的产业链，其中，具
有较大影响力的万亩月柿园就在红岩景区内。红岩村是乡村振兴的典范，
自 2003 年首届月柿节以来，至今已成功举办十八届恭城月柿节。2021 年
10 月 23 日至 2021 年 11 月 28 日，第十八届桂林恭城月柿节在红岩景区月
柿博览园举办。据不完全统计，自首届月柿节举办以来，红岩村共接待游
客 400 多万人次，村民人均年收入已超过 3 万元。① 红岩村先后荣获"全
国农业旅游示范点""中国十大魅力乡村""全国文明村""中国少数民族
特色村寨""中国村庄名片"等多个荣誉称号。在党和政府的带领下，红
岩村加快打造"瑶韵柿乡"田园综合体，探索出了"优势产业+美丽乡村
+生态休闲"的农村生态文化产业发展模式。

---

① 数据来源：在恭城县统计局调研过程中由相关负责人提供。

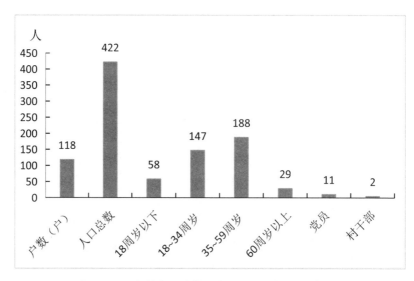

图5-6 红岩村人口结构及党员、村干部相关统计图

资料来源：根据访谈红岩村支部书记、红岩村村主任时提供的相关资料整理所得。

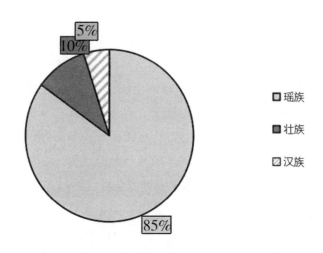

图5-7 红岩村少数民族人口占比分布图

资料来源：根据访谈红岩村驻村工作队、红岩村村主任时提供的相关资料整理所得。

二、红岩村生态文化产业发展现状及成因分析

（一）红岩村生态文化产业发展的总体状况

早在 20 世纪 90 年代初，红岩村是一个出了名的穷乡僻壤之地，当地曾有"七队八队靠国家"这样的顺口溜，而红岩村就是当时的"七队八队"。在国家和政府政策的大力支持下，2002 年政府开始整合土地资源，进行规划建设，与红岩村全体村民达成协议，提供免息贷款的方式，搭建房屋结构一致、面积相当、风格相近、居家设施配套、功能完善的现代化红岩新村。新村平均每户住宅面积达 280 平方米，全部为独立别墅式小洋楼，并于 2003 年 10 月对外开放。至今，政府共投资 1100 多万元，红岩新村已建成独具特色的花园式小别墅 85 栋，并配套有客房 300 多间，开办农家乐餐馆 50 多家，建成了瑶寨风雨桥、滚水坝、梅花桩、环形村道、灯光篮球场、游泳池、旅游登山小道等基础公共设施，以及村庄内具有较大影响力的无公害水果万亩月柿基地。2020 年，红岩村接待游客 18 万人次，全村人均年收入由 2008 年的 1780 元增至 3201 元；村集体经济年收入从 2008 年的 25.5 万元增至 2020 年的 158 万元（图 5-8），随着年份不断提高，真正实现了生态富民。近年来，红岩村以"农业+科技+旅游+文化"为主线，提炼出了"喜柿"的特色品牌定位，充分"嫁接"了柿子在传统文化中"喜庆"的认知，进而做大做强"甜蜜柿业"，推动了生态休闲旅游业快速发展，并创响了"瑶韵柿乡"的"乡字号"乡土特色品牌。

依托中国月柿特色小镇建设，红岩村为消费者与群众提供了多元优质的生态文化体验式服务，提升了生态文化产品附加值。红岩村积极打造特色品牌，推动不同主题和形态的生态文化产业，传承农耕生态文化，实现了生态富民之路，充分证明了"绿水青山就是金山银山"，用行动诠释了人与自然和谐共生。

（二）红岩村生态文化产业发展存在的问题及成因

存在的问题主要有以下几点。一是村民生态文化意识有待提升，参与

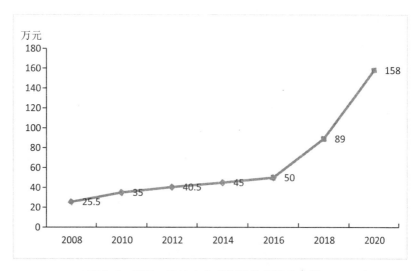

图 5-8　2008—2020 年红岩村集体经济收入情况

资料来源：根据采访红岩村支部书记时提供的村集体经济发展相关资料整理所得。

生态文明建设力度不够。通过问卷调查可知，农村普遍存在知识文化水平低、受教育程度不高等问题，尤其是在 20 世纪六七十年代出生的村民，大部分是小学、初中文凭，红岩村 35 周岁以上人口占比较大，受传统文化根深蒂固的影响，转变新理念需要一个过渡期。二是产业层面自身发展存在问题。红岩村生态文化产业的功能价值亟须进一步挖掘。目前，该村产业的生态功能和文化价值尚未充分发挥，在资源挖掘、要素整合、产业耦合度等方面存在脱节，造成与其他产业的融合度不高。除此之外，还体现在生态文化产品方面，符合主流价值标准的农村文化产品、生态文化精品和生态文化服务较为单一。三是经营主体较为单一。目前，红岩村主要以本地村民、致富能人、党组织带头经营与开发为主，尚未出现其他形式的经营主体，在相关行业通过跨界进入生态文化旅游业领域的更不常见，在引入社会资本方面还存在很大的差距。

通过实地走访和调查，可知红岩村生态文化产业发展存在的问题是多方面因素导致的。一是红岩村采用的是村民自我管理，导致部分村民对政府的相关配合工作持淡薄或漠视态度。由于红岩村成立了村民理事会，制定了村民自治章程和村规民约，对创建后的新村实行村民自我管理，譬如，村民每户每月交纳 40 元管理费，用于清洁卫生和公共设施维修等。村民们普遍缺乏长远的规划意识和系统意识，重视村民自治管理而忽视了对政府或其他部门的相互联系，譬如，签订的门前"三包"协议往往存在不自觉履行的现象。二是极度缺乏"高、精、专"的专业人才队伍。由于以当地村民个体户经营为主，缺乏引进从事文化资本运营、文化经纪代理、文化旅游开发和产业经营管理等专业方面的优秀人才。与东部地区高薪聘请农村职业经理人助力乡村振兴的做法大不相同，当地尚未意识到人才资源要素对农村经济的影响。这也是西部地区大部分农村普遍存在的现象。

三、红岩村生态文化产业 SWOT 分析

（一）红岩村生态文化产业之优势与劣势

优势方面主要有以下几点。一是由党和政府统筹建设。基层政府引领村民积极转变传统生产模式。早在 20 世纪 90 年代初期，红岩村村民通过政府的大力支持和引导，提出月柿标准化种植的举措，带动了村民的积极性、主动性。2003 年，通过月柿富裕起来的村民们在认知层面、行为层面都有了较大的转变，政府把握机遇，提出"五改十化"的高起点、高标准兴建生态新村。除此之外，基层政府及村两委成员未雨绸缪，对新村公共服务、旅游开发等基础设施进行规划建设，具体建设情况如表 5-1 所示，依托生态产业，真正实现了生态富民。二是生态文化资源丰富。红岩村在县、镇政府的带领下彰显本土原始特色，走向农村生态旅游富民之路。红岩村生态自然资源得天独厚，独具风格；民族文化资源丰富多彩，积淀深厚，村民们积极参与，有效利用生态优势转为生态生产力，打响了红岩村特色生态文化品牌影响力。三是乡土文化浓厚。红岩老村现存 100~200 年的古建筑 10 座，独立老房子 60 座，还有拴马石、牌匾等古遗迹，以及较多上百年的老柿树园。村民通过集体协商，决定秉承"不忘起始、留住乡

愁"的理念，对老村及周边进行整体规划和合理开发，并以展现本土生态文化为本，对老村进行修旧如旧，尽可能保留村域内山水格局和街巷基本形态及建筑结构、平面布局，以此来传承本土文化，丰富生态文化旅游内涵，拓宽生态旅游发展空间。传承与保护乡土文化，提升了生态文化魅力。四是党建引领。发挥村党支部引领作用，利用科技培训楼、种养示范基地对农民进行科学技术培训，大力推广新技术、新品种，保证每个劳动力都掌握两门以上致富技术。在走访调查中发现，村民们通过把月柿去皮，晒干后可做成各式各样的精品形状，如玫瑰花、辣椒、动漫人物等，形态不一、栩栩如生。除此之外，优质精美的柿子产品品种多样，譬如，柿子茶、柿子醋、月柿工艺品，抢占了消费市场的制高点。除此之外，红岩村还组建了农民篮球队、文艺表演队、老年人协会等组织，积极组织开展"美德在农家""新风进农家""文明家庭"等精神文明创建活动。总之，红岩重视村风建设，家庭邻里团结和谐，生活方式健康文明，社会治安秩序良好，村风民风淳朴，群众安居乐业。

表 5-1　红岩村基础设施一览表

地址	项目名称
红岩村	村级服务中心、文化广场、硬化通村道路、环形村道和观光小道
	柿园观赏中心、瑶族特色风雨桥、滚水坝、过坝梅花桩
	马头山上的观景亭台、登山绿道
	月柿节主会场、大戏台、大型停车场、公共厕所、一体化生活污水处理站

资料来源：根据采访红岩村村主任提供的相关资料整理所得。

习近平总书记强调，一个地方的发展，关键在于找准路子、突出特色。欠发达地区抓发展，更要立足资源禀赋和产业基础，做好特色文章，实现差异竞争、错位发展。① 红岩村依托月柿产业，立足生态资源，改善

① 习近平在山东考察：汇聚全面深化改革的强大正能量［EB/OL］. 中国政府网，2013-11-28.

人居环境，发展农村生态文化旅游，跳出"种果—卖果"的传统农业模式，实现了以生态产业发展促进人居环境改善到以生态环境改善实现生态富民的跨越，从"外在美"迈向"内在美"，从"环境美"迈向"生活美"，成为后发展欠发达地区改善农村人居环境的典范。

劣势方面主要有以下几点。其一，红岩村生态文化产业超越了传统农业与生态、文化与产业、景区与旅游的运营方式，但仍处于初级发展阶段，尚未通过跨界融合、创意赋能、技术驱动等形式，导入"场景体验""端口导流""数据挖掘""IP 输出"等高阶的互联网新商业模式，与农村生态文化产业的"蓝海"还存在着很大的差距。其二，红岩村作为西部少数民族村，尚未激活民族特色生态文化助力产业发展。红岩村民族文化资源开发利用程度较低，还有很大的拓展空间。与一般农村相比，民族地区的生态文化产业发展应当把独特优势转化为明显优势。其三，基础设施建设滞后。与其他发达地区的农村基础设施相比较，红岩村基础设施较为滞后。目前，村庄内只有一个大型停车场，从集镇通往红岩村的唯一主干道，仅仅能够保证两辆大型客运车相向正常行驶，但秋收季节前往参观旅游的大巴车较多，村民们需要进出交易市场销售柿子，易造成道路拥堵，同时也存在较大的安全隐患。其四，产业专业化人才匮乏。在生态旅游、生态文化保护、生态文明建设等长期规划和可持续发展方面，在专业人才培训、市场信息发布、数字化运营等方面缺乏专业人才服务。

（二）红岩村生态文化产业之机遇与威胁

机遇方面。契合乡村振兴及产业发展、乡村风貌改造、田园综合体、农旅融合等良好时机，2018 年，恭城县政府出台的《恭城瑶族自治县加快旅游业跨越发展奖励办法（试行）》指出："乡村旅游区，非政府投资的项目，经旅游主管部门或授权组织评定为五星级乡村旅游区的，一次性给予 150 万元奖励，经评定为四星级乡村旅游区的，一次性给予 80 万元奖励，经评定为三星级乡村旅游区的，一次性给予 20 万元奖励；星级农家乐，非政府投资的项目，经旅游主管部门或授权组织评定为五星级农家乐的，一次性给予 40 万元奖励，经评定为四星级农家乐的，一次性给予 20 万元奖励。"① 该奖励办法成为推动恭城县生态文化旅游业跨越发展的重要因素。这充分表明自广西特色旅游名县和国家全域旅游示范区创建工作开展以来，县政府加大了对旅游项目和旅游基础设施建设力度，努力推进全县生态旅游跨越发展，为红岩村生态文化产业发展带来了良好的机遇。

威胁方面。首先，红岩村生态文化产业尚未形成规模化、标准化、网络化、信息化的集聚区。大多数经营者或从业者由家庭联产承包、合伙人以及个体户组成，抵御风险能力较弱。其次，受到传统价值观念的束缚。由于长期以来受传统观念的影响，人们的生态文化自觉意识还不强烈，在进行产业化生产过程中，忽略了产业的特殊性。最后，周边其他村庄的替代威胁。恭城县以柿子产业为主，很多村庄以生态产业为契机，结合本村本土民族文化特色，大力发展生态文化产业，例如，周边平安乡邓扒村、社山村，莲花镇莲花村、凤岩村、矮寨村及其兰洞村，都取得了较好的成效。

第三节　东西部地区农村生态文化产业发展比较与启示

通过对不同区域典型个案的探析，农村生态文化产业发展呈现差异化特征的进一步对比分析和研究，能够为今后各地区农村生态文化产业发展提供较好的借鉴启示。

一、东西部地区农村生态文化产业发展之比较

通过对劳岭村和红岩村生态文化产业的案例分析，我们发现东部地区和西部地区农村生态文化产业发展在产业基础与产业优势、产业发展模式

① 恭城瑶族自治县人民政府．恭城瑶族自治县人民政府关于印发《恭城瑶族自治县加快旅游业跨越发展奖励办法（试行）》的通知［EB/OL］．广西桂林市恭城瑶族自治县人民政府网，2018-08-01．

以及产业发展业态等方面有着不同之处。

(一) 东西部地区农村生态文化产业发展基础与优势比较

中国东西部地区农村生态文化产业的发展表现出明显的区域差异性，不同农村区域在自然资源、人文历史、民俗风情、社会环境等方面的差异造就了中国东西部地区农村生态文化产业发展基础与发展优势的明显差异。

首先，东部地区农村生态文化产业发展有显著的经济环境，不仅以生态文化创新为先导，而且非常注重生态创意。相比西部地区，东部地区的农村生态文化产业在融资金、创意、高效和数字技术为一体的基础上，充分利用社会优质资源。同时，农村生态文化产业在进行内容创意研发时，通过数字技术创新，更能凸显农村生态文化产业的生态功能、文化功能、经济功能以及宣教功能。东部地区农村生态文化产业发展具有专业化的队伍和带头致富能人，以及网络化、数字化、共享化的信息资源，且在市场需求方面如市场消费能力上居全国领先地位，有利于各类资源要素的流通。

其次，认知层面的差异性造成了东西部农村生态文化产业发展不同。西部地区认知上普遍存在生态文化意识不强，在产业发展进程中尚未深入把握生态文明理念，在乡村振兴战略实施中贯彻新发展理念存在偏差。然而，随着国家向西部地区政策和财政倾斜，西部地区农村生态文化产业及其发展迎来了良好的机遇。一方面，国家高度重视西部地区特别是贫困农村经济发展，提供了技术保障、金融支持以及人力组织等发展要素。特别是党的十九大报告中提出乡村振兴战略，各地区牢牢抓住机遇，顺势而为、乘势而上，加快发展乡村特色产业，促进乡村全面振兴。西部大部分地区农村抓住政策红利，激活民族资源特色，积极探索农村生态文化产业及其发展，得到了国家各层面人力、物力及财力等多方面鼓励和支持，这为西部农村产业发展提供了重要的基础条件。另一方面，伴随农村经济的提升，带动了当地村民增收，吸引了越来越多外出村民返乡发展、留乡创业，助力乡村振兴，激活了乡村全面振兴的内生动力。在国家政策红利的激发下，民族地区独特丰富的原生态文化资源不断被挖掘、激活和合理开发，实现了以产业扶贫、资源联享使村民脱贫致富的美好愿景。西部农村地区充分发挥了农村生态文化产业所具有的独特的经济与文化功能、生态与社会功能，这是其他农村产业无可比拟的独特优势。

（二）东西部地区农村生态文化产业发展模式比较

不同地区在发展模式上也呈现出显著的差异性。习近平总书记指出："在不同地区、不同产业、不同环节都有各自的适应性和发展空间，不能只追求一个模式、一个标准。"① 总的来说，依托区位和经济快速发展的明显优势，东部农村地区在科技创新、革新方面具有优越的有利条件，主要以市场化主导为主；西部农村地区经济相对落后，主要是在政府引导下发展起来的。

首先，东部地区农村生态文化产业发展模式较为成熟。目前，东部地区农村生态文化产业发展模式因地制宜。2020 年 10 月，浙江省发布了"浙江乡村振兴十大模式"，包括空间集聚模式、绿色崛起模式、产村融合模式、品牌引领模式、数字赋能模式、文化深耕模式、要素激活模式、能人带动模式、片区联动模式、四治融合模式，为不同地区农村生态文化产业的发展指明了方向。相比之下，东部地区是我国经济最为发达的地区之一，市场经济体系相对完善。同时，东部地区具有显著的资源优势，处于创新链的上游，在产业链、创新链、供应链等方面都具有较大的优势，具体体现在以下方面：在基础设施方面，农村与城市有效衔接、双向流动；在专业人才方面，引进高科技人才，从事专门领域的研发；在地理环境方面，区位优势显著。农村与城市双向流动有效转化为经济潜力，且农村已形成比较成熟的市场经济氛围，市场对推动该地区农村生态文化产业的发展有重要作用。例如，在莫干山高新技术开发区，主要采取组织及农村职

① 中共中央文献研究室 . 十八大以来重要文献选编：上 ［M］. 北京：中央文献出版社，2014：658.

业经理人等多主体引导农村生态文化产业发展。政府大力倡导生态文化产业自由发展，制定的法律法规营造了一个较为有序的市场环境。在实地调研中发现，东部沿海集镇周边农村地区，往往建成了生态文化产业园区，带来聚集效应，加之国家乡村振兴战略的全面实施，相对而言，农村生态文化产业发展有了良好的发展机遇。除此之外，更多的是需要大型文化企业进驻农村，形成产业规模，带动生态文化产业化。这是东部地区农村生态文化产业取得较好发展的显著优势。

其次，西部地区农村生态文化产业以"政府主导+特色资源开发"的发展模式。大体上西部地区的经济发展总体水平不高，特别是在创新、数字、信息等要素方面较缺乏，而农村地区这些资源要素尚未完善，极度贫乏。尽管如此，依然可通过激活西部民族特色优势资源，强力推动该地区农村生态文化产业的发展。国家一系列文件政策出台，为推动农村生态文化产业在不同区域的落实，提供了重要的保障作用。近年来，西部各级地方政府以专项项目奖励、借贷减免息、加大信贷支持力度等方式，提供优惠利息贷款或短期低息（无息）贷款，培育了一批重点文旅企业，并进一步推进了新时代文明实践站、生态文化示范村镇的建设。如 2020 年 6 月，广西壮族自治区人民政府办公厅印发了《关于加快提振文化和旅游消费若干措施的通知》，这对加快西部地区农村生态文化产业的发展具有重要的积极作用。

（三）东西部地区农村生态文化产业业态比较

不同区域农村生态文化产业发展还表现在产业业态各不相同。其一，东部地区农村生态文化产业主要以高端生态文化创意、精品生态文化旅游业、高端乡村民宿产业为主。随着地域区位发展快、市场需求量大、核心技术领先等重要因素的影响，东部地区农村生态文化产业发展逐步由"要素驱动"向"创新驱动"转化，其中以生态文化创意类为代表的农村生态文化产业发展态势较为迅速。其二，西部地区农村生态文化产业主要以大众化、中高端品质的生态文化旅游、生态休闲、生态文化演艺业为主。在经济发展、技术水平、地理区位等重要因素的影响下，西部地区积极探索农村生态文化产业的可持续发展道路，出现多样化的产业业态。这些地区农村生态文化产业主要以当地农村地区丰富多样的民族生态文化资源和自然生态资源为发展基础，大部分表现在传统生态文化旅游业、原生态手工艺品制作业等领域。目前，已出现众多农村地区的成功实践案例，值得其他农村地区仿效和借鉴。众所周知，昆明、大理、丽江等地区以"云南印象"著称，有着得天独厚的生态文化资源和地理条件，大力推动民族生态文化产业，带动了乡村生态旅游业、生态休闲业及民族生态演艺业等产业繁荣发展。而作为西部文化旅游和创意娱乐中心的成都地区，发挥区域优势，通过生态文化资源数字化、产业化，形成了"四片两区一带多点"的新格局。

综上，通过考察东西部地区具有一定典型性的农村生态文化产业发展，可以得出农村生态文化产业的发展策略应当以思维层面、资源层面、技术层面、创意层面及市场要素层面为切入点。相比东部地区，西部大部分农村地区资本方面缺乏生态文化开发的雄厚资金，生态效益尚不显著；生态文化市场要素方面，生态文化消费市场还需进一步激发；资源要素方面，西部地区具有明显的优势和竞争力。总的来说，中国各地区农村新兴生态文化业态日益成为农村生态文化产业的主体，不再局限于传统的乡村旅游、农家乐、生态产品加工等相关产业与服务业。随着生态文化消费升级，推动促进文化管理制度创新，推进农村生态文化体系更加完善，是探索农村生态文化产业可持续发展的必由之路，从而推动"美丽乡村"转化为"美丽经济"。

二、经验与启示

农村生态文化产业发展的不断深入，积极有效地推动了农村生态"强起来"，农村文化"活起来"，农民生活"富起来"。习近平总书记强调："建立多层次文化产品和要素市场，鼓励金融资本、社会资本、文化资源相结合。完善文化经济政策，扩大政府文化资助和文化采购，加强版权保护。"① 通过查阅大量相关文献，到农村通过实地走访、调查和座谈等多种形式进行实践研究，调查结果充分表明了我国农村生态文化产业作为新业态，发展过程中面临着亟须解决的诸多疑点、难点。通过总结以下借鉴启示，希冀为不同地区的农村生态文化产业发展提供科学指导。

（一）破除思想藩篱，转变思想认识是农村生态文化产业创新发展的前提

破除思想藩篱，转变思想认识，必须对农村生态文化产业的分类进行科学界定。由于农村生态文化产业的融合性特征，其分类并没有明确的标准，许多声称是生态文化产业的产品和服务实质上并不属于真正的生态文化产品，是某些为了获取经济利益的企业为了吸引消费者，传播错误的观念误导消费者。在全社会必须普及生态文化教育，提高人们的生态文化意识，政府部门应当广泛宣传生态环境保护的重要性，提高人们在生活中的环境保护自觉意识，并自觉融入日常生活中去。农村生态文化产业的发展应当与中国特色生态文明建设的目标是高度一致的，因此，在开发和利用可再生资源进行产业化过程中，要坚持社会效益优先原则，保护生态环境和节约资源。

（二）加强顶层设计，统筹资源整合力量是推进农村生态文化产业发展的有效方法

顶层设计需要有系统思维，需要站在大历史观的立场，谋划推进，统筹企业、社会、村集体等资源，整合集体力量，实现让市场更有效、政府更有为、村民更受益。"所谓顶层设计，就是要对经济体制、政治体制、文化体制、社会体制、生态体制作出统筹设计，加强对各项改革关联性的

---

① 中共中央文献研究室．十八大以来重要文献选编：上［M］．北京：中央文献出版社，2014：534.

研判，努力做到全局和局部相配套、治本和治标相结合、渐进和突破相促进。"① 当前关于生态文化产业及其发展的顶层设计尚不完善，需要以系统思维加强农村生态文化产业体系的建设。与城市相比，大部分农村位置较偏僻，经济欠发达，村民的生态文化观念比较差，环境保护意识欠缺。一旦开发成生态文化产业，人类往往以生态资源为代价，盲目追求经济效益，这与生态文化产业的价值功能完全是相背而行的。因此，必须借鉴国外一些发达国家的成功经验，统筹各类资源要素，结合标语牌、电视、广播和录像等多种载体和手段，举办一些环境保护活动，向广大群众及消费者进行生态文化价值、生态环境意识宣传和教育，宣传并传播好保护生态环境的重要性、传统文化保护的科学价值以及人与自然和谐关系的重要性，让公众更新观念，从思想和行动上真正重视生态文化，做到保护优先，在开发中保护、在保护中开发。

（三）激活市场需求，摆脱路径依赖是解决产业发展瓶颈的关键

习近平总书记强调："中国经济发展正在从以往过于依赖投资和出口拉动向更多依靠国内需求特别是消费需求拉动转变。"② 这一重要论述为扩大市场需求和消费指明了方向，激活了市场需求，激发了消费潜能。目前，在生态文化市场开发上，还存在着不少空白点，优质生态文化产品和生态文化服务的品牌附加值尚未凸显。要通过问题导向激活市场需求，增强问题意识，在不断解决问题中引发新的谋划、新的举措、新的进展。劳岭村以生态环境为依托发展起来的民宿集聚区就是最好的例子：越来越多的消费者倾向于由南非籍商人经营的价格昂贵的裸心堡（每晚1500～2000元房费），满足自身的更高层次的精神消费需求，而一般的普通民宿（每晚400～800元房费）已经很难激发消费者的一般消费需求。通过聚焦自身

---

① 中共中央文献研究室. 习近平关于全面深化改革论述摘编 [M]. 北京：中央文献出版社，2014：32.
② 王珂，齐志明. 消费成为中国经济增长主引擎（"十三五"，我们这样走过）[N]. 人民日报，2020-10-08（1）.

发展问题，分析消费者需求趋势，与市场精准对接，是产业发展壮大的关键之处。马克思认为，"当市场扩大，即交换范围扩大时，生产的规模也就增大，生产也就分得更细"①。在数字经济时代，市场需求不断扩大，农村生态文化产业发展应当向数字化、网络化、集群化、规模化以及高质量发展等趋势大步迈进，向世界提升国际市场影响力。

深邃的思想，在时间洗礼中愈显光辉；科学的理论，经实践检验更有力量。斯大林曾经说过"脱离实际的理论是空洞的理论"。通过调查研究与个案比较，进一步证实了东西部地区农村生态文化产业在发展基础、业态、优势及其模式上有着显著的差异性，也表明了农村生态文化产业的发展与村民主体利益是休戚相关的。产业的发展必须注重个人利益与发展，发挥广大村民的主体性、主导性，激发农村发展内生动力，使"资源变资产，资金变股金，农民变股东"，在政府引导、市场主导机制下，聚焦自然资源塑形、生态产业做实、文化铸魂，全面塑造乡村"形、实、魂"，从而推动乡村全面振兴。党的十八大提出"增强生态产品生产能力"，良好生态环境为优质生态产品提供宝贵原料。只有保护好生态环境这个根基，才能推动农村生态文化产业不断衍生出优质的生态文化产品和生态文化服务。

尽管在调查研究中发现大部分地区农村生态文化资源的现代转换模式、产业开发程度、开发主体迥然不同，特别是在中国经济发展水平不同的东西部地区尤其明显，但正如马克思所说："在一定的经济规律支配下，文化和经济在发展中既有平衡，也有不平衡的时候；既有成比例，也有不成比例的时候；既在同一社会水平线的对称点上相应，又在历史长河中呈螺旋形的曲线交叉向前推进。"② 文化发展与经济发展之间存在不平衡发展规律，西部地区应当抓住机遇，释放政策红利，明确整体定位，系统深入

① 中共中央马克思恩格斯列宁斯大林著作编译局.马克思恩格斯选集：第2卷［M］.北京：人民出版社，2012：699.
② 中共中央马克思恩格斯列宁斯大林著作编译局.马克思恩格斯选集：第2卷［M］.北京：人民出版社，2012：732.

谋划，充分利用好民族生态文化资源及其生态环境优势，深度挖掘独有的民俗风情、历史文化，积极开发并生产出具有地方民族生态文化的产品与体验式生态文化服务，有效提升西部地区农村经济整体实力。

第六章

马克思主义自然观视域下农村生态文化产业发展策略

著名哲学家海德格尔"诗意地栖居",已成为人类的共同向往,是人们孜孜追求的美好生活境界。绿水青山既是自然财富,又是经济财富。如何保护好人类赖以生存的生态环境,使之彰显出独特的生态价值和经济价值,是一项重大的时代课题。农村生态文化产业提供优质的生态文化产品和服务以满足公众对优美生态环境的需求,具有与其他一般农村传统产业无法比拟的发展优势和竞争力,其发展理应是生态文明建设的题中应有之义。推动农村生态文化产业及其发展,通过资源转化、价值提升、结构优化等产业模式,能够把生态价值和财富转化为社会财富、经济财富,把良好生态环境优势转化为生态总价值增值优势,不断促进生态、文化、康养、旅游以及教育等方面的深度融合发展。立足前面章节分析的基础上,本章对马克思主义自然观视域下农村生态文化产业发展提出实施原则、主要目标及实践路径。

第一节　农村生态文化产业发展策略的实施原则

探寻农村生态文化产业发展规律及演进过程中,可知独具风格、积淀深厚的生态文化是当前农村生态文化产业发展的土壤和根基。我们一定要正确处理好产业内部因素和外在环境的相互关系,辩证地看待问题,如此才能真正实现生态文化的保护和传承创新、自然资源的开发和利用、农村生态文化产业的发展和壮大。习近平总书记强调:"要科学布局生产空间、生活空间、生态空间，扎实推进生态环境保护，让良好生态环境成为人民生活质量的增长点，成为展现我国良好形象的发力点。"① 在探讨具体实践过程中也充分表明了，发展农村生态文化产业要坚持以发挥农民的主体性为基本前提、以开发与保护并重为基本方针、以绿色发展为基本途径、以弘扬生态文化为重要支撑、以创新驱动为发力点的基本原则，优化农村生态文化产业布局和结构调整。

一、以发挥农民的主体性为基本前提

目前，我国已全面实施乡村振兴，中国共产党集体自始至终把人与自然的相互关系问题放在发展的重要地位，并发挥中国共产党的领导作用、人民群众的主体作用、社会主义制度的优势作用，推动社会主义生态文明建设。② 农民群众是乡村振兴的主力军，要通过激发他们的积极性、主动性、创造性，从而激活乡村振兴的内生动力。随着乡村振兴战略的深入实施，国家把产业发展重心转移到农村，国有、外资、民营等机构企业作为经营者共同进入农村市场，国家鼓励社会各方面力量特别是当地农民群众发挥主体性和能动性，积极参与农村产业发展。各地区立足区域特色民族和民间工艺生态文化资源，涌现出一大批民族原生态工艺品的生产专业村、专业户。通过挖掘村寨的生态优势资源进行生产、加工、销售，许多专业村年产值均已达上亿元，当地群众收入大幅增加，农民幸福指数有了很大提升。坚持政府引导、市场运作、农民入股等多种形式，鼓励农民群众面向市场，用市场机制激励和规范企业的发展，并通过农村手艺人、非物质文化传承人、工艺美术师等主要经营者和生产者来扶持引导。同时，支持引导各地农村通过文化能人、农民群众文艺队转变传统思想观念，树立生态意识、市场意识，主动成为市场主体，并培育出许多新型农村生态

① 中共中央文献研究室. 习近平关于社会主义生态文明建设论述摘编 [M]. 北京：中央文献出版社，2017：27.

② 张云飞. 社会主义生态文明观的科学典范 [J]. 马克思主义研究，2020 (10)：45-53，167-168.

文化产业业态。不断鼓励农民创新农村生态工艺业经营模式，充分借鉴"公司+基地+农户"的产业化经营模式，许多农村手艺人开始不断摸索各种形式的联合经营与合作发展，提高了农村生态文化产业的市场整体竞争力。农村生态文化产业发展日益强大，以发挥农民的主体性为基本前提，既充分尊重了农民主体地位，又切实发挥了农民在乡村振兴中的主体作用。

二、以开发与保护并重为基本方针

开发和保护生态文化资源是解决农村生态文化产业在经济与生态矛盾中的可行路径。农村生态文化产业在发展过程中要注重合理开发和利用生态自然资源，同时要加强生态文化资源保护。自然生态资源作为不可或缺的生产要素，其开发是有限度的，而作为传统生态文化资源，其开发将是无限度的。因而，利用与开发生态文化资源，积极保护和挖掘生态自然资源，是马克思主义自然观视域下农村生态文化产业发展创新的必然选择。美国人类学家朱利安·史徒华（Julian H. Steward）认为，生态环境影响社会和文化的形成发展。① 生态环境对人类文化形成、社会发展起着重要的作用。在探讨农村生态文化产业的具体实践中，必须以保护与开发并重为基本方针，深入系统地探究各个地区农村生态文化的丰富内涵、载体形式、产业化模式，杜绝为获取经济效益而一味索取。通过合理的模式对农村生态文化资源进行产业化改革，才能使农村生态文化在保护中传承下去。

文化内部的功能性关系以及不同社会中独立发生之文化变迁的过程都有其规律。② 生态文化是人与自然和谐相处的模式样态，是社会变迁过程中人类与自然相互依存而逐渐形成的，有自身的内在规律与发展方式。新

---

① 史徒华. 文化变迁的理论 [M]. 张恭启，译. 台北：远流出版事业股份有限公司，1989：208.

② 史徒华. 文化变迁的理论 [M]. 张恭启，译. 台北：远流出版事业股份有限公司，1989：1.

发展格局下不断推进生态文明建设，只有遵从生态文化本质内部的客观规律，充分认识并保护好这种文化内涵、运行规律，才能引领农村生态文化产业的持续、科学、协调和健康发展。一要坚持科学保护、合理开发和永续利用农村生态自然资源和生态文化资源。开发自然资源的独特性和稀缺性，通过积极高效合理地开发利用，把生态优势转化为生态价值。开发过程中注重保护好农村生态文化的乡土性和原真性，既要创造生态效益、经济效益和社会效益，又要推动农村生态文化的传承发展。二要处理好农村生态保护与产业化发展的内在逻辑关联，注重先规划、后开发，使生态文化成为促进农村区域生态文化产业发展的经济资源和优势。三要做好传统生态文化传承与经济高质量发展相结合。农村积淀下来的生态文化往往是经过了几千年人类生活的洗礼所形成的中华优秀传统文化，"是传统与现代、既有性与鲜活性、民族性与世界性、自明性与被明性等辩证统一的有机整体"①，既不能为了片面强调经济效益而掠夺式开发，也不能采取"死保"的旧观念。只有理性的、实践的、科学的生产性保护，才能实现农村生态文化产业发展中经济、生态和社会效益相统一。习近平总书记强调："像保护眼睛一样保护生态环境，像对待生命一样对待生态环境。"②在追求社会经济质量和效益的过程中，要注重生态环境的可持续性。因此，加强农村生态文化保护与科学开发相结合，亦是实现乡村文化振兴与产业振兴相结合的重要举措。

三、以绿色发展为基本途径

发展农村生态文化产业，必须尊重自然、顺应自然、保护自然，打造宜居秀美的生态环境，推动农村自然资本加快增值，实现乡村生态、文化和产业振兴。良好的生态环境是农村的最大优势和宝贵财富。美国经济学

---

① 韩美群. 新时代传承与发展中华优秀传统文化的方法论探析 [J]. 马克思主义与现实，2020（5）：97-102.

② 中共中央文献研究室. 习近平关于社会主义生态文明建设论述摘编 [M]. 北京：中央文献出版社，2017：8.

家肯尼斯·鲍尔丁（Kenneth Boulding）（1970）强调，不再无限，人类如今宛如在一个盒子里；人类不断扩张的年代也已告终；一艘自给自足的地球号太空船就要登陆了，人类必须自负责任，否则一不小心，这个盒子就会变成自己的坟墓。"大自然担负着保护生命的重任，我们对保证地球的完整性也相应地担负着重任，我们在这方面犯下的错误，我们的后代大概不会宽恕吧。"① 人类必须重新审视人与自然的关系，要对长期以来传统经济的发展方式，特别是对生产生活方式进行深刻的反思，寻求新的解决途径。首先，绿色发展是对马克思主义关于人与自然生态思想的理论创新。人与自然是一种共生关系，两者缺一不可、相辅相成。我们必须在实践过程中从观念上、行动上敬畏和顺应自然、尊重和保护自然，才能建设高度发达的生态文明，只有这样才能实现百姓富、生态美的统一。其次，绿色发展是立足新发展理念的实践创新。坚持在新发展理念下，提倡农村生态文化产业向低碳发展、清洁发展、循环发展等一系列发展模式转型升级，目的是要解决好"既要绿水青山，又要金山银山"的现实问题。最后，绿色发展为农村生态文化产业提供了现实途径。新时代农村生态文化产业已成为 21 世纪及未来具有良好优势、潜力较大的农村特色产业。农村生态文化产业必须坚持绿色发展理念，在发展进程中注重人与自然关系，走绿色发展之路。

只有坚持绿色发展理念，加快推进全方位和全过程的生态革命，才能搞好生态文明建设；只有坚持绿色发展理念，才能走出一条生态发展道路；只有坚持绿色发展理念，才能创造出优质的生态文化产品和服务来刺激人们的生态消费。此外，绿色发展与其他四大发展理念相互贯通、互促互进。创新是推动农村生态文化产业发展的重要驱动力。协调发展是在农村生态文化产业发展过程中注重区域优化，积极探索经济发展较好的东中部地区农村生态文化产业的模式、业态及趋势，带动西部其他地区农村生态文化产业共同发展，使中国各区域农村生态文化产业均衡有序发展。开

① 卡森. 寂静的春天［M］. 张白桦，译. 北京：北京大学出版社，2015：11.

放发展是生态文化走向全球、向世界绽放中国生态文化影响力的重要途径。共享发展是主要目标。推动农村生态文化产业永续发展能够满足人们的生态消费需求，提升人们的生态幸福感，这也充分彰显了中国特色社会主义的制度优势。

四、以弘扬生态文化为重要支撑

习近平总书记强调，把培养生态文化作为生态文明建设的重要支撑。①深厚的生态文化已然成为全社会的共同价值理念。我国传统文化积淀着深厚的生态文化，顺应自然、追求天人合一，为实现人与自然和谐共生提供了重要基础。生态文化作为乡村振兴的价值导向，以尊重自然、顺应自然、保护自然为价值追求，通过人与自然交往过程中形成生态意识、价值取向和社会适应，是推动农村生态文化产业发展及其研究的源动力和向心力。

推动农村生态文化产业发展及其创新过程中，应当多层次、全方位深入挖掘农村文化传统中的历史文化故事、生态文化价值及其精神内涵，并进一步通过弘扬生态文化，使消费者形成良好的生态文化素养，提高生态文化素养尤为重要。我们应当积极吸收和借鉴世界各国在弘扬生态文化方面的先进做法和成功经验，譬如，日本、澳大利亚、加拿大等一些国家在经济发展态势较好的同时保持相对良好的生态环境，在针对经济发展和生态建设矛盾方面取得了一些较好成效，主要通过在全民教育中推进生态教育日常化，值得我们在对待经济发展与生态保护中吸收与借鉴，因此，弘扬生态文化是推动农村生态文化产业发展和生态文明建设的内生动力。培育全民生态文化意识离不开层层进行的宣传教育，注重通过学校、企业、村镇等场所进行生态文化的熏陶和浸染，使公众形成强烈的生态道德责任感和生态文化素质。伴随着工业文明导致的消费异化，对自然界无休止地索取以及现代社会工具理性与价值理性关系、科学理性和价值理性关系的断裂，当前全人类面临着严重的现代危机。这告诫人们需要重新审视和对

---

① 中共中央文献研究室. 十八大以来重要文献选编：中［M］. 北京：中央文献出版社，2016：121.

待人与生态环境、发展与民生之间的内在关系。通过弘扬生态文化，培养人们的生态文化自觉，转变传统消费方式，在这种生态文化意识下摒弃工业文明时期的"唯经济化"做法，推动农村生态文化产业发展创新，建设"三美一高"美丽乡村，走向乡村全面振兴。

著名学者布迪厄认为，"从物质性'经济'资本演化而来并以一种虚假的面目出现的象征资本（文化资本），按照它可以在何种程度上掩盖其自身是一种源自'物质'形态资本的事实，并且此后也能够继续掩盖这一事实，创造着一种固有的效用"①。文化资本具有隐藏功能，是一种潜移默化的过程。因此，弘扬生态文化是一项长期系统工程，久久为功，需要政府依法治理与公众参与综合协调的共同合力。政府层面通过行政手段推动农村生态文化建设，公众层面通过内在生态情感来提高生态素质、规范生态行为，自觉意识到生态环境的保护与切身利益紧密相关，关乎国家、民族、自身的生存和未来发展。

五、以创新驱动为重要发力点

发展数字经济为农村生态文化产业赋能。习近平总书记指出，要推动互联网、大数据、人工智能和实体经济深度融合，加快制造业、农业、服务业数字化、网络化、智能化。②创新驱动发展是破解农村传统产业规模小、效率低、社会效益不高等难题的发力点和突破口，要坚持以创新驱动为发力点，统筹优化农村生态文化产业合理布局，实现农村经济新旧动能转化。首先，发挥产业布局的依托规律，使其产生生态效益、经济效益和社会效益，以适应现代社会追求美、新、环保、生态的绿色消费观念，从而加快培育生态文化与创意相结合的新兴产业；其次，以创新为驱动，发挥产业布局的聚集规律，推动企业集群发展，使其产生规模经济效应、互动效应、生态品牌效应等极化效应，从而形成具备自主知识产权优势的特

---

① BOURDIEU P. Outline of a Theory of Practice [M]. Cambridge：Cambridge University Press，1977：187.

② 习近平. 自主创新推进网络强国建设 [EB/OL]. 新华网，2018-04-21.

色生态文化产品和优质生态文化服务；最后，实施创新驱动发展战略，依托产业布局的辐射规律，使其产生扩散效应，从而打造出农村生态文化产业集聚区及园区。同时，运用数字技术，在市场化、国际化的经济背景下使农村生态文化产业的各个要素充分联通和流动起来，以适应当前新形势、新格局。通过规划好战略，明确发展目标、方针、措施和重难点，建立多元合理的投融资渠道，不断加大对农村生态文化产业的管理和资金投入力度。在创新驱动、需求拉动、示范带动、资金保证等多方面共同作用下，有效促进农村生态文化产业的发展。

总之，与城市生态文化产业相比，农村生态文化产业具有可持续性，呈现出显著的特色和优势。中国大多数农村地区有着特殊的地理形势和生产生活方式，农村生态文化产业不能采用与城市生态文化产业发展一样的模式进行复制、升级，必须突破农村产业发展的短板，以创新驱动为内生力，既要敢于突破创新，又要进行科学保护。独特丰富的生态文化是农村生态文化产业发展的肥沃土壤，为生产优质多元的生态文化产品和服务提供"活水"。可见，创新发展既要重视生态文化的传承和保护，将生态资源、文化资源、非物质生态文化遗产的保护与传承作为农村生态文化产业发展规划之中的重要内容，又要在立意上注意保护独有的风格和特色。因此，应依托独特的民族文化资源，确立不同的发展定位，树立正确的科技创新理念，使生态文化转化为新文化产业形态。农村生态文化产业的发展创新在形式上，联合数字技术推动更多以"科技+生态文化"的产业形态；在产品上，以科技创新为支撑激活生态产品价值和生态文化价值，从而推动农村生态文化产业成为农村经济发展"新的一缕阳光"。

第二节　农村生态文化产业发展策略的主要目标

发展农村生态文化产业，加快推动乡村振兴战略，既是解决发展不平衡不充分的现实需要，也是满足人民日益增长的美好生活需要的时代要求。① 现阶段，中国大部分农村地区生态文化产业发展模式尚不完善，发展水平普遍不高，发展活力缺乏强劲，与发达国家相比还有很大的空间和差距。因此，应立足中国农村实际情况，因地制宜，激活农村资源要素，发展农村生态文化产业，为农村经济发展不断注入新活力和新动能。

一、打造具有生态文化品牌的美丽乡村

习近平总书记强调，"建设好生态宜居的美丽乡村，让广大农民在乡村振兴中有更多获得感、幸福感"②。农村生态文化产业以绿色发展为引领，以生态自然、生态环境、生态文化等基础资源为生产要素，可打造环境优美、具有品牌影响力的美丽乡村。

美丽乡村以打造"三生三美"为目标，最终目的是让生活在当地的村民提升幸福指数。③ 农村生态文化产业是美丽乡村的新业态，是农村生态文化资源与现代消费需求的有效衔接，实现了自然生态资源价值转化、生态文化价值活化，生产出优质多元的生态文化产品与生态文化服务供给，既满足了广大消费者对美好生活的需求，也增进了村民民生福祉，使当地村民拥有更多幸福感、获得感。总之，要把生态资本变成富民资本，将生态优势转变为经济发展优势，打造具有生态文化品牌和较大影响力的农村特色文化产业，实现美丽乡村建设与农村生态文化产业发展相得益彰。

二、保护和发掘农村生态文化遗产资源

新时代新形势下，广大人民群众消费需求从物质消费走向精神消费，特别是对精神文化的多元化需求不断增强。农村蕴含着丰厚的农村生态文化产业遗产，通过挖掘并合理开发，理应是农村生态文化产业及其发展的

---

① 叶兴庆. 新时代中国乡村振兴战略论纲 [J]. 改革, 2018 (1)：65-73.
② 中共中央文献研究室. 十八大以来重要文献选编：下 [M]. 北京：中央文献出版社, 2018：412.
③ 吴理财, 吴孔凡. 美丽乡村建设四种模式及比较：基于安吉、永嘉、高淳、江宁四地的调查 [J]. 华中农业大学学报（社会科学版）, 2014 (1)：15-22.

应有之义。农村生态文化产业注重社会效益、生态效益与经济效益的辩证统一关系。我国大部分非物质文化遗产，譬如，民族表演、仪式、节庆活动等，以及中国漆艺、草柳编织、刺绣和陶瓷、印染等。民族民间手工艺大多数根植于农村，传统生态文化需要继承，更需要进一步可持续发展，不断充实传统文化内涵，创新传承载体。发展农村生态文化产业的过程中，要实施特色生态文化品牌战略，既要培育一批生态文化名镇和名村，使其品牌化、集聚化、规模化，又要全面发展农村新产业、新业态，提供强大的经济保障。可依托博物馆、图书馆、科技馆、文化馆等公共文化服务机构与民营企业合作，重点面向农村挖掘生态文化遗产资源，拓延农村生态文化产业发展业态与涉及的相关农村产业，从而推动优秀传统生态文化创造性转化、创新性发展。

三、促进农村生态文化建设

农村生态文化产业是农村发展潜力大、后劲强的文化新业态。新时代广大人民群众对产品生态文化价值的追求，为生态文化产业发展提供了巨大空间和广阔前景。近年来，农村生态文化产业供给优质的生态文化产品与体验式服务，体现了维护和增强自然生态系统的服务功能，与反对奢侈消费、资源低效高耗、污染高排放的绿色理念高度一致。新时代人民美好生活需要日益广泛，对精神文化产品供给提出更高要求，农村生态文化产业将成为增强人民群众获得感、幸福感的重要途径之一。

农村生态文化建设是一项复杂的系统工程，农村生态文化产业是农村生态文化建设的重要组成部分。习近平总书记强调："生态文化的核心应该是一种行为准则、一种价值理念。"① 要立足中国农村经济社会发展的具体情况，解放思想，更新观念，确立生态文化产业意识，大力科普宣传，充分彰显公众群体的审美观点和文化涵养，促进生态、文化、经济、社会等方面的有机融合，借助生态文化的力量来提升森林、湖泊、草原、山水

---

① 习近平. 之江新语［M］. 杭州：浙江人民出版社，2007：48.

等自然资源的含金量和高附加值,推动农村生态文化产业强劲发展。通过培养生态文化宣教骨干队伍和专业型复合人才,在全社会、全民弘扬生态文化,形成"热爱地球、热爱自然、珍惜资源、珍爱生命"的良好生态道德风尚,带动全社会、全民重视产业引导、生态立法、完善政策、全民教育、社会参与等方面的基础生态文化建设。激活和调动村民群体的积极性、主动性与参与性,始终以尊重村民主体的意愿为出发点,形成政府主导、全民参与的强劲合力。因地、因事、因时制宜,推进农村生态文化建设。

四、推动农村经济高质量发展

追求高质量发展与美丽中国建设是相互促进的辩证统一关系①,必须坚持唯物主义辩证法,运用马克思主义的观点、立场、方法,转换发展生产生活方式,在维系人与自然和谐共生关系的基础上,善作善成,久久为功,推动农村经济有质量和有效益发展,实现生态富民。

随着生态文明理念共识在全球范围内的推广,21世纪步入绿色增长的生态文明社会,中国逐步走向繁荣富强、百花齐放的崭新的和谐时代。良好生态环境为农村经济高质量发展提供了无法比拟的有利条件。习近平总书记强调:"我国生态环境矛盾有一个历史积累过程,不是一天变坏的,但不能在我们手里变得越来越坏,共产党人应该有这样的胸怀和意志。"②因而,数字经济引领农村生态文化产业数字化发展,既要保护好生态环境,又要使生态资源有效转化为生态生产力,从而推动农村经济高质量发展。

农村生态文化产业高质量发展是促进农民就业增收、巩固拓展脱贫攻坚成果同乡村振兴有效衔接,是推动在生态文明建设上出新绩的主要抓手

---

① 王雨辰. 高质量发展与美丽中国建设的理论特质及当代价值 [J]. 思想理论教育导刊,2021 (5):55-61.

② 中共中央文献研究室. 习近平关于社会主义生态文明建设论述摘编 [M]. 北京:中央文献出版社,2017:8.

和重要途径。要坚持生态优先、绿色发展，市场主导、政府引导，因地制宜、突出特色，创意引领、提质升级，改革创新、释放活力。围绕"扩规模、调结构、提质量、强品牌、拓市场"，提高农村生态文化产业绿色化和专业化、精准化和系统化、市场化和高效化发展水平。总之，马克思主义自然观视域下农村生态文化产业发展是以解决人与自然关系为出发点，保护好自然资源和生态环境，让绿水青山的"颜值"和"价值"持续增加，建设好"青山常在、绿水长流、空气常新"的美丽中国。

五、助推生态文化产品与生态文化服务"走出去"

数字经济时代下生态文化产业的消费与影响是全球性的，同时受到本土文化的介入，生态文化产业的发展越来越显现出国际化趋势。越来越多的生态文化产品和服务走向国际市场，成功"走出去"，提升了中国文化影响力。

美国经济学家费尔南德·杜蒙（Fernand Dumont）提出"经济本身不是目标，文化才是"①。文化软实力是一个国家综合国力和国际竞争力的重要方面。新形势下要加大推进"生态文化+科技"产业融合力度，重点扶持一批致富"领头雁"，壮大企业主体，并开发一批5G（第五代移动通信技术）、4K/8K超高清视频、智慧广电、"互联网+中华文明"等应用场景建设项目，提升生态文化的融合能力和服务水平。积极引入国外资本，通过在国内外市场有效联动，提升中国生态文化软实力。莫干山镇劳岭村的成功做法就是最好的案例，值得全国各地区在探索农村生态文化产业发展时有效模仿与借鉴。

---

① OSTRY B. The Culture Connection，with an Introduction by Robert Fulford［M］. Toronto：McClelland and Stewart，1978：160.

第三节 农村生态文化产业发展策略的实施路径

毛泽东同志认为，"当革命的形势已经改变的时候，革命的策略，革命的领导方式，也必须跟着改变"①。推动绿色发展建设美丽中国，已成为中国特色生态文明建设的主旋律。绿色是生命的象征、大自然的底色，也是农村生态文化产业发展最显著的优势。中国农村有着绿水青山、田园风光、乡土文化等独特的生态自然资源和生态文化资源，如何把这些资源优势转化为优势产业，发展农村生态文化产业就是最优选择。坚持绿色导向，提升生态文化内涵，弘扬社会主义核心价值观，倡导社会效益优先，实现社会效益与经济效益相统一，其发展创新是一项艰巨而长期的系统工程。

习近平总书记强调："人因自然而生，人与自然是一种共生关系。"②保护生态环境和发展经济并非矛盾对立的关系，而是辩证统一的关系。乡村全面振兴进程中，农村生态文化产业作为"打造青山常在、绿色长流、空气常新的美丽中国"的优势产业，是"给子孙留下天蓝、地绿、水净的美好家园"的可持续发展产业。在"互联网+""生态+""数字+""文化+"等生态文明社会背景下，乡村振兴进入攻坚期，农村产业领域的各个层面将会有实质性的飞跃和进步，"文化+生态+科技"产业将会出现井喷式发展，农村生态文化产业业态不断衍生，生态文化产业"组合拳"释放叠加效应。农村生态文化产业发展的实施路径必须以微观与宏观相结合，以企业或农户主体、产业、政策等相关因素为切入点，从思维创新、技术与创意、内容供给、市场优化等方面全面深入探讨和分析农村生态文化产业发展内在机理的逻辑关联。只有不断拓展并清晰规划发展创新的总体思路，充分发挥农村生态文化产业的生态、经济、文化和教育作用，进而建

① 毛泽东选集：第一卷［M］. 北京：人民出版社，1991：152.
② 习近平. 习近平谈治国理政：第二卷［M］. 北京：外文出版社，2017：394.

立完善的农村生态文化产业发展体系，壮大农村特色产业，才能实现生态富民、产业强村。

一、思维创新：构建农村生态文化产业创新发展逻辑

新时代人与自然和谐、绿色生活、自然情怀、自然美景、携手合作应对已然成为中国共产党和广大人民群众的生活追求。绿色、生态、健康越来越成为广大人民群众的迫切消费需求，人们返璞归真、走向乡村、回归大自然已是大势所趋。在认知层面上，通过突出生态文化本体，做到产业规划先行与新发展理念嵌入，秉持新发展理念，超越人类中心主义，以生态思维、数字思维、跨界思维构建农村生态文化产业创新发展逻辑；在实践层面上，通过农村生态文化建设提升与基础设施升级，以及消费市场有效衔接产业创新发展，调动村民积极性推动生态文化产业发展并赋权增权于村民、生态文化产品与生态文化服务供给双向关联村民与消费者等实施路径，有效推动农村生态文化产业的绿色发展。

（一）生态思维

自然界带给人们对美好生活的无限向往，是人类走向未来的依托，也是人民创造良好生产生活的基本保障。保护生态环境是功在当代、利在千秋的事业。发展农村生态文化产业，要进行从"传统思维"向"现代思维"的转变。"生态文化+"产业创新亟须打破传统的思维模式，从"无序开发、粗暴掠夺"向"合理利用、友好保护"转变，从"求温饱"向"求生态"转变，不断增强生态文化认知、生态保护意识、生态文明理念，运用绿色思维、低碳思维、生命共同体思维等生态思维统筹协同促进农村生态文化产业发展创新。

管理者层面。加强国家政府行政能力和治理能力，大力普及正确的生态价值观、健康的生态消费观和积极的生态政绩观，土地承包与流转、贷款发放、税收减免、金融支持等方面多向农村地区倾斜，完善和落实好与生态产业发展休戚相关的优惠政策；地方基层政府在鼓励产业发展中应当

发挥主导作用，引导产业发展，通过招商引资培育发展新动能，并进一步落实生态自然资源和生态文化资源转化的政策引擎和制度保障，从而推动农村生态文化产业永续发展。

公众层面。大力普及新发展理念和生态文明理念，正确看待人与自然的辩证关系。充分利用各类生态文化载体，譬如，森林公园、海洋公园、特色古镇古民居、图书馆、民族博物馆等作为主要宣传阵地。同时，对传播生态文化的现代媒体进行有效整合，利用好电视、广播、报纸、图书、网络等媒体主渠道。在学校、研究所、企业、村委会、村级文化服务中心等公共场所不定期进行生态文明知识宣讲，利用好各类与传统生态文化相关的节庆活动、传统节日，激发公众参与的积极性，大力宣传和传播农村生态文化，积极倡导绿色发展理念，使公众的生态环境意识、生态价值意识和生态责任意识不断提升，并引导公众形成绿色生态消费观和绿色生态价值观。

社会层面。1972 年，联合国召开人类环境会议，会议通过的《人类环境宣言》宣告：保护和改善人类环境已经成为人类一个紧迫的目标。目前，人类已经进入生态文明时代，这是人类建设生态文明的一个伟大实践。以生态思维促进农村经济，加快绿色发展；以文化生态凝聚社会力量，服务社会、推动发展；以村民生态自觉为出发点，发挥村民主体性作用。不同地方和区域应当唤起村民的主体意识，激发村民内生动力，并立足自身的资源基础、生态优势、区域特色品牌，打造品质好、原生态、高内涵的生态文化产品与生态文化服务供给，这是农村生态文化产业高质量发展的必由之路。

可见，马克思主义自然观视域下的农村生态文化产业策略绝不能于生态文化自身的窠臼之中谋发展。人类在发展自身，书写人类史，也在书写自然史和生态文化。我们应当在生态思维层面遵循自然内在规律，统筹推进农村生态文化产业发展与农村经济乃至与整个国民经济发展的关系，从而实现农村一、二、三产业从"浅融合"向"深融合"的发展趋势。

（二）数字思维

习近平总书记指出，数字技术正以新理念、新业态、新模式全面融入人类经济、政治、文化、社会、生态文明建设各领域和全过程，给人类生产生活带来广泛而深刻的影响。① 现阶段发展趋势转向数字技术的蓬勃发展，传统文化产业已逐渐转向以"数字赋能、技术驱动"的产业新业态。通过树立数字思维，能够推动农村生态文化产业转型和构建创新发展新思路。践行"绿水青山就是金山银山"的发展理念，使优美的风景、壮丽的山河，在投入数字技术的应用中信息化、网络化、数字化、智能化，汇聚成一幅幅价值连城的生态文化作品，以及全方位的生态文化服务与体验，进一步说明了高科技的新型数字技术对农村生态文化产业有提质增效的赋能作用。

（三）跨界思维

传统文化产业注重单一产业，缺乏融合创新意识，多年来尚未突破产业融合的瓶颈。跨界思维能够促使农村生态文化产业附有资源共享共赢的关联度和融合度，将产业发展的思维模式引向"生态+"和"文化+"，推动发展业态转向"生态文化+"，促进农村生态文化产业与其他产业深度融合。可通过贯彻跨界思维，加大自然生态资源和生态文化资源挖掘、要素整合、产业耦合力度，在各种业态之间架起桥梁，譬如，农村生态文化旅游业，实现农村生态文化产业由初级阶段表层融合向高级阶段深层融合的过程。

二、内容为王：增加农村高质量生态文化产品与服务供给

当前我国已全面建成小康社会，人们的收入水平得到较大的提升，在消费需求方面也呈现出高端化、服务化趋势，不断引领着农村生态文化产

---

① 习近平. 习近平向 2021 年世界互联网大会乌镇峰会致贺信 [N]. 人民日报，2021-09-27（1）.

业走"专、精、特、新"的发展道路。为更好顺应消费需求变化的新趋势，农村高质量的生态文化产品与优质的服务供给亟须在广度和深度上下功夫。资源要素是供给端的核心要素，可通过高效、便捷、精准地获取基础性资源要素，为企业生产、市场消费提供优质的基础资源，从而满足人们个性化、多样化的精神消费需求。

（一）资源升级

通过提升生态文化资源数字挖掘、传播、存储能力，实现自然生态资源创新性发展、创造性转化。开发文化资源的生态价值，是生态文化产业发展的必然选择。"消费者的需求和满足都是生产力"①，要发展农村生态文化产业，激活生态生产力和文化生产力，满足大众对更多生态产品和精神层面的需求。资源升级的目的在于，利用数字技术合理开发生态自然资源和历史人文资源，提升生态文化资源数字挖掘、存储、传播能力，以加强生态文化资源保护，为供给农村高质量生态文化产品与服务提供基础性资源要素保障。

一是提升农村生态文化资源数字化挖掘能力。当前，大数据成为生产要素，赋予新时代发展强大引擎。习近平总书记在中共中央政治局就实施国家大数据战略进行第二次集体学习时强调："要运用大数据促进保障和改善民生。大数据在保障和改善民生方面大有作为。"② 农村生态文化资源数字化丰富了资源内容，使获取资源便捷化、高效化。二是推动农村生态文化资源存储能力。依托当前大数据体系，对生态文化资源可视化、数字化，并通过解构、分类、标准化存储，构建生态文化基因库和素材库。同时，通过推动和创新生态产品价值实现路径，让绿水青山可增值转化，为产业发展提供更加丰富的资源内容。三是提升农村生态文化资源传播能力。如今数字共享让更多的人享受数字生活，为生态文化资源传播和产业

① 波德里亚. 消费社会 [M]. 刘成富，全志钢，译. 南京：南京大学出版社，2000：73.

② 习近平：实施国家大数据战略加快建设数字中国 [EB/OL]. 新华网，2017-12-09.

运营提供了有效的数字信息与基础资源。数字经济时代下通过数字技术提升农村生态文化资源传播能力，推动传统生态文化资源"潮起来""活起来"，更好地满足了人们对更高层次精神文化的需求。

（二）经营主体升级

农村生态文化产品与服务需要各个主体企业间的投入、生产以及流通。可通过经营主体有效升级，促进供需链延伸、产品链升级、价值链提升，推动形成农村生态文化产业链现代化，生产出高质量的生态文化产品与服务以满足不断变化的生态文化市场消费。

数字经济时代下，创新农村生态文化产业知识链，优化农村生态文化产业空间链，是推动农村生态文化产业链现代化升级的重要环节。要充分利用和推广数字技术在各主体企业间的应用，推进农村生态文化产业链上中下游协同模式、供需结构、生产方式、空间布局等方面的创新和升级。越来越多的生态文化企业逐渐转向新技术、新业态、新模式带动下的数字化企业，推动了农村生态文化产业链转型升级，在深度和广度上为增加农村高质量生态文化产品与生态文化服务供给提供了有效路径。

三、技术为翼：推动农村生态文化产业数字化发展

当前，数字经济时代下新一代信息技术创新空前活跃，激发了乡村全面振兴的巨大潜力。技术驱动使得数据化、数智化发展成为21世纪社会发展的总趋势，依托技术创新优势与科技赋能，为新时代农村生态文化产业提供了丰富的应用场景、广阔的市场空间和强大的内生动力。因此，促进农村生态文化产业转型升级，必须着力发挥信息技术创新的扩散效应、信息和知识的溢出效应、数字技术释放的普惠效应。"推进文化产业'上云用数赋智'，推动线上线下融合，扩大优质数字文化产品供给，促进消费升级。"① 现代数字技术的运用对农村生态文化产业的生产、流通、消费、

① 文化和旅游部. 文化和旅游部关于推动数字文化产业高质量发展的意见 [EB/OL].中国政府网，2020-11-18.

影响等各个环节都起着较大的推动作用。与传统的一般物质产品的生产方式相比，文化产品作为精神产品，它在生产、流通、分配和消费等方面都有着自己独特的发展轨迹和运行规律。① 依托数字化技术优势，可逐步完善以企业为主体的技术创新体系，遵循生态文化产品的内在发展规律，重塑农村生态文化产业的生产、流通、消费及企业运营方式，从而推动农村生态文化产业数字化发展。

一是生产方面。整个人类社会都基于一个生产过程，最终结果是满足人类生存的基本需求。② 马克思认为，"生产也不只是特殊的生产，而始终是一定的社会体即社会的主体在或广或窄的由各生产部门组成的总体中活动着"③。就生产而言，"生产制造出适合需要的对象"④。与其他传统产业相比，农村生态文化产业生产过程中通过生态技术使产品供给精准化、生产高端化。生态技术主要是指以生态学、系统论思想为指导，以云计算、物联网、高性能信息处理、智能数据挖掘等为主要内容的新型技术。在生产过程中必须注重由征服性技术到调适性技术的转向，以生态文化为发展理念，促进农村传统文化产业转型发展，从而达到协调社会经济系统与地球生态系统的动态平衡与发展。

二是流通方面。马克思认为，"流通本身只是交换的一定要素，或者也是从交换总体上看的交换"⑤。现代数字技术的运用将农村生态文化产业流通环节与其他产业深度融合，极大提高了流通效率。依托数字技术，农村生态文化产业融合的形式不断丰富；依托互联网平台，流通和传播的生

---

① 思罗斯比. 经济学与文化 [M]. 王志标，张峥嵘，译. 北京：中国人民大学出版社，2011：1.

② EMPSON M. Land and Labour: Marxism, Ecology and Human History [M]. London: Bookmarks Publications, 2014：41.

③ 中共中央马克思恩格斯列宁斯大林著作编译局. 马克思恩格斯文集：第8卷 [M]. 北京：人民出版社，2009：10.

④ 中共中央马克思恩格斯列宁斯大林著作编译局. 马克思恩格斯文集：第8卷 [M]. 北京：人民出版社，2009：11.

⑤ 中共中央马克思恩格斯列宁斯大林著作编译局. 马克思恩格斯文集：第8卷 [M]. 北京：人民出版社，2009：16.

态文化产品种类日益增多，越来越多的农村生态文化产品实现了在线化、实时化、智能化传播和消费，各类新兴"数字+生态"文化业态进行网络化改造与升级。

三是消费方面。马克思认为，"在消费中，产品变成享受的对象，个人占有的对象"①。菲利普·科特勒把人们的消费行为由低层到高层分为量的消费阶段、质的消费阶段、情感消费阶段。通过数字技术可创新农村生态文化产品和服务消费方式，激发人们的消费行为，满足人们的情感消费需求。应广泛利用各大信息平台，推广生态文化品牌和名片，提升农村生态文化产业发展的影响力。随着新的消费模式不断涌现，电商平台消费、O2O 一体化消费、垂直传播消费、IP 及衍生品消费、网络直播消费等成为生态文化产品消费新形式。

除此之外，还必须注重公众生态消费理念。马克思认为，"不仅消费的对象，而且消费的方式，不仅在客体方面，而且在主体方面，都是生产所生产的。所以，生产创造消费者"②。农村生态文化产业的发展为公众带来了生态文化产品的体验、享用或消费服务。因此，公众亟须树立生态文化消费的科学理念，在消费方面将生态变量考虑到农村经济发展过程中去。生态文化是关于人与自然和谐共生的文化，生态文化消费应当建立在人与自然和谐发展、互利共生之上。"消费是一种积极的关系方式（不仅于物，而且于集体和世界），是一种系统的行为和总体反映的方式。我们的整个文化体系就是建立在这个基础之上的。"③ 可见，全民树立生态文化消费理念，必然会推动生态文明社会下整个生态文化体系的建设。

供给推动和需求驱动是产业发展在技术升级中注重的两个重要方面。就农村生态文化产业实践方面而言，公众对生态文化产品的需求不再以传

---

① 中共中央马克思恩格斯列宁斯大林著作编译局. 马克思恩格斯文集：第 8 卷 ［M］. 北京：人民出版社，2009：11.

② 中共中央马克思恩格斯列宁斯大林著作编译局. 马克思恩格斯文集：第 8 卷 ［M］. 北京：人民出版社，2009：13.

③ 波德里亚. 消费社会 ［M］. 刘成富，全志钢，译. 南京：南京大学出版社，2000：1.

统的体验形式满足，生态文化产品和服务应当利用数字新媒体平台进行线上营销，实现转型发展，以满足人们不断变化的消费需求。"它们构成一个总体的各个环节，一个统一体内部的差别。不同要素之间存在着相互作用。每一个有机整体都是这样。"① 农村生态文化产业的各要素之间组成一个有机系统，融通互动，相互促进，使之健康有序发展。互联网改变了世界，5G、区块链、大数据、人工智能、物联网等现代信息技术为乡村振兴带来了新机遇、新契机。马克思认为，"财富的主客观因素越是在更高的程度上具备，财富就越容易创造"②。总之，数字经济下农村生态文化产业契合乡村振兴战略的大好时机，已成为具有内生韧性的农村优势产业、竞争产业，释放出产业富民效应。

四、创意为核：培育农村生态文化产业新业态

创意已成为国家经济增长第五次大转型的驱动要素，文化创意是产业发展创新的内在驱动力。农村生态文化产业是在新思维、新理念与产业的融合下衍生起来的，必然会激发出更多的生态文化产业新创意、新产品、新特征和新形态，并将更好地培育出绿色发展下的新兴文化业态。农村生态文化产业的发展创新可通过丰富生态文化产品与服务的创意形式，激发对农村新兴生态文化业态的培育，不断促进农村生态文化产业与其他产业的融合创新，进而推动农村新兴生态文化业态的互动循环和创新发展。

（一）文化创意丰富农村生态文化产品与服务供给形式

创意给文化产品赋予了灵魂③，生态文化资源是农村宝贵的财富，通过文化创意赋能文化产品或文化服务，将会实现质的跨越与量的提升。文

① 中共中央马克思恩格斯列宁斯大林著作编译局. 马克思恩格斯文集：第8卷［M］. 北京：人民出版社，2009：16.
② 中共中央马克思恩格斯列宁斯大林著作编译局. 马克思恩格斯文集：第8卷［M］. 北京：人民出版社，2009：10.
③ 厉无畏. 历史文化资源的开发利用与创意转化［J］. 学习与探索，2010（4）：114-118，237.

化创意通常需要依托数字技术、物联网、媒介等载体进行产品创作、生产、传播和服务。通过文化创意挖掘、激活产品或服务的生态文化内涵，借助数字技术打造并应用到产品实物中，助推农村生态文化产业向创新化、高端化、专业化发展。新时代农村已进入"数字新农村"，消费者对绿色生态文化的消费需求，能够积极推进农村数字化体验性生态文化产品的营销和培育，从而丰富生态文化产品和生态文化服务。文化创意离不开大数据技术挖掘生态自然资源、生态文化资源等基础要素的内在属性数据，因此，可通过先进的科学技术架起创意赋予文化产品的桥梁，推动产品与服务创意化、数字化。

（二）生态创意激发农村新兴生态文化业态培育

生态环境既是农村生态文化产业可持续发展的重要条件，也是生产高附加值生态文化产品或高端体验式服务的重要支撑。农村生态文化产业要有特色化、多样化，需要激发生态创意，衍生出文化新业态。戴维·思罗斯比认为，"在某种程度上受到现有文化资源存量的启发，而更多样化的资源会在将来产生更多样性和更有文化价值的艺术作品"①。数字经济背景下，"物联网+"走进农村并已进入深度应用阶段，从事农村生态文化产业经营应当把握当下机遇，借助数字信息技术，逐步形成"创意—应用—衍生"生态创意模式的农村新兴文化产业业态，从而提高农村生态文化产业在国内外市场的影响力和竞争力。

（三）创意孵化促进农村生态文化产业融合创新

与一般传统产业相比，农村生态文化产业具有融合性、互通性和可塑性。农村产业融合能够积极有效地带动产业间跨界发展，因此，可通过创意孵化带动产业变革与融合，实现资源共享。各产业融通互动中不断突破自身发展壁垒，破解产业发展瓶颈，向高质量发展不断迈进。数字经济下

---

① 思罗斯比. 经济学与文化 [M]. 王志标，张峥嵘，译. 北京：中国人民大学出版社，2011：61.

农村生态文化产业发展不断探索，突破传统发展模式，不断衍生新产品与服务，推动农村生态文化产业不断向高质量发展。

农村生态文化产业是人类进入生态文明社会以来以缓解人与自然矛盾关系而逐步产生的文化产业新业态。人与自然该如何才能和谐共处？这理应是当前各行各业生产运营中首要思考的问题。当下从产业发展实践来看，各行各业生产运营普遍经受了几番挫折。尽管如此，由数字技术、科技创意与农村生态文化产业融合发展带来的新兴业态呈现在人们视野中，在大有可为的历史机遇期，出现了众多鲜活的成功案例。这也正是农村生态文化产业发展创新应当思考的关键之处。

习近平总书记指出，"要把握好意识形态属性和产业属性、社会效益和经济效益的关系"①。这为农村生态文化产业发展创新指明了正确的方向。通过数字技术和"生态文化+"创意赋能农村生态文化产业，向消费者提供优质和高质量的生态文化产品和生态文化服务，可更好地满足人民对美好生活向往的精神消费，从而推动农村生态文化产业高质量发展。文化创意是农村生态文化产业提供高附加值产品与服务的重要来源，而创意赋能生态文化产品与服务的实现，离不开现代数字技术的支撑。因此，创意赋能能有效增强和激发农村生态文化产业发展的活力，推动文化、生态和科技深度融合，构建农村生态文化产业特色品牌；推动城乡要素双向流动与深度融合，运用高新技术对生态自然资源、历史文化资源进行深入挖掘、合理开发，激发生态文化内在的无限创意，扩大新消费市场，催生出生态旅游、生态休闲、智慧康养等农村文化旅游新业态。

五、统筹市场：构建农村生态文化市场体系

新发展格局下中国经济迈向新的台阶，极大推动了文化消费高质量发展。要实现农村生态文化产业高质量发展，必须完善农村生态文化市场体系，改变农村生态文化产业市场环境，创新农村生态文化产业商业模式，

---

① 中共中央文献研究室. 习近平关于全面深化改革论述摘编 [M]. 北京：中央文献出版社，2014：85.

做强国内消费市场并拓展国际消费市场，从而培育壮大高附加值、高科技含量、高文化创意含量的优质产品与服务，利用互联网、短视频等现代传播渠道，带动农村生态文化产品和生态文化服务推介与营销，促进农村生态文化产业高质量发展。

一是推动农村生态文化产业市场环境多元化。新时代格局下激活了生态文化产品和生态文化服务方面的需求和市场，一般的传统市场环境已经无法满足现代人们的消费需求。对产品与服务的消费模式促进相关企业主体不断改革创新，人们不再仅仅满足于传统的消费模式，更多的是转向数字化消费平台，只有通过科技手段不断丰富和创新产品，用数字化手段开拓产品营销新渠道，推动市场环境多元化，才能满足人们越来越高的消费需求。农村生态文化产业为消费者提供的是生态文化产业与服务，应当借助新技术、新基建，转向以体验生态文化、休闲旅游与后期增值服务为重心的现代生态文化产业数字化发展模式。值得注意的是，生态文化市场是特殊的文化市场，不同于一般传统市场，仅靠自身的运转不足以与保障生态文化产品与精神文明建设、社会健康发展的要求相契合。市场主张求利、等价交换、竞争等经济法则难以实现社会效益优先的目标，一些企业和经营者为此可能会走向利润最大化、受益和增殖最大化，只注重生产和经营一些经济效益好、社会效益差忽略生态效益的文化产品。往往这类文化产品生产成本低、价格高，极大超过社会盈利水平的超额利润。萨缪尔森曾提出，各个生产者和销售者"只要能在竞争的市场蒙混过去，便会把沙子掺进食糖里去"[1]。在诺思看来，"对成本与收益的个人主义的计较肯定将使欺诈、逃避义务、偷袭和暗杀到处泛滥"[2]。因而，生态文化市场自发力量的作用下亟须国家宏观调控作用，力求实现生态文化产品和生态文化服务供给的综合效益最佳。

二是创新农村生态文化产业商业模式。以往的一般生态文化企业正在

---

[1]　萨缪尔森. 经济学：下册［M］. 高鸿业，译. 北京：商务印书馆，1982：246.

[2]　诺思. 经济史中的结构与变迁［M］. 陈郁，罗华平，等，译. 上海：生活·读书·新知三联书店，1991：12.

改革创新，传统的生产运营模式正逐渐被替代和转变，所呈现的是以数字化、智能化、网络化为核心的数字经济形式的商业模式。新时代数字化技术改变了消费者的生态消费倾向，也改变了生态文化企业的发展模式。只有创新产业商业模式，打造数字化平台，结合线上与线下同步进行的营销理念，因地制宜，取长补短，才能高效完成产业链中的生产、流通、销售等一系列环节。由于农村生态文化产业是一种特殊形态，政府或企业在探讨生产组织结构、传播方式等商业模式过程中，要以保护生态自然环境为首要条件，绝不能盲目追求经济利益而忽视了生态环境保护。

三是打造联通国内国际市场的新渠道和新平台。通过打造联通国内国际市场的新渠道和新平台，开拓国内市场并拓展国际市场，可形成新发展格局。在开拓国内市场方面，国内知名大型文化企业在市场创新的前提下着重关注本土市场全民化布局与分众化"二次聚焦"，并将农村生态文化产业整合到生态文明建设文化品牌战略中，有效促进了国际市场的拓展。而小微文化企业则着重抢占"缝隙市场"开发，在专业化、精细化、特色化等方面进行市场创新。针对现代生态文化消费市场发展的新特点和新趋势，以为消费者提供食、住、行、游、购、娱、养等生态旅游文化消费的产业形态为重点。一方面，把生态文化发展创新的思维逻辑贯穿于产业发展中，核心类生态文化产品的生产和生态文化服务供给的开发以原始创新为主，形式类生态文化产品开发重视发散式创新，而延伸类相关生态文化产品的开发则以关联创新为主；另一方面，从多维度、多层次角度完善相关生态文化企业的组织运行体系，创新并提高农村生态文化产业运营组织体系、融资组织体系、生产组织体系以及经营体系现代化水平。整合资源并打造出高效运行、富有弹性的管理机制，注重"生态文化"理念融入企业文化认同，使企业管理生态化、柔性化、高效化。首先，积极引进国内外一批实力雄厚、善于经营、社会责任感强的国有或民营知名品牌大企业集团，参与农村生态文化资源开发和产业整合，形成跨界融合的产业集团和产业联盟，打造具有较强跨界整合能力、综合带动力和较强市场竞争力的生态文化企业和品牌企业。其次，积极引进国际文化娱乐企业、会展商务知名企业、健康服务公司、养生养老机构等，参与到农村生态文化挖掘与开发、项目建设和经营管理中。积极支持农村生态文化企业创新发展，推动跨地区、跨行业发展，做大做强一批综合型龙头生态文化企业，做精做优一批专业型骨干生态文化企业，做特做活一批中小型特色生态文化企业，增强农村生态文化企业的核心竞争力。最后，现代文化市场体系还必须进行体制改革，打造相关政策的有机衔接。戴维·思罗斯比认为，文化政策一定不能忽略文化诉求，政策要充分体现文化目标的内涵、实现方式和评估方法。① 因此，新时代文化供给亟须精准把握生态文明建设过程中人民对精神文化的新追求和优美生态环境的期盼。

美国西北大学经济史学教授乔尔·莫基尔（Joel Mokyr）认为，文化即信仰、价值、社会偏好等能够改变行为方式的因素，是在社会变革中起决定作用的影响因素。② 我国国家领导人向来特别重视中华文化的国际影响。胡锦涛同志在耶鲁大学演讲时指出，"一个民族的文化，往往凝聚着这个民族对世界和生命的历史认知和现实感受，也往往积淀着这个民族最深层的精神追求和行为准则"③。习近平总书记在比利时布鲁日欧洲学院演讲时指出，"在世界几大古代文明中，中华文明是没有中断、延续发展至今的文明，已经有5000多年历史了"④。可见，文化对一个国家和民族在国际上的地位有着重要的影响。而优质的生态文化产品及其成果不仅要突出经济属性，更重要的是意识形态属性，为提升我国文化影响力做贡献。

中国农村地区蕴含独特丰富的生态文化，这是建设生态文明的重要基础资源。马克思认为，"一切生产都是个人在一定社会形式中并借这种社

---

① 思罗斯比. 文化政策经济学 [M]. 易昕，译. 大连：东北财经大学出版社，2013：8.

② 莫基尔. 增长文化：现代经济的起源 [M]. 胡思捷，译. 北京：中国人民大学出版社，2020：23.

③ 胡锦涛. 在美国耶鲁大学的演讲 [N]. 人民日报，2006-04-23（1）.

④ 中共中央党史和文献研究院. 习近平外交演讲集：第一卷 [M]. 北京：中央文献出版社，2020：343.

会形式而进行的对自然的占有"①。农村生态文化产业的发展要以人与自然和谐共处为切入点，借鉴国外发达国家成功典型的农村生态文化产业发展经验，提升中国生态文化软实力。国外一些发达国家经过不断探索和发展，在生态文化软实力方面形成了战略谋划、政策扶持、多元投入、内外并举的一整套较为成熟的产业发展模式，为当前中国农村生态文化产业高质量发展提供了宝贵的经验启示和路径参考。在国与国之间可以开展科学技术合作、生态贸易、项目对接等，将先进的生态技术、生态文化产品以及生态消费理念引进来，为农村生态文化产业的发展创新提供强有力支撑。一方面，加强生态文化国际交流和合作，学习他国先进的生态技术、产业发展模式，吸收其他国家在农村生态文化产业化过程中的经验与启发；另一方面，加强生态文化的输出和传播，让中华民族的生态文化走向世界，增强中国生态文化的国际影响力，从而提升中国生态文化软实力。习近平总书记在中共中央政治局第三十次集体学习时强调："要更好推动中华文化走出去，以文载道、以文传声、以文化人，向世界阐释推介更多具有中国特色、体现中国精神、蕴藏中国智慧的优秀文化。"② 生态文化产品与服务是生态文化的重要承载和表现形式。加快培育优质生态文化产品与服务，持续打造民族生态文化特色品牌，是焕发中华文化生机活力、提升中华文化影响力的必然要求。③ 因此，农村生态文化产业应当遵循"以生态景观为核""以人文景观为魂"的发展思路，发掘中华生态文化的历史积淀，激活生态文化的思想精髓，丰富生态文化产品和服务的时代内涵，彰显生态文化的民族特色，为建设美丽中国和文化强国、实现中华民族伟大复兴的中国梦贡献力量。

综上，马克思主义自然观视域下农村生态文化产业发展策略研究是一

---

① 中共中央马克思恩格斯列宁斯大林著作编译局. 马克思恩格斯文集：第 8 卷 [M].
北京：人民出版社，2009：11.

② 习近平在中共中央政治局第三十次集体学习时强调 加强和改进国际传播工作展示真
实立体全面的中国 [N]. 人民日报，2021-06-02 (1).

③ 李潇君. 推动中华文化走出去 增强国家文化软实力 [N]. 光明日报，2021-06-16
(16).

项复杂而长期的重要课题。对马克思主义自然观视域下农村生态文化产业及其发展深入研究，要重新审视农村文化中蕴含的人与自然和谐共生、生命共同体的现实价值，遵循自然发展的客观规律，统筹山水林田湖草沙系统治理，使万物各得其位、生长并育、生生不息、繁荣昌盛，构建人与人、人与社会、人与自然和谐共生的现代化格局，真正让绿水青山转化为宝贵的生态经济，形成多姿多彩的农村生态文化产业，成为农业农村现代化发展的无穷潜力和强劲后劲，使中国农村成为"望得见山、看得见水、记得住乡愁"的现代化魅力农村。

结论与展望

农村社会的发展内涵越来越丰富，农村发展目标逐渐从单一追求经济增长向实现经济、社会和生态等协调发展转变。[①] 农村生态文化产业作为实现生态文明建设的重要载体，是 21 世纪农村产业中的"朝阳产业"，有助于实现农村社会发展的多元价值。新发展格局下做大做强农村生态文化产业，应当警惕"产业"遮蔽"生态文化"的消极倾向，忽视它的社会维度、生态维度及其文化维度，或将其遮蔽于经济维度之下。在复杂的市场经济条件下，要实现农村生态文化产业及其发展，必须以人与自然和谐共生的关系为基础，以生态文化为"魂"，以生态文明建设为契机，全面而系统地考察中国农村生态文化产业可持续发展之路。

一、研究结论

本书的研究对象是马克思主义自然观视域下农村生态文化产业发展。具体而言，本书主要以马克思主义自然观为视角，以马克思恩格斯自然观、中国化马克思主义自然观为理论基础，详细而深入地分析马克思主义自然观视域下农村生态文化产业发展现状、存在问题及成因，并利用 PEST 分析法、波特五力模型、SWOT 工具对其环境进行综合探讨，进一步对中国东西部地区农村生态文化产业发展个案对比研究，提出马克思主义自然观视域下农村生态文化产业发展策略，丰富已有研究的理论价值和现实价值，为促进中国农村生态文化产业健康有序发展提供科学依据。

本书的主要结论有以下四方面。第一，马克思主义自然观视域下农村

---

① 周良书，朱宏霜. 中国农村发展历史逻辑研究（1949—2017）[J]. 河南社会科学，2018，26（2）：1-8.

生态文化产业发展受到宏观因素与微观因素共同作用的影响。通过政策支持、技术转化、经济保障等国家宏观层面，结合突破观念障碍、技术障碍、制度缺陷以及文化赋能等经营主体微观层面，能够推动农村生态文化产业高质量发展。依托农村生态文化产业具有的独特生态属性、经济属性、文化属性及社会属性，使其延伸并关联农村其他产业形态，从而打造出以农村为中心圈的文化经济体，使之成为农村高质量发展的经济增长极。

第二，农村生态文化产业与一般农村传统产业相比较，有着显著的竞争力。首先，通过对农村生态文化产业的宏观环境分析，发现其在政治环境、经济环境、文化环境、技术环境等综合环境方面发生了重要变化，为产业发展提供了良好机遇；其次，运用波特五力模型进一步分析农村生态文化产业的竞争态势，发现在不断对抗各种竞争力量中，农村生态文化产业彰显出了生态效益；最后，通过 SWOT 方法对农村生态文化产业内外部竞争环境和竞争条件的态势综合分析，发现农村生态文化产业具有生态竞争力和文化竞争力。农村生态文化产业凭借其一源多用与多元衍生的经济属性，诱使周边高级生产要素流向农村区域，继而催化农村经济的极化效应、扩散效应及集聚效应，是集经济、社会、生态、文化等多重价值于一身的优势产业。

第三，东西部地区农村生态文化产业在发展基础与优势、发展模式及其发展业态等方面有显著的差异性和发展走势分化特征。本书通过对劳岭村与红岩村生态文化产业发展现状及其成因进行综合分析，并进一步从以下三方面进行比较。一是发展基础与优势方面，经济发展较好地区发展优势在于充分利用各种优质资源，市场经济氛围成熟，有利于各种要素的有效流通。尽管认知层面还存在一定的滞后性，但在国家政策支持和引导下，西部民族地区独特丰富的原生态文化资源不断被挖掘、激活和合理开发，实现了以产业扶贫、资源联享使村民脱贫致富的美好愿景。二是发展模式比较，东部地区农村生态文化产业发展模式较为成熟，主要以市场为主导；西部地区农村生态文化产业形成了以政府主导与开发特色资源相结

合为主的发展模式。三是发展业态比较，东部地区农村生态文化产业主要
以高端生态文化创意、精品生态文化旅游业、高端乡村民宿业为主，具有
优越的区位、市场、消费等优势；西部地区农村生态文化产业主要以大众
化中端服务的民族生态文化旅游为主。

第四，农村生态文化产业是发展势头强劲的综合性产业，具有产业融
合、生态增值及生态扶贫等功能价值，对农村经济产业链的形成和延伸有
着极大的辐射带动作用。一方面，在生态资源丰富、生态文化丰厚的典型
农村地区，农村生态文化产业的发展不仅为农村经济带来了生态红利，而
且较好地促进了农村生态文化产业与其他产业的耦合发展。结合当地区域
的特色和优势，"生态＋、文化＋、数字技术＋、旅游＋"等深度融合方式，
为农村生态文化产业发展注入了强劲动力，打造农村生态文化产业新业
态，实现了生态富民。另一方面，我们应当明确不同地区农村自身存在分
化差异特征，在探讨农村生态文化产业发展策略时应根据当地生态自然环
境和生态文化资源，遵循"总结过去，立足当前，展望未来"的思路，发
挥优势因素，克服不利因素，利用外部机会，避开和化解风险因素，将各
种环境因素进行最优化，以思维层面、资源层面、技术层面、创意层面及
市场要素层面为切入点，从而优化农村生态文化产业发展的出路。

二、研究展望

任何文明形态都不是抽象的理论预设，而是具体的社会发展进程。生态
文明社会以经济增长、经济发展和技术进步为基础，注重通过技术进步与运
用发展低碳经济，来保证经济发展的可持续性和可协调性。百年未有之大变
局下的中国正处于加快推进生态文明建设攻坚期，面临诸多不确定机遇和风
险。严峻的国际形势与我国的基本国情决定了中国特色生态文明建设是一项
长期的系统工程，应当充分发挥后发优势，处理好人与自然、生态与经济、
发展与民生之间的辩证统一关系，创造出一条中国式现代化道路。

本书从马克思主义自然观视角下，对农村生态文化产业发展现状、存
在的问题及其障碍因素进行了深入探讨，从宏观态势、中观层面及微观层

面对其综合环境进行分析，并以东部地区浙江省湖州市德清县劳岭村、西部地区广西壮族自治区桂林市恭城瑶族自治县红岩村为个案进行了实地调研，分析了劳岭村生态文化产业、红岩村生态文化产业的优势与劣势、机遇与威胁，并对发展基础、发展优势、发展业态及其发展模式进行了比较，得出了重要的经验启示，从而提出了农村生态文化产业发展的基本原则、主要目标与对策建议。马克思主义自然观视域下农村生态文化产业发展研究可以从以下三方面进行进一步挖掘和探讨。

第一，进一步细化马克思主义自然观视域下农村生态文化产业形态。农村生态文化产业具体形态需要进一步精细化，一方面，为了顺应农村社会发展和市场消费需求，以发挥农村生态文化产业带来的社会意义和市场价值；另一方面，由于农村生态文化产业是一个不断变化的动态过程，随着社会的发展和需求而不断调整表现形式，其分类需要精细化、精准化，从而为推进乡村全面振兴、农村生态文化建设提供统计保障，为建立科学可行的统计制度提供决策咨询服务。

第二，进一步完善马克思主义自然观视域下农村生态文化产业的发展路径。本书在东西部具有代表性与典型性个案研究的对比分析上，以思维层面、资源层面、技术层面、创意层面及市场要素层面为切入点，提出马克思主义自然观视域下农村生态文化产业的发展对策建议。在微观层面上，同一地区案例选取、考察与比较后，对产业发展策略思考有待进一步深入与完善。

第三，马克思主义自然观视域下农村生态文化产业发展的案例研究可以考虑空间维度、时间维度和区域差异相结合的比较方法。本书选取劳岭村作为东部地区个案，选取红岩村作为西部地区个案，并对两者进行对比分析，缺乏时间维度差异的比较。

除此之外，在生态文明建设的大视野中、乡村全面振兴的进程中、文化强国的大格局中，发展农村生态文化产业亟须政策的引导和产业升级，不断催生更多新业态、新模式，增强农村地区"造血"功能，激发农村内生动力，加快推进农业农村现代化。

参考文献

一、中文文献

[1] 习近平. 之江新语［M］. 杭州：浙江人民出版社，2013.

[2] 习近平. 习近平谈治国理政：第一卷［M］. 北京：外文出版社，2014.

[3] 习近平. 习近平谈治国理政：第三卷［M］. 北京：外文出版社，2020.

[4] 习近平. 在庆祝中国共产党成立100周年大会上的讲话［M］. 北京：人民出版社，2021.

[5] 习近平. 习近平谈治国理政：第四卷［M］. 北京：外文出版社，2022.

[6] 中共中央马克思恩格斯列宁斯大林著作编译局. 马克思恩格斯文集：第1卷［M］. 北京：人民出版社，2009.

[7] 中共中央马克思恩格斯列宁斯大林著作编译局. 马克思恩格斯选集：第1卷［M］. 北京：人民出版社，2012.

[8] 阿尔弗雷德·马歇尔，玛丽·佩利·马歇尔. 产业经济学［M］. 肖卫东，译. 北京：商务印书馆，2015.

[9] 马歇尔. 经济学原理［M］. 朱志泰，陈良璧，译. 北京：商务印书馆，1964.

[10] 艾四林. 新发展理念与全面建成小康社会［M］. 北京：中国文史出版社，2017.

[11] 康芒纳. 封闭的循环：自然、人和技术［M］. 侯文慧，译. 长

春：吉林人民出版社，1997.

［12］波德里亚．消费社会［M］．刘成富，全志钢，译．南京：南京大学出版社，2000.

［13］陈宝生．中国新发展理念［M］．北京：人民出版社，2016.

［14］程恩富．马克思主义经济学与应用经济学创新［M］．北京：经济管理出版社，2009.

［15］程恩富．文化经济学［M］．北京：中国经济出版社，2003.

［16］佩珀．生态社会主义：从深生态学到社会正义［M］．刘颖，译．济南：山东大学出版社，2005.

［17］贝尔．意识形态的终结［M］．张国清，译．南京：江苏人民出版社，2001.

［18］邓小平．邓小平文选：第二卷［M］．北京：人民出版社，2006.

［19］邓小平．邓小平文选：第三卷［M］．北京：人民出版社，2006.

［20］费孝通．文化的生与死［M］．上海：上海人民出版社，2013.

［21］费孝通．乡土中国［M］．南京：江苏文艺出版社，2007.

［22］费孝通．中华民族的多元一体格局［M］．北京：中央民族大学出版社，1999.

［23］冯天瑜，何晓明，周积明．中华文化史［M］．上海：上海人民出版社，2010.

［24］冯友兰．贞元六书［M］．上海：华东师范大学出版社，1996.

［25］科尔伯特．文化产业营销与管理［M］．高福进，译．上海：上海人民出版社，2002.

［26］杰姆逊．全球化的文化［M］．马丁，译．南京：南京大学出版社，2002.

［27］马尔库塞．单向度的人：发达工业社会意识形态研究［M］．刘维，译．上海：上海译文出版社，1989.

［28］达利，柯布．21世纪生态经济学［M］．王俊，韩冬筠，译．北京：中央编译出版社，2015.

［29］洪银兴．创新发展［M］．南京：江苏人民出版社，2016.

［30］胡惠林．文化产业发展的中国道路：理论、政策、战略［M］．北京：社会科学文献出版社，2018.

［31］胡惠林．文化产业学［M］．北京：高等教育出版社，2006.

［32］胡惠林．文化产业研究读本［M］．上海：上海人民出版社，2001.

［33］胡锦涛．胡锦涛文选：第3卷［M］．北京：人民出版社，2016.

［34］郇庆治．绿色变革视角下的当代生态文化理论研究［M］．北京：北京大学出版社，2019.

［35］胡惠林，李康化．文化经济学［M］．上海：上海文艺出版社，2003.

［36］江泽慧．生态文明时代的主流文化：中国生态文化体系研究总论［M］．北京：人民出版社，2013.

［37］江泽民．江泽民文选：第三卷［M］．北京：人民出版社，2018.

［38］蒋伏心．协调发展［M］．南京：江苏人民出版社，2016.

［39］科斯，诺斯，阿尔钦，等．财产权利与制度变迁［M］．上海：上海人民出版社，1994.

［40］格尔兹．文化的解释［M］．韩莉，译．南京：译林出版社，1999.

［41］布朗．生态经济［M］．林自新，译．北京：东方出版社，2002.

［42］卡森．寂静的春天［M］．张白桦，译．北京：北京大学出版社，2015.

［43］刘湘溶．生态文明论［M］．长沙：湖南教育出版社，1999.

［44］刘思华．生态马克思主义经济学原理：修订版［M］．北京：人民出版社，2014.

［45］刘易斯．文化的冲突与共融［M］．关世杰，译．北京：新华出版社，2002.

［46］厉以宁．文化经济学［M］．北京：商务印书馆，2018.

［47］梁漱溟．乡村建设理论［M］．上海：上海人民出版社，2001.

［48］廖福霖．生态文明学［M］．北京：中国林业出版社，2012.

［49］中共中央马克思恩格斯列宁斯大林著作编译局．列宁选集：第2卷［M］．北京：人民出版社，2012.

［50］刘德海．绿色发展［M］．南京：江苏人民出版社，2016.

［51］李洪远．生态学基础［M］．北京：化学工业出版社，2006.

［52］路日亮．生态文化论［M］．北京：清华大学出版社，2020.

［53］霍克海默，阿道尔诺．启蒙辩证法［M］．梁敬东，曹卫东，译．上海：上海人民出版社，2003.

［54］马林诺夫斯基．文化论［M］．费孝通，译．北京：中国民间文艺出版社，1987.

［55］波特．竞争战略［M］．陈丽芳，译．北京：中信出版社，2014.

［56］中共中央文献研究室．毛泽东年谱（1949—1976）：第三卷［M］．北京：中央文献出版社，2013.

［57］毛泽东．毛泽东选集：第一卷［M］．北京：人民出版社，1991.

［58］欧阳友权．文化产业通论［M］．长沙：湖南人民出版社，2006.

［59］亨廷顿，哈里森．文化的重要作用：价值观如何影响人类进步［M］．程克雄，译．北京：新华出版社，2002.

［60］亨廷顿．文明的冲突与世界秩序的重建［M］．周琪，刘绯，张立平，等，译．北京：新华出版社，2009.

［61］王育济，齐勇锋，侯样祥，等．中国文化产业学术年鉴：1979—2008年卷［M］．济南：山东大学出版社，2010.

［62］施密特．马克思的自然概念［M］．欧力同，吴仲昉，译．北京：商务印书馆，1988.

［63］向勇．面向2020，中国文化产业新十年［M］．北京：金城出版社，2011.

［64］许苏民．文化哲学［M］．上海：上海人民出版社，1990.

[65] 斯密. 国富论 [M]. 贾拥民, 译. 北京: 中国人民大学出版社, 2016.

[66] 余谋昌. 生态文化论 [M]. 石家庄: 河北教育出版社, 2001.

[67] 王如松, 周鸿. 人与生态学 [M]. 昆明: 云南人民出版社, 2004.

[68] 魏鹏举. 中国文化经济四十年 [M]. 北京: 经济管理出版社, 2019.

[69] 奈. 美国霸权的困惑 [M]. 北京: 世界知识出版社, 2002.

[70] 奈. 硬权力与软权力 [M]. 门洪华, 译. 北京: 北京大学出版社, 2005.

[71] 熊彼特. 经济发展理论 [M]. 何畏, 易家详, 等, 译. 北京: 商务印书馆, 1990.

[72] 张立文. 中国和合文化导论 [M]. 北京: 中共中央党校出版社, 2001.

[73] 张岱年, 程宜山. 中国文化论争 [M]. 北京: 中国人民大学出版社, 2006.

[74] 张岱年, 方克立. 中国文化概论 [M]. 北京: 北京师范大学出版社, 2004.

[75] 张二震. 开放发展 [M]. 南京: 江苏人民出版社, 2016.

[76] 张云飞, 任铃. 新中国生态文明建设的历程和经验研究 [M]. 北京: 人民出版社, 2020.

[77] 中共中央文献研究室. 十九大以来重要文献选编: 上 [M]. 北京: 人民出版社, 2019.

[78] 中共中央文献研究室. 十七大以来重要文献选编: 中 [M]. 北京: 人民出版社, 2011.

[79] 中共中央文献研究室. 十五大以来重要文献选编: 下 [M]. 北京: 人民出版社, 2003.

[80] 中共中央文献研究室. 习近平关于社会主义生态文明建设论述

摘编 [M]. 北京：中央文献出版社，2017.

[81] 梁漱溟. 梁漱溟全集：第一卷 [M]. 济南：山东人民出版社，2005.

[82] 中央档案馆，中共中央文献研究室. 中共中央文件选集：第 24册 [M]. 北京：人民出版社，2013.

[83] ATKINSON A, DAVILA J D, FERNANDES E, et al. The Challenge of Environmental Management in Urban Areas [M]. Aldershot：Ashgate，1999.

[84] BECK A. Cultural Work：Understanding the Cultural Industries [M]. New York：Rout ledge，2003.

[85] ALTHEIDE D L. An Ecology of communication [M]. New York：Aldine De Gruyter，1995.

[86] TIBBS H. Industrial Ecology：An Environmental Agenda for Industry [M]. Cambridge：Arthur D. Little，1995.

[87] SAITO K. Karl Marx's Ecosocialism：Capital，Nature，and the Unfinished Critique of Political Economy [M]. New York：Monthly Review，2017.

[88] EMPSON M. Land and Labour：Marxism，Ecology and Human History [M]. London：Bookmarks Publications，2014.

[89] HERBERT M, DOUGLAS K, CLAYTON P. Marxism，Revolution and Utopia：Collected Papers of Herbert Marcuse，Volume 6 [M]. London：Taylor and Francis，2014.

[90] HANNAN M T, FREEMAN J. Organizational Ecology [M]. Cambridge：Harvard University Press，1989.

[91] KOTLER P, JAIN D C, MAESINCEE S. Marketing Moves：A New Approach to Profits，Growth and Renewal [M]. Boston：Harvard Business School Publishing Corporation，2002.

[92] WILLIAMS R. The Long Revolution [M]. Calgary：Broadview Press，2001.

[93] EDMONDSON R, RAU H. Environmental Argument and Cultural

Difference [M]. New York：Peter Lang, 2008.

[94] PILGRIM S, PRETTY J. Nature and Culture [M]. London：Earthscan, 2010.

[95] THROSBY D. Economics and Culture [M]. Cambridge：Cambridge University Press, 2001.

[96] THROSBY D. The Economics of Cultural Policy [M]. Cambridge：Cambridge University Press, 2010.

[97] WALLACH B. Understanding the Cultural Landscape [M]. New York：Guilford Press, 2005.

二、期刊类

[1] 白光润. 论生态文化与生态文明 [J]. 人文地理, 2003 (2).

[2] 边境, 陈金龙, 丁俊萍, 等. 论习近平新时代中国特色社会主义思想 [J]. 中南民族大学学报 (人文社会科学版), 2017, 37 (6).

[3] 博赫, 肖红叶. 文化产业研究30年：现状与特点 [J]. 江西财经大学学报, 2011 (3).

[4] 常艳. 恩格斯生态思想初探 [J]. 马克思主义与现实, 2011 (4).

[5] 陈光炬. 农业生态资本运营：内涵、条件及过程 [J]. 云南社会科学, 2014 (2).

[6] 陈剑, 李忠斌, 罗永常. 特色村寨民族文化产业业态创新与高质量发展 [J]. 广西民族研究, 2020 (4).

[7] 陈金龙. 改革开放的中国智慧 [J]. 马克思主义与现实, 2019 (1).

[8] 陈立旭. 论文化产品的社会效益和经济效益 [J]. 中国社会科学, 1998 (5).

[9] 陈丽芳, 董蕾. 乡村振兴背景下少数民族地区文化产业高质量发展的路径 [J]. 云南民族大学学报 (哲学社会科学版), 2021, 38 (4).

[10] 陈南岳. 中国农村生态贫困研究 [J]. 中国人口·资源与环境, 2003（4）.

[11] 陈秋红, 于法稳. 美丽乡村建设研究与实践进展综述 [J]. 学习与实践, 2014（6）.

[12] 陈先达. 马克思恩格斯经典文本研究的双重视角 [J]. 中国社会科学, 2014（11）.

[13] 陈学明. 马克思唯物主义自然观的生态意蕴：约翰·贝拉米·福斯特对马克思主义的解释 [J]. 马克思主义与现实, 2009（6）.

[14] 陈学明. 习近平生态文明思想对马克思主义基本理论的继承和发展 [J]. 探索, 2019（4）.

[15] 陈颖, 韦震, 王明初. 毛泽东生态文明思想及其当代意义 [J]. 马克思主义研究, 2015（6）.

[16] 陈有真, 段龙龙. 产业生态与产业共生：产业可持续发展的新路径 [J]. 理论视野, 2014（2）.

[17] 程恩富, 廉淑. 比较优势、竞争优势与知识产权优势理论新探：海派经济学的一个基本原理 [J]. 求是, 2004（6）.

[18] 程恩富. 文化生产力与文化资源的开发 [J]. 生产力研究, 1994（5）.

[19] 崔峰. 上海市旅游经济与生态环境协调发展度研究 [J]. 中国人口·资源与环境, 2008（5）.

[20] 戴美琪, 游碧竹. 国内休闲农业旅游发展研究 [J]. 湘潭大学学报（哲学社会科学版）, 2006（4）.

[21] 丁开杰, 刘英, 王勇兵. 生态文明建设：伦理、经济与治理 [J]. 马克思主义与现实, 2006（4）.

[22] 丁智才. 民族地区少数民族特色文化产业发展研究 [J]. 广西民族研究, 2014（6）.

[23] 杜湘红. 张家界旅游—经济—生态系统耦合协调分析 [J]. 统计与决策, 2014（20）.

[24] 段婕, 孙明旭. 高技术产业、传统产业与区域经济三系统耦合协调度实证研究 [J]. 科技进步与对策, 2017, 34 (23).

[25] 范霁雯, 范建华. 特色文化产业：中国西部少数民族地区脱贫的不二选择 [J]. 云南民族大学学报（哲学社会科学版）, 2018 (3).

[26] 范建华, 秦会朵. 关于乡村文化振兴的若干思考 [J]. 思想战线, 2019, 45 (4).

[27] 范凌云, 刘雅洁, 雷诚. 生态村建设的国际经验及启示 [J]. 国际城市规划, 2015, 30 (6).

[28] 范玉刚. 以新观念新思维引导农村文化产业发展 [J]. 中共中央党校学报, 2010 (3).

[29] 范周. 数字经济变革中的文化产业创新与发展 [J]. 深圳大学学报（人文社会科学版）, 2020, 37 (1).

[30] 范周. 推动"十四五"文化产业新发展 [J]. 红旗文稿, 2020 (21).

[31] 方莹莹, 刘戒骄. 开放式创新与产业生态系统的构建：基于多数据库的 CiteSpace 文献计量分析 [J]. 经济学家, 2020 (9).

[32] 冯留建, 王炳林. 实现中国梦需要提升文化软实力 [J]. 思想理论教育导刊, 2014 (5).

[33] 付清松, 李丽. 生态文明和人类命运共同体的时代相遇与交互式建构 [J]. 探索, 2019 (4).

[34] 傅才武, 申念衢. 当代中国文化政策研究中的十大前沿问题 [J]. 华中师范大学学报（人文社会科学版）, 2019, 58 (1).

[35] 傅于川, 欧阳德君. 民族地区生态文化产业发展初探：以黔东南苗族侗族自治州为例 [J]. 贵州民族研究, 2009, 29 (1).

[36] 高式英, 姚家万, 欧阳友权. 文化产业集群与区域文化品牌的关系及其"经济磁场效应" [J]. 湖南科技大学学报（社会科学版）, 2014, 17 (4).

[37] 高帅, 孙来斌. 习近平生态文明思想的创造性贡献：基于马克

思主义生态观基本原理的分析 [J]. 江汉论坛, 2021 (1).

[38] 谷树忠, 胡咏君, 周洪. 生态文明建设的科学内涵与基本路径 [J]. 资源科学, 2013, 35 (1).

[39] 顾江, 陈鑫, 郭新茹, 等. "十四五"时期健全现代文化产业体系的逻辑框架与战略路径 [J]. 管理世界, 2021, 37 (3).

[40] 顾江, 吴建军, 胡慧源. 中国文化产业发展的区域特征与成因研究: 基于第五次和第六次人口普查数据 [J]. 经济地理, 2013, 33 (7).

[41] 管宁. 导入产业意识　激活乡村文化: 关于农村文化产业发展的一个视角 [J]. 东岳论丛, 2009, 30 (10).

[42] 郭建晖. 江西文化产业高质量发展的政策创新路径 [J]. 江西社会科学, 2019, 39 (4).

[43] 郭景福, 解柠羽. 生态视角下民族地区特色产业发展路径研究 [J]. 云南民族大学学报 (哲学社会科学版), 2016, 33 (1).

[44] 郭少棠, 张慕菁, 王宪明. 西部大开发中的生态文化建设与可持续发展 [J]. 清华大学学报 (哲学社会科学版), 2000 (5).

[45] 郭馨梅, 罗青林. 文化产业价值创造的结构分析: 基于同心圆模型的阐释 [J]. 企业经济, 2021, 40 (5).

[46] 郭玉兰. 发展农村文化产业的三维思考 [J]. 贵州社会科学, 2007 (10).

[47] 郭兆晖. 生态文明建设与转变经济发展方式关系论: 基于生态经济学的框架 [J]. 当代经济研究, 2014 (6).

[48] 郭剑仁, 鲁绍臣. 马克思生态世界观的现代意义: "马克思主义与生态文明国际会议"综述 [J]. 教学与研究, 2011 (5).

[49] 海明月, 郇庆治. 马克思主义生态学视域下的生态产品及其价值实现 [J]. 马克思主义与现实, 2022 (3).

[50] 韩美群. 新时代传承与发展中华优秀传统文化的方法论探析 [J]. 马克思主义与现实, 2020 (5).

[51] 韩庆祥, 陈曙光. 中国特色社会主义新时代的理论阐释 [J].

中国社会科学, 2018 (1).

[52] 韩庆祥, 杨建坡. 习近平新时代中国特色社会主义思想的哲学基础 [J]. 山东社会科学, 2019 (7).

[53] 何群. 构建创新生态系统: 中国文化产业提质增效的路径 [J]. 学习与探索, 2018 (2).

[54] 何星亮. 中国少数民族传统文化与生态保护 [J]. 云南民族大学学报 (哲学社会科学版), 2004 (1).

[55] 胡彬. 创意产业价值创造的内在机理与政策导向 [J]. 中国工业经济, 2007 (5).

[56] 胡海, 庄天慧. 共生理论视域下农村产业融合发展: 共生机制、现实困境与推进策略 [J]. 农业经济问题, 2020 (8).

[57] 胡潇. 资本介入文化生产的耦合效应 [J]. 中国社会科学, 2015 (6).

[58] 胡惠林. 论文化产业的本质: 重建文化产业的认知维度 [J]. 山东大学学报 (哲学社会科学版), 2017 (3).

[59] 郇庆治. 城市可持续性与生态文明: 以英国为例 [J]. 马克思主义与现实, 2008 (2).

[60] 郇庆治. 习近平生态文明思想的体系样态、核心概念和基本命题 [J]. 学术月刊, 2021, 53 (9).

[61] 郇庆治. 习近平生态文明思想中的传统文化元素 [J]. 福建师范大学学报 (哲学社会科学版), 2019 (6).

[62] 黄承梁. 以人类纪元史观范畴拓展生态文明认识新视野: 深入学习习近平总书记 "金山银山" 与 "绿水青山" 论 [J]. 自然辩证法研究, 2015, 31 (2).

[63] 黄承梁, 杨开忠, 高世楫. 党的百年生态文明建设基本历程及其人民观 [J]. 管理世界, 2022, 38 (5).

[64] 黄承梁. 中国共产党百年生态文明建设的历史逻辑和理论品格 [J]. 哲学研究, 2022 (4).

[65] 黄娟. 毛泽东对生态文明建设的探索与启示 [J]. 当代经济研

究，2014（4）.

[66] 黄娟. 五大发展理念：美丽乡村建设的根本指导思想 [J]. 求实，2016（12）.

[67] 黄勤，曾元，江琴. 中国推进生态文明建设的研究进展 [J]. 中国人口·资源与环境，2015，25（2）.

[68] 黄娅. 民族文化旅游产业可持续发展的综合评价体系及评价方法研究：基于文化经济协同发展的视角 [J]. 贵州民族研究，2012（1）.

[69] 黄永林，纪明明. 论非物质文化遗产资源在文化产业中的创造性转化和创新性发展 [J]. 华中师范大学学报（人文社会科学版），2018，57（3）.

[70] 黄永林，罗忻. 文化产业发展核心要素关系研究 [J]. 社会主义研究，2011（5）.

[71] 黄永林，谈国新. 中国非物质文化遗产数字化保护与开发研究 [J]. 华中师范大学学报（人文社会科学版），2012，51（2）.

[72] 黄永林. "文化生态" 视野下的非物质文化遗产保护 [J]. 文化遗产，2013（5）.

[73] 黄渊基，匡立波，贺正楚. 武陵山片区生态文化旅游扶贫路径探索：以湖南省慈利县为例 [J]. 经济地理，2017，37（3）.

[74] 黄渊基，熊曦，郑毅. 生态文明建设背景下的湖南省绿色经济发展战略 [J]. 湖南大学学报（社会科学版），2020，34（1）.

[75] 江红莉，何建敏. 区域经济与生态环境系统动态耦合协调发展研究：基于江苏省的数据 [J]. 软科学，2010，24（3）.

[76] 江小涓. 数字时代的技术与文化 [J]. 中国社会科学，2021（8）.

[77] 姜长宝. 农村文化产业发展态势分析 [J]. 宏观经济研究，2010（2）.

[78] 焦斌龙. 新常态下中国文化产业供给侧结构性改革的思考 [J]. 经济问题，2017（5）.

[79] 解保军. 马克思恩格斯对资本主义的生态批判及其意义 [J].

马克思主义研究，2006（8）．

[80] 解学芳．文化产业与文化事业博弈下的新农村文化建设 [J]．理论与改革，2008（6）．

[81] 金颖若．特色文化产业的特色集聚形态及机理 [J]．贵州大学学报（社会科学版），2018，36（3）．

[82] 寇明婷，李录堂，陈凯华．乡村生态旅游的深层研究 [J]．西北农林科技大学学报（社会科学版），2010，10（2）．

[83] 雷毅．生态文化的深层建构 [J]．深圳大学学报（人文社会科学版），2007（3）．

[84] 黎元生．生态产业化经营与生态产品价值实现 [J]．中国特色社会主义研究，2018（4）．

[85] 李凤亮，潘道远．文化创意与经济增长：数字经济时代的新关系构建 [J]．山东大学学报（哲学社会科学版），2018（1）．

[86] 李凤亮，宗祖盼．文化与科技融合创新：模式与类型 [J]．山东大学学报（哲学社会科学版），2016（1）．

[87] 李桂花，杜颖．"绿水青山就是金山银山"生态文明理念探析 [J]．新疆师范大学学报（哲学社会科学版），2019，40（4）．

[88] 李海舰，王松．文化与经济的融合发展研究 [J]．中国工业经济，2010（9）．

[89] 李家寿．中国生态文化理念发展现状及其生成路径 [J]．广西民族大学学报（哲学社会科学版），2008（4）．

[90] 李俊霞．西部特色文化产业集群发展战略研究 [J]．兰州大学学报（社会科学版），2012，40（5）．

[91] 李培超．论生态文明的核心价值及其实现模式 [J]．当代世界与社会主义，2011（1）．

[92] 李翔，刘刚，杜曙光．文化产业与"中国制造"融合发展：基于知识产权优势理论的评析与重构 [J]．马克思主义研究，2012（9）．

[93] 李晓华，刘峰．产业生态系统与战略性新兴产业发展 [J]．中国工业经济，2013（3）．

[94] 李新家. 关于文化经济的几个理论问题 [J]. 思想战线，2006 (1).

[95] 李永东，路杨. 生态经济发展研究综述 [J]. 宁夏社会科学，2007 (4).

[96] 李周. 生态产业初探 [J]. 中国农村经济，1998 (7).

[97] 李资源. 少数民族传统文化传承教育应注意的几个问题 [J]. 中南民族大学学报（人文社会科学版），2018 (2).

[98] 厉无畏，王慧敏. 创意产业促进经济增长方式转变：机理·模式·路径 [J]. 中国工业经济，2006 (11).

[99] 厉无畏. 历史文化资源的开发利用与创意转化 [J]. 学习与探索，2010 (4).

[100] 林存文，吕庆华. 文化资源禀赋对文化产业发展的影响：基于资源异质的研究视角 [J]. 山西财经大学学报，2020，42 (8).

[101] 刘定惠，杨永春. 区域经济–旅游–生态环境耦合协调度研究：以安徽省为例 [J]. 长江流域资源与环境，2011，20 (7).

[102] 刘吉发. 创新与文化创意：关系辨析及产业发展趋势 [J]. 现代经济探讨，2009 (1).

[103] 刘静，惠宁，南士敬. 数据赋能驱动文化产业创新效率的非线性研究：基于 STR 模型的实证检验 [J]. 经济与管理研究，2020，41 (7).

[104] 刘思华，方时姣. 绿色发展与绿色崛起的两大引擎：论生态文明创新经济的两个基本形态 [J]. 经济纵横，2012 (7).

[105] 刘思华. 生态马克思主义经济学论纲 [J]. 海派经济学，2005 (4).

[106] 刘同舫. 构建人类命运共同体对历史唯物主义的原创性贡献 [J]. 中国社会科学，2018 (7).

[107] 刘彦武. 农村文化产业发展规律分析 [J]. 农村经济，2008 (8).

[108] 卢风. 论生态文化与生态价值观 [J]. 清华大学学报（哲学社

会科学版），2008（1）.

[109] 鲁全信. 农村生态文化建设路径探析 [J]. 人民论坛，2014（5）.

[110] 栾永玉，林超琴. 马克思《资本论》生态思想再论析 [J]. 学习与实践，2021（3）.

[111] 孟宪平. 马克思恩格斯文明观的理论逻辑与现实转换论析 [J]. 马克思主义研究，2020（1）.

[112] 欧阳志远. 生态文明的历史唯物主义解读 [J]. 教学与研究，2008（9）.

[113] 潘鲁生. 保护农村文化生态 发展农村文化产业 [J]. 山东社会科学，2006（5）.

[114] 潘鲁生. 关注旅游文化：少数民族文化生态保护与旅游资产开发 [J]. 山东社会科学，2000（5）.

[115] 齐骥. "两山" 理论在乡村振兴中的价值实现及文化启示 [J]. 山东大学学报（哲学社会科学版），2019（5）.

[116] 齐勇锋，吴莉. 特色文化产业发展研究 [J]. 中国特色社会主义研究，2013（5）.

[117] 祁述裕，曹伟. 文化产业发展专项资金政策：绩效评估、理论探讨及对策建议 [J]. 行政管理改革，2018（11）.

[118] 祁述裕，韩骏伟. 新兴文化产业的地位和文化产业发展趋势 [J]. 马克思主义与现实，2006（5）.

[119] 钱争鸣，刘晓晨. 环境管制、产业结构调整与地区经济发展 [J]. 经济学家，2014（7）.

[120] 钱紫华，闫小培，王爱民. 文化产业体系构建的回顾与思考 [J]. 人文地理，2007（1）.

[121] 秦红增，郭帅旗，杨恬. 农民的 "文化自觉" 与广西乡村生态旅游文化产业提升研究 [J]. 广西民族研究，2014（2）.

[122] 秦书生，王宽. 马克思恩格斯生态文明思想及其传承与发展 [J]. 理论探索，2014（1）.

［123］秦书生，杨硕．习近平的绿色发展思想探析［J］．理论学刊，2015（6）．

［124］秦书生．论胡锦涛生态文明建设思想［J］．求实，2013（9）．

［125］秦书生，胡楠．中国绿色发展理念的理论意蕴与实践路径［J］．东北大学学报（社会科学版），2017，19（6）．

［126］秦书生．生态技术的哲学思考［J］．科学技术与辩证法，2006（4）．

［127］邱淑，杨丽．云南民族地区特色文化产业推动包容性增长研究［J］．云南民族大学学报（哲学社会科学版），2014，31（6）．

［128］任海军，曹盘龙，张爽．基于熵值法的生态社会评价指标体系研究：以中国西部地区为例［J］．华东经济管理，2014，28（5）．

［129］邵光学，王锡森．马克思恩格斯生态思想形成的理论渊源及当代价值［J］．经济学家，2018（12）．

［130］邵明华，张兆友．特色文化产业发展的模式差异和共生逻辑［J］．山东大学学报（哲学社会科学版），2020（4）．

［131］邵明华．农村特色文化产业发展的山东模式［J］．山东社会科学，2020（5）．

［132］邵明华．中国农村特色文化产业生态升级：基于供给侧的视角［J］．深圳大学学报（人文社会科学版），2020（4）．

［133］申曙光．生态文明及其理论与现实基础［J］．北京大学学报（哲学社会科学版），1994（3）．

［134］沈艳，陈广，顾江．本地社会网络、外部空间溢出与城市文化产业增长：基于江苏地级市的空间计量研究［J］．经济问题探索，2017（8）．

［135］舒川根．文化创意与新农村建设的有机结合：以安吉县创建"中国美丽乡村"为例［J］．浙江社会科学，2010（7）．

［136］舒小林，高应蓓，张元霞，等．旅游产业与生态文明城市耦合关系及协调发展研究［J］．中国人口·资源与环境，2015，25（3）．

［137］舒永久．用生态文化建设生态文明［J］．云南民族大学学报

（哲学社会科学版），2013，30（4）.

[138] 宋周尧. 马克思恩格斯的生态文化思想及其现实价值 [J]. 社会主义研究，2007（2）.

[139] 孙道进. 科学与价值：历史的逻辑与逻辑的历史 [J]. 马克思主义研究，2010（1）.

[140] 孙金荣. 山东省农村文化产业发展研究 [J]. 山东社会科学，2005（11）.

[141] 孙志毅，邹唯. 中国农村传统文化产业的发展及对策 [J]. 农村经济，2005（1）.

[142] 谭志云. 农村文化产业的功能定位及发展路径 [J]. 南京社会科学，2007（12）.

[143] 谭志云. 西部地区文化竞争力比较研究：基于因子分析与聚类分析法 [J]. 青海社会科学，2009（2）.

[144] 滕堂伟，翁玲玲，韦素琼. 中国文化产业发展的区域差异 [J]. 经济地理，2014，34（7）.

[145] 汪信砚. 习近平新时代中国特色社会主义思想的哲学基础研究述评 [J]. 武汉大学学报（哲学社会科学版），2018，71（2）.

[146] 王丹玉，王山，奉公. 民族地区农村文化产业发展路径探析 [J]. 西北农林科技大学学报（社会科学版），2016，16（6）.

[147] 王惠，王树乔，李小聪. 基于空间异质性的农村文化产业技术效率收敛性 [J]. 经济地理，2015，35（8）.

[148] 王家庭，高珊珊. 中国农村文化产业效率评估的实证研究 [J]. 江西财经大学学报，2012（1）.

[149] 王家庭，张容. 基于三阶段 DEA 模型的中国 31 省市文化产业效率研究 [J]. 中国软科学，2009（9）.

[150] 王乐君，寇广增. 促进农村一二三产业融合发展的若干思考 [J]. 农业经济问题，2017，38（6）.

[151] 王淑芹. 正确理解五大发展理念的内涵和要求 [J]. 思想理论教育导刊，2016（1）.

[152] 王恕立, 胡宗彪. 中国服务业分行业生产率变迁及异质性考察 [J]. 经济研究, 2012, 47 (4).

[153] 王蔚. 形者神质, 和谐共生: 试析文化与文化产业的关系 [J]. 东岳论丛, 2006 (3).

[154] 王晓广. 生态文明视域下的美丽中国建设 [J]. 北京师范大学学报 (社会科学版), 2013 (2).

[155] 王兴国. 推进农村一二三产业融合发展的思路与政策研究 [J]. 东岳论丛, 2016, 37 (2).

[156] 王秀伟, 汤书昆. 文化授权: 地方特色文化产业发展的模式选择: 以中国宣纸集团宣纸文化产业为例 [J]. 同济大学学报 (社会科学版), 2016, 27 (1).

[157] 王永富. 广西生态文化产业发展研究 [J]. 广西社会科学, 2013 (3).

[158] 王雨辰. 构建中国形态的生态文明理论 [J]. 武汉大学学报 (哲学社会科学版), 2020, 73 (6).

[159] 王雨辰. 论德法兼备的社会主义生态治理观 [J]. 北京大学学报 (哲学社会科学版), 2018, 55 (4).

[160] 王雨辰. 论生态学马克思主义的马克思主义哲学观 [J]. 北京大学学报 (哲学社会科学版), 2020, 57 (5).

[161] 王雨辰. 生态文明建设的价值归宿 [J]. 人民论坛, 2022 (6).

[162] 王雨辰. 西方马克思主义的学术传统与问题逻辑 [J]. 中国社会科学, 2010 (5).

[163] 韦仁忠. 青海发展生态文化产业的路径探寻 [J]. 青海社会科学, 2009 (6).

[164] 魏和清, 李颖. 中国文化产业聚集特征及溢出效应的空间计量分析 [J]. 江西财经大学学报, 2016 (6).

[165] 魏洪钟. 马克思主义自然观与可持续发展 [J]. 自然辩证法研究, 1998 (1).

[166] 温铁军，罗士轩，董筱丹，等．乡村振兴背景下生态资源价值实现形式的创新 [J]．中国软科学，2018（12）．

[167] 吴理财，解胜利．文化治理视角下的乡村文化振兴：价值耦合与体系建构 [J]．华中农业大学学报（社会科学版），2019（1）．

[168] 吴理财，吴孔凡．美丽乡村建设四种模式及比较：基于安吉、永嘉、高淳、江宁四地的调查 [J]．华中农业大学学报（社会科学版），2014（1）．

[169] 吴苑华．深入理解习近平的绿色发展思想 [J]．马克思主义研究，2016（10）．

[170] 郗戈，荣鑫．马克思主义自然观与习近平关于"生命共同体"的重要论述 [J]．马克思主义理论学科研究，2020，6（1）．

[171] 向勇．特色文化资源的价值评估与开发模式研究 [J]．北京联合大学学报（人文社会科学版），2015，13（2）．

[172] 项久雨．新时代美好生活的样态变革及价值引领 [J]．中国社会科学，2019（11）．

[173] 谢伏瞻．马克思主义是不断发展的理论：纪念马克思诞辰200周年 [J]．中国社会科学，2018（5）．

[174] 邢华．文化创意产业价值链整合及其发展路径探析 [J]．经济管理，2009，31（2）．

[175] 熊正德，郭荣凤．国家文化软实力评价及提升路径研究 [J]．中国工业经济，2011（9）．

[176] 熊正贤．特色文化产业扶贫的特征分析与绩效问题研究：以武陵山区为例 [J]．云南民族大学学报（哲学社会科学版），2017（4）．

[177] 徐君，高厚宾，王育红．生态文明视域下资源型城市低碳转型战略框架及路径设计 [J]．管理世界，2014（6）．

[178] 徐克勤，田代武，张建永，鲁明勇，朱朝晖．打造武陵山片区民族特色生态文化旅游支柱产业研究 [J]．民族论坛，2016（1）．

[179] 徐黎丽，祝艾丽．论文化产业发展的生态基础：以甘肃河西走廊生态文化产业为例 [J]．甘肃理论学刊，2013（4）．

[180] 徐运保，曾贵. 大数据战略下中国创意产业业态创新路径探索：基于新经济内涵嬗变视角 [J]. 理论探讨，2018 (6).

[181] 许春晓，胡婷. 大湘西地区文化与旅游融合潜力及其空间分异 [J]. 经济地理，2018，38 (5).

[182] 许黎，曹诗图，柳德才. 乡村旅游开发与生态文明建设融合发展探讨 [J]. 地理与地理信息科学，2017，33 (6).

[183] 严立冬，陈光炬，刘加林，等. 生态资本构成要素解析：基于生态经济学文献的综述 [J]. 中南财经政法大学学报，2010 (5).

[184] 杨红. 凉山彝族生态文化的继承与凉山彝区生态文明建设 [J]. 西南民族大学学报 (人文社科版)，2005 (2).

[185] 杨艳红，李根潮，蔡意茹，等. 天津智慧型生态文化旅游发展策略研究 [J]. 城市发展研究，2020，27 (2).

[186] 杨云霞，张宇龙. 人工智能驱动文化产业高质量发展的理论逻辑与实践机制：以马克思主义政治经济学为视角 [J]. 西北大学学报 (哲学社会科学版)，2021，51 (2).

[187] 杨志华，严耕. 中国生态文明建设的六大类型及其策略 [J]. 马克思主义与现实，2012 (6).

[188] 仰海峰. 马克思资本逻辑场域中的主体问题 [J]. 中国社会科学，2016 (3).

[189] 叶兴庆. 新时代中国乡村振兴战略论纲 [J]. 改革，2018 (1).

[190] 尹绍亭，乌尼尔. 生态博物馆与民族文化生态村 [J]. 中南民族大学学报 (人文社会科学版)，2009，29 (5).

[191] 尹世杰. 论生态需要与生态产业 [J]. 湖南师范大学社会科学学报，1998 (5).

[192] 于法稳，黄鑫，岳会. 乡村旅游高质量发展：内涵特征、关键问题及对策建议 [J]. 中国农村经济，2020 (8).

[193] 于法稳. "十四五"时期农村生态环境治理：困境与对策 [J]. 中国特色社会主义研究，2021 (1).

[194] 余亮. 文化产业高质量发展的几大着力点 [J]. 人民论坛, 2019 (27).

[195] 余谋昌. 生态文化: 21 世纪人类新文化 [J]. 新视野, 2003 (4).

[196] 余谋昌. 中国古代哲学的生态智慧 [J]. 南京林业大学学报 (人文社会科学版), 2020, 20 (4).

[197] 余青, 吴必虎. 生态博物馆: 一种民族文化持续旅游发展模式 [J]. 人文地理, 2001 (6).

[198] 喻蕾. 文化产业高质量发展: 评价指标体系构建及其政策意义 [J]. 经济地理, 2021, 41 (6).

[199] 张保伟, 孙兆刚. 生态文化及其当代价值定位 [J]. 理论与改革, 2007 (6).

[200] 张保伟. 中国生态文化发展现状及其生成路径 [J]. 理论与改革, 2006 (5).

[201] 张曾芳, 张龙平. 论文化产业及其运作规律 [J]. 中国社会科学, 2002 (2).

[202] 张成渝. 村落文化景观保护与可持续发展的两种实践: 解读生态博物馆和乡村旅游 [J]. 同济大学学报 (社会科学版), 2011, 22 (3).

[203] 张盾. 马克思与生态文明的政治哲学基础 [J]. 中国社会科学, 2018 (12).

[204] 张红凤, 周峰, 杨慧, 等. 环境保护与经济发展双赢的规制绩效实证分析 [J]. 经济研究, 2009, 44 (3).

[205] 张军. 乡村价值定位与乡村振兴 [J]. 中国农村经济, 2018 (1).

[206] 张攀, 耿涌. 产业生态系统多样性发展机制研究 [J]. 中国软科学, 2010 (6).

[207] 张云飞. "生命共同体": 社会主义生态文明的本体论奠基 [J]. 马克思主义与现实, 2019 (2).

［208］张云飞.社会主义生态文明观的科学典范［J］.马克思主义研究，2020（10）.

［209］张永丽，甘露.中国农村文化产业研究综述［J］.经济问题探索，2012（3）.

［210］张振鹏，刘小旭.中国文化产业生态系统论纲［J］.济南大学学报（社会科学版），2017（2）.

［211］张振鹏，马力.文化创意产业集群形成机理探讨［J］.经济体制改革，2011（2）.

［212］张振鹏.中国农村文化创意产业发展初探［J］.华东经济管理，2013，27（2）.

［213］张忠.村级文化产业发展实证研究：基于山东省农村样本的分析［J］.科学社会主义，2013（4）.

［214］赵建军，杨博."绿水青山就是金山银山"的哲学意蕴与时代价值［J］.自然辩证法研究，2015，31（12）.

［215］赵美玲，滕翠华.中国特色社会主义生态文化建设的战略选择［J］.理论学刊，2017（4）.

［216］郑馨竺，张雅欣，李晋，等.后疫情时期的经济复苏与绿色发展：对立还是共赢［J］.中国人口·资源与环境，2021，31（2）.

［217］钟廷勇，周磊，安烨.技术效率、技术进步与文化产业全要素生产率分析［J］.商业研究，2014（9）.

［218］周成，冯学钢，唐睿.区域经济—生态环境—旅游产业耦合协调发展分析与预测：以长江经济带沿线各省市为例［J］.经济地理，2016，36（3）.

［219］周鸿.生态文化建设的理论思考［J］.思想战线，2005（5）.

［220］周建军，张爱民.论特色文化产业的内涵和发展途径［J］.社会科学研究，2010（6）.

［221］周锦，赵正玉.乡村振兴战略背景下的文化建设路径研究［J］.农村经济，2018（9）.

［222］周云逸.非物质文化遗产视域下农村文化产业发展的对策：以

曲阳石雕为例 [J]. 西南民族大学学报（人文社会科学版），2011，32（10）.

［223］周云逸. 中国农村文化产业发展的破局之策 [J]. 河北学刊，2010，30（6）.

［224］朱东波. 习近平绿色发展理念：思想基础、内涵体系与时代价值 [J]. 经济学家，2020（3）.

［225］朱鹏. 基于循环经济理论框架的生态文化旅游发展机制研究：以大湘西区域为例 [J]. 管理世界，2014（6）.

［226］BALCHINDORJIEVA O B. Ecological civilization and Chinese philosophy [J]. Gumanitarium, 2016, 1 (1).

［227］CABEZAS H, PAWLOWSKI C W, MAYER A L, et al. Simulated experiments with complex sustainable systems: Ecology and technology [J]. Resources, Conservation and Recycling, 2005, 44 (3).

［228］DOYLE G. Why Culture Attracts and Resists Economic Analysi [J]. Journal of Cultural Economics, 2010, 34 (4).

［229］ERKMAN S. Industrial Ecology: An Historical View [J]. Journal of Cleaner Production, 1997, 12 (2).

［230］Grunewald Rodrigo de Azeredo. Tourism and cultural revival [J]. Annals of Tourism Research, 2002, 29 (4).

［231］SAARINEN J, MOSWETE N, MONARE M J. Cultural tourism: New opportunities for diversifying the tourism industry in Botswana [J]. Bulletin of Geography: Socio-Economic Series, 2014, 26 (26).

［232］FOSTER J B. Engels's Dialectics of Nature in the Anthropocene [J]. Monthly Review, 2020, 6 (72).

［233］FOSTER J B. The Earth-System Crisis and Ecological Civilization: A Marxian View [J]. International Critical Thought, 2017, 7 (4).

［234］ISHII K. The impact of ethnic tourism on hill tribes in Thailand [J]. Annals of Tourism Research, 2012, 39 (1).

［235］KOEHLER D A, HECHT A D. Sustainability, well being, and environmental protection: Perspectives and recommendations from an environmental protection agency forum [J]. Sustain, 2006 (2) .

[236] LOWENTHAL M D, KASTENBERG W E. Industrial Ecology and Energy Systems: A First Step [J]. Resources, Conversation and Recycling, 1998, 24 (1) .

[237] HELLER M A. The tragedy of the anticommons: property in the transition from Marx to markets [J]. Harvard Law Review, 1997 (111) .

[238] LAVRINENKE P A. Analysis of the investment attractiveness of projects in the field of environmental protection [J]. Studies on Russian Economic Development, 2013, 24 (5) .

[239] GYLFASON T, ZOEGA G. Natural Resources and Economic Growth: The Role of Investment [J]. The World Economy, 2006, 29 (8) .

[240] NEWSOME T M, DELLINGER J A, PAVEY C R, etal. The Ecological Effects of Providing Resource Subsidies to Predators [J]. Global Ecology and Biogeography, 2015, 24 (1) .

[241] TIMOTHY D J, GUAI J. Tourism as a catalyst as changing boundaries and territorial sovereignty at an international border [J]. Current Issues in tourism, 2012 (ahead-of-print) .

[242] BRAND U. Beyond Green Capitalism: Social Ecological Transformation and Perspectives of a Global Green Left [J]. Fudan Journal of the Humanities and Social Sciences, 2016, 9 (1) .

附　录

附录 A：劳岭村/红岩村生态文化产业
发展状况问卷调查表

问卷编号：_____　　问卷信度：□优 □良 □中 □差
地点：_____　　　　时间：_____

尊敬的女士/先生：

您好！本次问卷是为"马克思主义自然观视域下农村生态文化产业发展策略"课题而设置的，本书的目的在于为乡村振兴战略背景下农村生态文化产业发展策略提供有力指导。您的如实回答将对本书具有重要的价值，并向您郑重承诺，绝不会泄露您的隐私，您所提供的资料仅作为本书之用，诚挚地感谢您的配合与帮助！

第一部分：个人及家庭基本情况

1. 您的性别：_____。

□男 □女

2. 您的年龄：_____。

□20 岁以下 □20～40 岁 □41～60 岁 □60 岁以上

3. 您的民族：_____。

□汉族 □少数民族，若是，请注明_____族。

4. 您的文化教育程度：_____。

□未上过学 □小学 □初中 □高中 □大学（含大专）及以上

4. 您的婚姻状况：_____。

□已婚 □未婚 □丧偶 □离婚□同居 □其他

5. 您目前从事的工作：_____。

□学生 □个体经营户及其他服务业 □农民 □教师□公务员/事业单位职员 □离退休人员 □其他（请注明_____）

6. 您家户籍人口中是否有（或曾经有）本村干部。

□是 □否

7. 您的政治面貌：_____。

□党员 □团员 □群众 □其他

8. 您对国家乡村振兴战略、生态文明建设等方面了解吗？

□非常不了解 □不太了解 □部分了解 □比较了解 □非常了解

9. 您所在县（区）是否被列入生态文明建设示范点？

□是，国家级□是，省级 □不清楚

第二部分：本村生态文化产业发展状况与家庭经济情况

1. 目前您的家庭总收入状况：_____元/年。

□5 万以下 □6 万～10 万 □11 万～15 万□16 万～20 万 □20 万以上

2. 目前您的家庭主要经济来源：_____（多选）。

□上班/打工 □以养殖业为主 □以种植业为主 □经营民宿

□经营餐馆 □经营商铺 □农产品加工（茶、竹、花、月柿等）□村集体分红

□国家机关/事业单位工作 □政策补贴 □其他（请注明_____）

3. 从事农村生态文化产业如乡村生态文化旅游、经营民宿等收入占您家庭收入的比重：_____。

□0%~20% □20%~40% □40%~60% □60%~80% □80%以上

4. 目前您的家庭年总支出：_____元。

□1万~5万 □6万~10万 □11万~15万 □16万以上

5. 目前您的家庭主要的开支：_____（多选）。

□生活必需消费品（吃、穿、用等开支）□外出旅游 □孩子教育 □医疗保险

□农用产品（农化肥、农机等）□生产投资（设备购买等）□日常生活中的人情来往 □其他（请注明_____）

6. 本村主要现有产业：_____（多选）。

□农村生态文化工艺品（茶文化、竹文化、花文化等生态文化产品；月柿文创产品等）

□农村生态文化演艺业 □农村生态文化康养业 □农村生态文化旅游业 □不清楚 □其他（请注明_____）

7. 本村现有产业的主要发展模式：_____（多选）。

□自主经营模式 □合作社模式 □公司+农户+村两委模式 □家庭小作坊 □不清楚 □其他（请注明_____）

第三部分：农村生态文化产业发展现状与农村生态文化建设

（请在每道题后面您认为合适的选项数字上打"√"，5为最高分，1为最低分）

序号	题目	1	2	3	4	5
1	本村生态文化产品业态丰富程度					
2	村民生态环境保护意识程度					
3	本村基础设施完善程度					
4	对本村的生态环境满意程度					

续表

序号	题目	1	2	3	4	5
5	村民业余文化活动丰富程度					
6	村民日常生活文明程度					
7	对本村生态文化遗产资源的保护与发掘满意程度					
8	对本村民俗文化活动举办次数满意程度					
9	村民参与本村事务决策积极程度					
10	村民的生态文化意识与生态文明素质方面					
11	本村现有产业市场运作能力程度					
12	本村的经济发展状况程度					
13	对本村创建的生态文化教育基地满意程度					
14	本村在实施生态文明建设中宣传推广教育的程度					
15	政府扶持农村产业发展的力度					

问卷到此结束，再次感谢您的参与，祝您身体健康！生活愉快！

附录B：劳岭村/红岩村生态文化产业 发展村民访谈提纲

访谈提纲编号：_____

访谈地点：_____ 访谈时间：_____

第一部分 受访者基本信息

姓名		性别		年龄		民族	
文化程度		职业		家庭人数			
家庭成员 概况							

第二部分 访谈涉及的相关问题

1. 您主要以什么收入为主？与过去相比，您现在的生活来源和收入状况如何？

2. 您家现有的土地使用情况如何，是否愿意将现有承包土地流转出去？

3. 您认为农村生态文化产业的发展，如茶加工、竹加工、月柿加工、民宿业、乡村文化旅游等，给本村带来了哪些较大的变化？对本村生态自然环境、村民收入、就业、文化素质等方面是否有积极影响？

4. 目前在本村从事生态文化产品经营或生态文化服务的外地人多吗？您是否欢迎他们来本村发展？

5. 您认为村干部和党组织在本村产业发展中发挥了哪些作用？

6. 您对国家生态文明建设和乡村振兴战略有了解吗？

7. 您对生态保护和经济发展之间的关系有了解吗？

8. 您目前参与农村生态文化产业发展存在哪些困难？您认为本村还需要进行哪些改进呢？

附录C：劳岭村/红岩村生态文化产业
发展村干部访谈提纲

访谈提纲编号：_____

访谈地点：_____ 访谈时间：_____

第一部分　受访者基本信息

姓名		性别		年龄		民族	
文化程度		担任职务		担任年限		工资	

第二部分　访谈涉及的相关问题

1. 目前本村的主要产业是什么？发展民宿、乡村旅游、农村文旅等产业以来，本村的产业结构有何变化，各产业的规模和效益如何？

2. 本村的土地确权工作进展如何，目前土地流转情况如何？自颁发农村土地承包经营权证以来，对本村产业发展有哪些成效？

3. 村民参与农村生态文化产业发展的积极性如何？目前主要以何种形式参与本村产业发展？

4. 目前村里是否有从事农村生态文化产业的相关企业，或合作社、协会等组织，规模、运行情况如何？若有，能否推荐一些代表性的企业？

5. 在本村从事相关产业经营的外来人口主要来自哪些地区，如何协调与当地村民的利益关系？

6. 本村的集体收益是如何分配的？村民每年大约能够分享到多少收益？

7. 本村在产业发展过程中有哪些可借鉴的经验与做法？

8. 有关村里重大事项是如何决策的，村民是否参与？参与程度如何？

9. 本村是否创建了生态文化教育基地，如民族博物馆、地质馆、文物展览室等?

10. 基层党组织在引领生态文明和乡村振兴方面有没有发挥作用?做了哪些工作?有什么样的效果?在本村经济发展过程中是否发挥了作用?

11. 您认为本村当前农村生态文化产业发展的困难和问题有哪些?您认为下一步应该如何规划?

12. 您如何看待生态文明建设、乡村振兴推进与本村生态文化产业发展之间的联系?您有什么看法或建议?

附录 D：劳岭村/红岩村主营生态文化
产业相关企业访谈提纲

访谈提纲编号：＿＿＿＿＿＿＿＿

访谈地点：＿＿＿＿＿＿＿＿　访谈时间：＿＿＿＿＿＿＿＿

第一部分　受访者基本信息

姓名		性别		年龄		文化程度	
担任职务		公司规模		公司全称			

第二部分　访谈涉及的相关问题

1. 您所在的企业经营的范围是什么？以经营什么为主？

2. 您选择在本村从事该产业的原因是什么？

3. 近些年来企业收益状况如何？其发展前景如何？

4. 该企业是否享有政府优惠的相关政策？若有，具体是什么？

5. 该企业经营的范围属于生态文化产品或生态文化服务的有哪些？

6. 本村村民在企业中从事的岗位有哪些？工资待遇如何？

7. 该企业的发展对本村经济有何影响？

8. 该企业的发展对本村生态文化建设有何影响？

9. 您认为产业发展过程中应该如何处理好经济效益与生态效益、文化效益、社会效益之间的关系？

10. 目前在当地发展农村生态文化产业面临的困难和问题有哪些？您有哪些看法和建议？